JOSÉ REIS

Ensaios de Economia Impura

ALMEDINA
ces

ENSAIOS DE ECONOMIA IMPURA
IDEIAS E PROJECTOS PARA PROMOVER A LEITURA

AUTOR
JOSÉ REIS

EDITOR
EDIÇÕES ALMEDINA. SA
Av. Fernão Magalhães, nº 584, 5º Andar
3000-174 Coimbra
Tel.: 239 851 904
Fax: 239 851 901
www.almedina.net
editora@almedina.net

PRÉ-IMPRESSÃO | IMPRESSÃO | ACABAMENTO
G.C. GRÁFICA DE COIMBRA, LDA.
Palheira – Assafarge
3001-453 Coimbra
producao@graficadecoimbra.pt

Novembro, 2009

DEPÓSITO LEGAL
259286/07

Biblioteca Nacional de Portugal – Catalogação na Publicação

REIS, José, 1954-

Ensaios de economia impura
(CES)
ISBN 978-972-40-4023-3

CDU 338
330

Para a Teresa Jorge
Para a Teresa e o Francisco

ÍNDICE

ENSAIOS DE ECONOMIA IMPURA – 2009

Este livro apareceu pela primeira vez em público em Julho de 2007. O tempo passado é escasso, mas a verdade é que aquela data me parece já bem mais distante do que o que resulta do tempo cronológico. De facto, o contexto em que, então, entendi esta publicação era sobretudo o de uma discussão intelectual dentro da economia, enquanto disciplina. Não era uma discussão abstracta, visto que a rodeei de nomes, debates ou problemas com que lidamos diariamente. E até lhe acrescentei assuntos correntes da discussão pública em Portugal. Mas era para mim claro quais eram as fronteiras em que a discussão se processava: eram as que resultavam de uma certa erudição económica, partilhável, é certo, com todos aqueles a quem o lado inquieto, crítico e proactivo da discussão científica também interessa; eram as que passavam pela insistência no pluralismo teórico e na não redução da ciência económica a uma disciplina fechada; eram, enfim, as que marcavam um campo em que importa realçar o papel que as instituições, as culturas políticas, as normas e as regras têm no desempenho das economias.

Ora, durante esta súbita aceleração da história em que estamos profundamente mergulhados, produziu-se um resultado de monta de que o livro é beneficiário: as questões mais essenciais da economia invadiram a praça pública, deixaram de estar tão confinadas a redutos académicos, foram postas e puseram-se em questão. Assistiu-se a revisões radicais do que se supunha normalizado e até natural. A economia laicizou-se, publicizou-se. A dimensão prescritiva, calculista, finalista que faz a sua popularidade e suscita algum fascínio entre o público não especializado – que vê a economia como critério e argumento final para justificar decisões e definir comportamentos – perdeu significado perante a emergência de outras dimensões.

Não me parece exagerado dizer que entre os temas que a crise pôs em primeiro plano estão certamente as relações da economia com os valores, a confiança, a subordinação do económico a padrões morais, a não redução da vida ao mercado. Viu-se, em definitivo, que não há economia sem que ela seja parte de um sistema de valores, de uma cultura, de um complexo de normas, de um modo de organização que dê qualidades e poderes às pessoas, quer dizer, de um quadro de instituições robustas.

Também se percebeu, com dramática clareza, que a teoria económica que se arroga clarividente, dona de respostas sempre prontas para muitos aspectos da vida – mesmo aqueles em que se torna óbvio que não tem nada a dizer

– é afinal, uma construção frágil, recorrentemente desafiada pela renovada complexidade da realidade, que com grande agilidade lhe evidencia os limites e as falhas. O mal não está nem na realidade nem na inevitável fragilidade dos produtos humanos, o mal está – é claro – na arrogância e na vocação imperialista de certos saberes, que não sabem reconduzir-se à condição sempre provisória de qualquer saber nem tomam a prudência como uma qualidade do conhecimento.

Seria preciso eclodir uma crise tão dramática como aquela que decorre para que isto acontecesse? Seria preciso que a produção de desigualdades, a fortíssima inversão dos padrões de repartição do rendimento, o desapossamento da esperança de gerações inteiras se tivessem disseminado pelo mundo para que, enfim, se rediscutisse na praça pública a economia, o saber económico e o poder económico? Certamente que não. Poderíamos aí ter chegado apenas através de um escrutínio crítico mais profundo sobre a economia e a teoria económica do que o que nos tem sido imposto. Poderíamos aí ter chegado se a academia onde se ensina economia fosse mais aberta, mais plural, mais crítica e, portanto, mais conhecedora. Também poderíamos aí ter chegado se a vida pública estivesse menos dependente de formas de pensamento monistas, e cultivasse a contraposição e o debate.

É aqui que este livro reencontra o seu lugar, ao propor uma concepção larga da problemática económica, ao assumir instrumentos conceptuais retirados de um campo plural de ideias e não de uma hermenêutica fechada – alheia à vida e apenas robusta na sua abstracção –, ao filiar-se na corrente que desde há muito tem uma visão institucionalista da economia, quer dizer, a que dá valor aos quadros culturais e políticos que rodeiam a economia e atribui um papel às instituições.

Por estas e outras razões compreendemos hoje melhor que a teoria económica dominante se conta entre os responsáveis pela crise dramática que atingiu as economias capitalistas. Não foram apenas excessos, erros ou defeitos que desmoronaram o sistema bancário e financeiro, com profundas implicações na sociedade e na vida das pessoas (de umas, muito mais do que de outras). Na razão mais profunda da crise estão as convicções que se impuseram sobre o papel e o lugar que cabem ao mercado nas sociedades de hoje. Isto resulta, claro está, da prioridade (ideológica e instrumental) que foi dada aos processos de coordenação mercantis: o mercado como instrumento de optimização da sociedade foi uma ideia a que não resistiram mesmo alguns dos que se presumem interessados na justiça social. Mas estes estavam enganados. Ao acomodarem-se a visões quase tão liberais como a dos liberais pensaram que podiam ser eles a fazer da regulação dos mercados um instrumento sofisticado, com que, de maneira subserviente e cerimoniosa, iam aperfeiçoar o capitalismo, que queriam entender como um sistema de concorrência que nada desafiasse. Mas não foi assim. As sociedades, o interesse colectivo, carecem de mais do que isso.

Por isso, os desafios estão aí. Desafios ao Estado, para que não seja apenas o bombeiro que salva acidentes e socializa prejuízos. Desafios ao mercado, para que se limite ao que é próprio da capacidade de iniciativa – gerar lucros através do exercício da liberdade para criar riqueza e não da submissão à lógica especulativa de todas as esferas da vida em sociedade, incluindo aquilo que, como a educação, a saúde, as poupanças, o bem-estar futuro das pessoas, só a esfera pública pode colocar num contexto onde impere a justiça. São, pois, claras as fronteiras entre o que deve ser próprio da provisão pública e o que é próprio da iniciativa privada. Mas a arbitragem só pode ser feita por um intenso escrutínio colectivo. É para isso que se pretende deixar aqui um pequeno contributo.

Os frutos da controvérsia e da persistência intelectual acabam sempre por chegar e, em geral, eles são benefícios colectivos. O prémio do Banco Central da Suécia em Ciências Económicas, criado em Memória de Alfred Nobel e normalmente designado como Prémio Nobel da Economia, foi atribuído em 2009 a Elinor Ostrom, da Universidade do Indiana, e a Oliver E. Williamson, da Universidade da Califórnia, Berkeley. São duas personalidade e duas perspectivas muito diferentes. Mas têm um forte ponto em comum: interessam-se, numa acepção larga, pelas instituições e pelo modo como os comportamentos e as organizações alternativas ao mercado se tornam relevantes no mundo contemporâneo. Além disso, Elinor Ostrom é uma cientista política, o que bem sublinha como devemos saber atravessar as fronteiras disciplinares instituídas. Trata-se, pois, da consagração de dois pontos de vista com que, ao publicar este livro, me sinto muito comprometido: o ponto de vista da abertura e do pluralismo disciplinar e o da compreensão da dimensão institucionalista da economia. Eis a feliz e mais recente nota de actualidade que posso acrescentar a esta nova edição dos *Ensaios de Economia Impura.*

INTRODUÇÃO

1. O livro como ensaio institucionalista

Numa frase, este livro – que trata simultaneamente de questões teóricas e conceptuais e de assuntos empíricos da economia portuguesa dos nossos dias – pode ser descrito como um ensaio de *economia institucionalista*. Quer dizer, uma tentativa de delimitar uma problemática teórica da economia, rival da ortodoxia convencional, através da qual se procura mostrar a riqueza e diversidade conceptuais da disciplina. A economia institucionalista, ao fixar uma *teoria económica das instituições*, pretende mostrar que os comportamentos dos indivíduos e dos actores e as dinâmicas dos espaços económicos não são apenas o resultado de uma única lógica de cálculo e de racionalidade nem de uma forma exclusiva de governação (a do mercado), estando também directamente vinculados a culturas, sistemas de valores, hábitos, rotinas, regras, instituições. E tudo isto, que é tão importante na coordenação dos processos e dos indivíduos como o sistema de preços do equilíbrio neoclássico, consolida-se em estruturas sociais e políticas (*matrizes ou configurações institucionais*) que diferenciam as economias e os espaços económicos e estabelecem o contexto relativamente estável em que os actores agem, inovam, criam. Estamos, é claro, perante produtos da acção humana, da vontade e da capacidade de decisão dos homens. Produtos que se fixam através de conflitos ou consensos e, portanto, revelam intencionalidade. O que significa que, com a noção de instituições, se concebe a economia como algo que é inerente aos indivíduos e aos actores colectivos – resulta da sua acção – e não como algo que lhes é estranho e os submete.

As instituições contam, portanto. Esta expressão, cara a todos os institucionalistas, pretende significar que o modo como um país ou uma região se estrutura e posiciona num contexto mais amplo – o seu desempenho competitivo – não é apenas o resultado dos recursos ou da tecnologia de que dispõe ou da sua dimensão. Está também relacionada com os valores, as lógicas sociais e políticas, as culturas cívicas e organizacionais, as instituições que lhe dão especificidade, espessura e sentido colectivo. Exactamente porque o mundo, a economia, a sociedade não são uma mecânica fria ou um ambiente físico onde não há fricção, a vida passa-se, inversamente, em contextos onde há incerteza, inesperado, diversidade e onde os actores – que não perderam a sua consciência e intencionalidade – são capazes de controlar os processos que os envolvem. Fazem isso através de escolhas, deliberações, consensos e conflitos. E consolidam as soluções a que chegam, formando uma determinada configuração institucional que, de forma não estática, reproduzem ao longo de gerações. É isso que leva a que distingamos mundos no mundo: o mundo anglo-saxónico, o europeu continental (e, dentro deste, o mediterrânico, o escandinavo), o asiático...

Numa acepção porventura demasiado abstracta[1], instituições são, portanto, as regras formais e informais que definem o nosso contexto de acção e o jogo da vida e através das quais estabelecemos a substância da vida social e os valores prioritários em que ela assenta. Mas são também o *Estado* e a sua estrutura, natureza e forma de representar os cidadãos e o colectivo, o *mercado* e o significado da troca e do negócio na calibragem da sociedade, a *comunidade* e as relações horizontais de proximidade que nos integram socialmente e criam densidades territoriais específicas, de que as cidades e as regiões são exemplos, as *empresas* e os modos como se organiza a produção e a criação e distribuição de riqueza, as *associações* e as formas de expressão da organização colectiva dos cidadãos, as *redes* e o desenvolvimento de formas relacionais de organização de actores, processos e territórios. E é em função do modo como certas regras em que a vida colectiva assenta se estabelecem – valorizando umas coisas e desvalorizando outras – e do modo e da proporção com que se mobilizam estes dispositivos de organização (e que não se limitam ao simplismo do mais Estado ou mais mercado) que encontramos a importância relativa, e muito diversa entre países e sistemas sociais, de domínios institucionais concretos como as *relações de concorrência* no mercado dos bens e serviços; os valores associados ao emprego e ao trabalho ou o significado das qualificações e da formação na *relação salarial* que estrutura o mercado do trabalho; o papel desempenhado pelo *sistema financeiro* e o tipo de intermediação que este privilegia (consumo ou criação de riqueza, crédito para o curto prazo ou investimento para o longo) e pela *corporate governance*, através da finalidade que se atribui à empresa (criar riqueza e emprego ou obter valor bolsista); os *sistemas de protecção social* e a lógica de solidariedade ou de mercado mobilizada para as políticas de saúde, segurança

[1] Cunhada por um grande nome da economia que procurou na história a compreensão do processo de crescimento, o Prémio Nobel Douglass North, de que falaremos repetidamente a seguir.

social, imigração ou família; os *sistemas educativos* e o lugar atribuído à esfera pública ou às estratégias privadas para formar habilitações e capital humano.[2]

2. Os interesses de investigação

Mas, na sua materialidade concreta, este livro é também uma recolha de alguns dos meus trabalhos mais recentes e a que dou maior significado. Neste sentido, ele pode apresentar-se de forma resumida como o resultado de quatro interesses principais. Em primeiro lugar, e em consonância com o que acabo de dizer, a tentativa de encontrar um lugar, na economia e na teoria económica, para as *instituições*, para as dimensões colectivas e imateriais da fenomenologia económica e para o nível político. Depois, a vontade de mostrar que, do ponto de vista das ideias, o debate económico é muito mais plural e diversificado do que muitas vezes se supõe e que essa diversidade se aprofunda hoje em dia através do que já defini como *economia institucionalista*. Em terceiro lugar, o interesse em identificar os contextos de funcionamento da vida colectiva e, em especial, o *território* como um dos campos principais para o entendimento da vida e da sua complexidade. Finalmente, tento entender a *economia portuguesa*, os seus modos de organização e as trajectórias que segue num momento de profundas transformações, onde são particularmente significativas as dinâmicas de "iberização". Por isso, ao longo dos dez capítulos que o constituem, falar-se-á recorrentemente de instituições, Estado, governação, contextualidades, diversidade e território.

Estamos, pois, perante um livro que trata de *questões teóricas* (que ilustrarei nesta Introdução) e de *assuntos da realidade empírica*: discuto os mercados internacionais em que a economia portuguesa se insere, o investimento directo que realiza, os movimentos financeiros que a envolvem, a iberização que a influencia, a terciarização crescente, a evolução da sua especialização internacional.

Acresce que este livro, para além de reflectir um conjunto de problemáticas convergentes – e de que se procura reconstituir a coerência e a sua condição de temas mutuamente influentes – é o produto de um itinerário de investigação já longo, a que, na sua globalidade, atribuo um norte, um

---

[2] Reencontramos aqui as formas institucionais já clássicas propostas pela teoria da regulação e que Amable (2005) recriou para mostrar a natureza e a diversidade dos "cinco capitalismos" em que o capitalismo se desdobra, diferenciando-se justamente através das instituições.

sentido unitário e uma lógica própria. Julgo, de facto, que o meu trabalho tem tido uma finalidade essencial ou até, se se preferir, *uma obstinação*: entender a economia como uma disciplina em que os actores, os contextos, as instituições, as culturas, as regras sociais, a contingência e a diversidade, a proximidade, o inesperado ou os territórios interessam tanto como o mercado, o equilíbrio, o cálculo, a racionalidade pré-estabelecida e dominante, ou seja, aquilo que constitui a imagem corrente e *regular* da economia. Numa palavra, a *secularização* da vida, os fenómenos emergentes, as expressões do colectivo, o lado impuro da formação dos processos concretos, interessam tanto ou mais que o cânone e a autoritária recondução dos indivíduos, dos lugares, da vida, das instituições e das culturas a meros papéis "funcionais", sem espessura nem substância (porventura sem dignidade), ao serviço de lógicas abstractas de natureza exterior e imanente.

3. A perspectiva

Vivemos, é certo, tempos em que as apostas parecem ir em sentido contrário. São tempos em que se privilegia um modo de entender o mundo em que ele se explica com coisa pouca: tudo estará determinado por lógicas claras, uniformizadoras, poderosas. E elas são exteriores aos países, às regiões, às pessoas e aos grupos: são lógicas imanentes e incontornáveis, que estreitam as margens de autonomia das pessoas e dos territórios. São as explicações que designo como *globalistas*. Ora, o que aqui se pode encontrar é exactamente o inverso disso: procuram-se entendimentos plurais, apela-se para níveis diversos de explicação, interpretam-se dinâmicas variadas, busca-se dar substância própria a processos, actores e contextualidades que marcam os sistemas colectivos e as interacções.

O mundo é composto de mudança intensa e contínua. Isso sabe-se. E é esse, porventura, o ponto essencial que partilho com as perspectivas que acabo de refutar. Sem dúvida que as transformações do mundo financeiro e dos mercados de capitais são fortíssimas e marcam os dias de hoje. Vemos isso bem em Portugal, onde consumimos largamente a poupança de outros, chegada sem obstáculos aos balcões da banca que oferece créditos fáceis. É também claro que a inovação comunicacional, a disponibilidade relacional instantânea e à escala do mundo, não oferece sequer possibilidades de comparação com o que era a sociabilidade e o relacionamento há um simples par de décadas. Mas chegarão estas mudanças para definir, de forma auto-suficiente, um paradigma social integralmente explicado por elas? Parece-me que não. A mudança, a intensa mudança dos nossos tempos, é mais fina, plural e multidimensional do que aqueles dois processos de globalização deixam supor. Para a entendermos é útil não ficarmos apenas no lado de fora dos processos e dos fenómenos concretos. É necessário dar valor àquilo que está "incrustado" nas próprias estruturas da sociedade e da economia. E isso são actores, territórios, instituições, dinâmicas colectivas em que as aprendizagens e as interacções contam. São mobilidades e desterritorializações num mundo "plano"[3], mas também são proximidades e contextos num mundo com relevos, arquipélagos, descontinuidades e passagens estreitas e, sobretudo, turbulência. E assim voltamos aos temas recorrentes deste livro. Mas voltamos com uma ferramenta na bagagem: muitos dos assuntos com que lidamos devem ser encarados como sujeitos, isto é, como entidades capazes de interferirem, criarem, inovarem. Interessa, pois, dar um lugar nobre à iniciativa e à intencionalidade. Não basta ver a larga maioria das estruturas sociais como campos inertes, apenas relevantes pelo modo funcional como servem as instâncias a que se supõem ligados de forma hierárquica.

Porque acontece que, apesar dos entendimentos *funcionalistas* que critico, o mundo não se cansa de nos surpreender. O inesperado entra-nos todos os dias pela porta dentro. Onde se julgava estar um sistema equilibrado, dominado, previsível, surgem, numa sequência intensa, sempre novos casos. Veja-se a economia mundial. Agora é a Índia e a China, onde antes se julgava estar apenas a economia americana, o poder unilateral ilimitado, o predomínio da tecnologia e da finança, as deslocalizações livres de empresas num espaço mundial sem qualidades, oferecido barato ao seu poder, sem lugar para réplicas ou desvios. Mas amanhã talvez seja a África, a América Latina ou outros *milagres* regionais. Veja-se também a Europa e a sucessão dos seus milagres que, exactamente por o serem, nunca ninguém os previu. Há tempos era a Irlanda, agora é a Finlândia, a seguir se verá o que sucede. Afinal o mesmo aconteceu antes, com os milagres japonês ou alemão.

E no entanto, eles ocorreram perante a "cara de pau" dos que continuam a pensar do mesmo modo. Há apenas uma conclusão singela a tirar de tudo isto: o mundo mostra recorrentemente a sua diversidade, mostra que a matriz de forças que lhe dá dinâmica, inovação, novidade é uma matriz complexa. E que as instituições, no sentido que lhes dei anteriormente, são o espelho e a fonte dessa diversidade. Não parece, pois, prudente que simplifiquemos a vida ou as perspectivas com que queremos entender o que nos rodeia.

---

[3] No sentido do debate popularizado por Friedman (2005) e Florida (2005).

Tenho, é verdade, uma explicação para que a economia e o pensamento dominantes se nos apresentem com uma tão grande auto-suficiência, propondo-nos visões "indiscutíveis", cálculos "irrecusáveis", determinismos sem lugar para margens ou dúvidas. Os cidadãos não especialistas estão frequentemente disponíveis para encararem a economia como uma "revelação", uma disciplina que entende o que o comum das pessoas não conhece. O *freakenomics* é um produto de venda fácil, mesmo quando é a expressão de uma "ciência" profundamente inculta. Os especialistas, por sua vez, revestem o seu conhecimento de uma dimensão ritualista e autocelebratória, refugiando-se numa linguagem e numa retórica que afirmam a natureza indiscutível do cálculo. Assistimos todos os dias, em Portugal, à palavra final de economistas, dada a propósito de tudo, como critério de verdade e razão para o fim das controvérsias que os "iletrados" ousam abrir. O cânone dominante pode, assim, ignorar ou subestimar as instituições, as culturas, os modos singulares e diversos de organização e de criação de soluções. Pode desvalorizar a iniciativa, as rotinas próprias do que não é dominante. Pode também não dar atenção aos contextos, aos lugares, à capacidade dos actores e dos territórios para, em vez de ficarem apenas dependentes e sobredeterminados pelo que lhes é exterior, serem afinal capazes de produzir dinâmicas próprias, criar, divergir, interpelar. Mas a economia, enquanto disciplina, não é isto. É um instrumento para entendermos a vida, o colectivo, as trajectórias, as deliberações.

4. Instituições, governação e mudança institucional

É isto que convida a um regresso permanente às *instituições*, entendidas como consolidações colectivas de formas de compreender, agir e organizar as interacções em sociedade. É isto, ainda, que convida a que se entenda a *governação* das sociedades e das economias não como a simples mobilização de um único princípio de cálculo e de poder (o do mercado ou o do Estado, por exemplo) mas como um conjunto de mecanismos que usam diferentes formas de coordenação das acções individuais e mobilizam várias estruturas sociais: o mercado, o Estado, a comunidade, as associações de interesses, as redes, as empresas e as hierarquias empresariais. É isto que, finalmente, convida a que percebamos que o caminho da evolução dos sistemas colectivos (sociedades nacionais, territórios, organizações) não é necessariamente o da convergência e da homogeneização obrigatórias, mas também o da diferenciação, da diversidade e até do inesperado, justificando o relevo que hoje assume a *análise comparada das formas de capitalismo*. Justamente porque os sistemas económicos assentam em lógicas institucionais diversas – culturas, regras, valores – eles mobilizam diferenciadamente as estruturas sociais que os caracterizam. Quer dizer, coordenam de maneira própria os seus processos dinâmicos – têm, portanto, diferentes sistemas de governação.

Acabo, aliás, de enunciar aqueles que me parecem ser os três grandes domínios da economia institucionalista. O domínio conceptual, onde se procura fixar uma noção útil de instituições, e que constitui o terreno *da teoria e do debate teórico* por excelência. O domínio da condução dos fenómenos económicos e da dimensão organizacional da economia, isto é, aquele onde se estabelecem os processos de coordenação que subjazem à *governação* dos sistemas sociais de produção. O domínio da compreensão das configurações concretas assumidas pelas instituições, pela economia e pela sociedade nos países, nos territórios ou nas organizações, e que constitui a matéria da *análise comparativa*.

5. O institucionalismo

A temática institucionalista é, pois, o pano de fundo constante do discurso que aqui proponho. Assim encarado, este livro é *um ensaio teórico*. Neste contexto, a âncora do investimento intelectual que aqui se faz está no debate sobre o conceito de instituições enquanto categoria económica. Este debate nasceu da dissidência. De facto, foi em nome de um pluralismo obstinado e de uma tendência quase constante para a insatisfação teórica e conceptual que a aproximação institucionalista se formou. Isso aconteceu já há muito (a partir da segunda década do Século XX, originando o chamado "velho institucionalismo" americano)[4] e há boas razões para se poder dizer que o institucionalismo é *o nome da dissidência em economia*.[5] Daí para cá, contudo, a amplitude do institucionalismo alargou-se e não é possível apresentá-lo como um campo homogéneo e unificado. Pelo contrário, a conflitualidade interna, a pluralidade epistemológica do institucionalismo é porventura tão grande como a da ciência económica no seu conjunto. O que quase permitiria dizer que a perspectiva institucional operou uma forte rotação conceptual

---

[4] Veja-se o capítulo 2, onde se descreve a fundação e as evoluções do institucionalismo.

[5] O nome da inquietação e as matérias que lhe correspondem têm variado muito. Umas vezes tratou-se do marxismo, outras foi a economia do desenvolvimento, outras ainda foi a economia da regulação, a economia regional ou a sócio-economia. O resultado é que, do ponto de vista dos objectos de análise e dos discursos teóricos e metodológicos, a diversidade interna da economia é incontestável e maior do que geralmente se supõe.

e analítica na disciplina, influenciando-a generalizadamente e deixando o cânone neoclássico na condição de pequena sub-área da economia (Hodgson, 2006b: 13). Esta conclusão seria, no entanto, excessiva. O que se mantém é a validade da intuição inicial, diferenciando o institucionalismo das visões ortodoxas redutoras e dando-lhe unidade: a economia não é apenas uma ciência da afectação de recursos a determinados níveis de utilização, através de uma racionalidade instrumental sólida, instituída nas mentes individuais segundo modelos correctos e informação objectiva e perfeita. É neste sentido (e apenas neste) que se poderá dizer que, afinal, "agora somos todos institucionalistas".[6]

Ora, se nos interrogarmos sobre onde está hoje o debate institucionalista parece-me que é acertado dizer que ele continua a centrar-se na noção de instituições. Tudo, na visão institucionalista, para aí converge e tudo daí parte: as preocupações sobre o que mais importa estudar, em termos empíricos, na estrutura das economias contemporâneas e do processo de crescimento (economia das cidades e das metrópoles, experiências de inovação tecnológica ou social, estratégias empresariais); o desenvolvimento de instrumentos analíticos e de novos instrumentos teóricos (teoria dos jogos ou teoria da empresa e dos contratos); a consolidação de campos problemáticos da meso-economia (estudo dos sistemas sociais de produção ou dos sistemas nacionais ou regionais de inovação, economia do conhecimento e da aprendizagem, economia das convenções, por exemplo). Pelo meio, está uma intensa produção científica cujo reconhecimento tanto se pode encontrar na atribuição de vários prémios Nobel da Economia (Herbert Simon, em 1978, Ronald Coase, em 1991 ou Douglass North, em 1993), como na consolidação de um lugar institucional próprio, correspondente a largos e variados campos de investigação, traduzidos em revistas reconhecidas.

A referência a estes nomes, pela ordem da apresentação e do reconhecimento sueco, basta para relembrar que o primeiro motivo para se operar uma *démarche* institucionalista na economia foi o do reconhecimento de que o modelo cognitivo da teoria neoclássica não chega (ou não serve, de todo) para erguer um campo teórico e analítico que permita compreender a economia e as decisões económicas. A racionalidade é limitada, os com-

---

[6] Coloquei-me nesta perspectiva há anos, como se pode ver no capítulo 2, quando dei a minha lição de agregação na sala dos Capelos da Universidade de Coimbra. É desse ponto de vista que interpreto a afirmação de Hodgson (2006b) que cito acima.

portamentos decisionais estão para além do que a informação disponível e a consciência da utilidade estabelecem, a incerteza predomina e influencia as decisões, as quais não são o produto de uma mente soberana alheia à realidade concreta. Por isso, procurou encontrar-se a lógica institucional (entendida como aquela que o paradigma dominante não pode apreender e a que o mercado não pode dar resposta) nas organizações e, sobretudo, numa teoria da empresa, vista como mecanismo organizacional alternativo ao mercado. Ronald Coase começou essa tarefa nos anos trinta e a teoria dos custos de transacção está hoje consolidada como uma forma de ver as dificuldades e os custos que as interacções económicas mais básicas (as transacções) implicam, obrigando à busca permanente de novas soluções organizacionais. A procura de uma teoria da mudança económica, da evolução dos quadros em que a economia funciona e dos resultados que alcança, é o terceiro grande passo da economia institucionalista (porventura o patamar da síntese paradigmática). Tal como a empresa é a resposta organizacional à incerteza do mercado, à racionalidade limitada dos indivíduos, ao oportunismo daqueles com quem se transacciona e à própria especificidade dos activos com que se entra na produção e na troca[7], também a construção de uma matriz institucional através do "esforço deliberativo dos seres humanos para controlarem o seu ambiente" (North, 2005: 1) é a resposta à incerteza e é um espelho da intencionalidade dos actores. Isso implica regras, direitos de propriedade, cultura, opções políticas e "constitucionais" (em sentido jurídico e não jurídico).

6. O debate, hoje

Visto que a noção de instituições é, continuadamente, o centro do debate institucionalista, vejamos o que resulta dessa discussão e em que é que ela hoje se plasma. Encaro *o debate actual*[8] de um modo que delimita o campo das preocupações institucionalistas através dos problemas da incerteza, da não previsibilidade (ou do inesperado) e da procura de controlo (governação) dos contextos, da intencionalidade dos actores e da natureza das soluções institu-

---

[7] São estes os conceitos de base da teoria coaseana da empresa e dos desenvolvimentos que Williamson (1987) lhe introduziu.

[8] Que pode ser balizado através de um pequeno conjunto de autores principais e dos respectivos trabalhos recentes: Douglass North (2005), Masahiko Aoki (2001 e 2005), Geoffrey Hodgson (2006a e 2006b), Robert Boyer (2002) e Bruno Amable (2005).

cionais necessárias à construção de uma ordem colectiva, culminando numa noção de mudança institucional de que fazem parte a ideia northiana de "eficiência adaptativa", por um lado, e a ideia (muito mais institucionalista, no meu entender) de reprodução da diversidade dos sistemas económicos através da variedade institucional.

a) Incerteza, trajectórias inesperadas e previsibilidade: da economização dos custos de transacção à natureza não-ergódica do mundo

A incerteza é um aspecto essencial do comportamento e da decisão por duas razões essenciais. A primeira tem a ver com a natureza dos indivíduos. O seu modelo cognitivo e, portanto, o seu comportamento assentam em informação imperfeita (necessariamente incompleta face ao conjunto de circunstâncias que os rodeiam e, eventualmente, errada). Por isso, e mais porque as capacidades humanas não poderiam processar toda a informação disponível, a sua racionalidade é limitada. Considerado isoladamente, cada indivíduo não é o *homo economicus* esclarecido e auto-suficiente em que a economia neoclássica baseou o seu monumental edifício teórico. A segunda razão tem a ver com o mundo, mais do que com cada indivíduo. Já referi anteriormente que a história económica e o mapa actual do mundo está cheio de imprevistos. As trajectórias do desenvolvimento não são marcadas pela previsibilidade e a emergência de circunstâncias inesperadas são a regra, mais do que a excepção. O mesmo acontece com os contextos em que os actores económicos interagem e têm de decidir. Apesar do modo como a experiência das sociedades é relevante para consolidar o presente, a verdade é que o mundo é "não-ergódico".[9] Quer dizer, a "estrutura fundamental subjacente à economia [não] é constante e, portanto, atemporal" (North, 2005: 16). Não é possível deduzir o futuro a partir do passado. Sem referenciais (sem instituições) a previsibilidade é escassa. As instituições reduzem, pois, a incerteza.

Para além das limitações racionais e cognitivas dos indivíduos, já outras características da natureza humana tinham levado a que se mostrasse que as

[9] Em termos estatísticos, "um processo estocástico ergódico significa simplesmente que as médias calculadas a partir de observações passadas não podem ser persistentemente diferentes dos resultados médios futuros" (North, 2005). Na física, os sistemas ergódicos são sistemas "conectados, no sentido em que é possível transitar directa ou indirectamente entre qualquer par arbitrário de estados e daí atingir, eventualmente, todos os estados a partir de qualquer deles" (David e Thomas: 2006: 18).

próprias transacções têm custos. Custos que se podem economizar através de soluções organizativas que estão para além do mercado neoclássico. Já vimos que a teoria de empresa de Ronald Coase e de Oliver Williamson estabelece exactamente que esta é uma estrutura institucional dentro da qual se planeia e se procede à alocação de recursos e à busca de soluções organizacionais melhores do que aquelas que o mercado ofereceria justamente porque há "imperfeições" e os actores são dotados de particularidades ("especificidade dos activos"). Ora, o plano em que nos encontramos não é apenas o da empresa e dos indivíduos, é o da própria natureza do mundo. Tal como a empresa e as hierarquias empresariais se constituíram para que a capacidade de controlo sobre a produção e a troca seja maior, também a incerteza do mundo leva a que nos rodeemos de instituições, estabeleçamos regras, valorizemos a cultura e os sistemas de valores.

b) A intencionalidade dos actores e as estruturas institucionais: a construção de instituições e o domínio dos contextos de acção

Quais seriam as condições para que a economia, enquanto disciplina, não precisasse de construir uma teoria das instituições? Ou, dito de outro modo, quais são os pressupostos em que assentam as visões disciplinares que não assumem uma perspectiva institucionalista? São essencialmente estas: o sistema de preços e a lógica do mercado são mecanismos bastantes para que as economias funcionem de forma eficiente e para que as acções e os comportamentos se coordenem e assumam significados colectivos; a racionalidade, a informação e o conhecimento dos indivíduos estão perfeitamente estabelecidos e bastam-lhes para tomarem decisões; a incerteza é reduzida e o contexto que rodeia os indivíduos e os agentes económicos, sociais e políticos é estável e deduz-se a partir do passado; os sistemas económicos, os territórios nacionais ou regionais, os sectores produtivos tendem todos para os mesmos princípios de organização, convergem, o mesmo acontecendo com as instituições.

O "esquema" económico que decorre das considerações anteriores é, basicamente, estranho aos indivíduos e à sua vontade. Inversamente, uma teoria das instituições resulta da ideia de que os actores possuem intencionalidade e procuram ser eles a controlar o contexto, o ambiente que os rodeia, em vez de deixarem isso a uma mecânica impessoal como a do mercado que, aliás, lhes seria insuficiente pelas razões já referidas. Acontece, então, que as instituições não são algo a que se chega através de um simples e abstracto processo de agregação dos comportamentos dos indivíduos. Elas estão estritamente associadas ao conceito de preferências endógenas[10], que significa que as pessoas formam as decisões através de interacções intensas de natureza contextual, política e social, e não de modo abstracto e "divinamente" oferecido e guiado. Quer isto dizer que as instituições custam (nos vários sentidos do termo) a serem construídas. A matéria institucionalista é, então, compreender este esforço dos actores e compreender "a estrutura elaborada de instituições que determinam os desempenhos económicos e políticos" (North, 2005: 2).

Uma fina controvérsia teórica que não interessa aqui desenvolver é a que consiste em saber como é que os valores, as prioridades e a "autoridade" das instituições se estabelecem[11]: se estamos basicamente perante regras do jogo que se impõem aos jogadores como restrições que lhes passam a ser exteriores e relativamente às quais eles moldam os seus comportamentos (mas, se elas são o produto da intencionalidade dos actores, resta então saber se há instituições específicas que impõem outras ou se estamos perante uma lógica de auto-organização[12]); se se trata de mais do que "restrições" e se, consequentemente, elas são também "possibilidades", meios facilitadores da acção e da mudança, devendo ser concebidas como estratégias de equilíbrio para dotar a sociedade de capacidades positivas; ou se as instituições devem apenas ser reconduzidas à condição de actores colectivos, confundindo-se com organizações específicas (ou *players* específicos).[13]

c) *A diversidade positiva das economias contemporâneas: quantos capitalismos há?*

As questões anteriores podem, no entanto, formular-se em termos mais "prosaicos". Trata-se então de saber se a estrutura institucional que acompanha a acção humana, as dinâmicas económicas, sociais e políticas, as trajectórias

---

[10] Este é outro pilar teórico do debate económico também recentemente reabilitado (cf. Hodgson, 2006b: 10-12).

[11] No limite, é a própria definição de instituições que está em discussão.

[12] Trata-se de discutir os mecanismos de *enforcement* das instituições, isto é, os atributos coercivos de imposição das "regras do jogo". À ideia de uma ordem difusa, ou auto-organização espontânea, decorrente de regras e valores aceites generalizadamente, contrapõe-se a de instituições, como o Estado, que têm um papel hierárquico na definição da ordem institucional.

[13] Esta discussão pode ver-se em Aoki (2001 e 2005) ou em Amable (2005).

dos sistemas sociais (países, regiões, territórios...) é um factor de constrição, de condicionamento e, portanto, de encaminhamento de todas elas para uma mesma situação, em que predominam a uniformização e os mesmos princípios de organização (chame-se a isso convergência institucional). Ou se, pelo contrário, essa estrutura institucional é mais um capital do que uma restrição ou um factor de sujeição, devendo então ser vista como um produto de decisões e equilíbrios estratégicos. Neste caso, as instituições podem conduzir à diversidade, à pluralidade de formas de organização, à capacidade dos actores para criarem soluções para os seus problemas.

Ora, aquilo que se convencionou chamar um *institutional turn* e fez das instituições um tópico central da análise económica está ligado à convicção de que elas são uma variável decisiva do desenvolvimento histórico do capitalismo. Quando se pensa assim, entra-se no campo rico e crítico da especificidade histórica. Se as instituições, para existirem, exigem tempo, esforço humano, implicaram emulação e concorrência, então a consequência mais durável da formação de instituições é a sua própria consolidação e espessura. As instituições são a própria representação das realidades sociais que mapeiam o mundo (nações, culturas económicas, realidades regionais, inovações: as bases do crescimento e dos progressos que nos trouxeram até hoje, afinal). É por isso, também, que sabemos o que é previsível na sociedade inglesa (cumprir rigorosamente as obrigações fiscais, por exemplo), o que não o é na sociedade americana (contar com a solidariedade estatal para um pobre ser tratado numa doença) e o que está no cerne da atitude tácita dos japoneses (evitar o uso da conflitualidade através dos tribunais e a judicialização dos problemas). Prolongando esta mesma linha de raciocínio chegamos rapidamente à ideia de que, ao lado das diferentes *performances* económicas que caracterizam os países, estes se distinguem também por diferentes complementaridades institucionais, isto é, por diferentes estruturas institucionais. Quer isto dizer que há vários modos de se conjugarem e tornarem coerentes as cinco "formas institucionais" mais relevantes: a organização dos mercados, a relação salarial e as instituições do mercado de trabalho, a intermediação financeira e a *corporate governance*, a segurança social e o sistema educativo. Definem-se, portanto várias modalidades de capitalismo. Tudo isto é o resultado de compromissos que foram sendo estabelecidos, de um papel decisivo da política e do jogo social, de comportamentos estratégicos diferenciados. Se seguirmos, como já o estou a fazer, Bruno Amable (2005), haverá, então, pelo menos cinco capitalismos: o liberal de mercado, o asiático, o europeu continental, o social-democrata e o mediterrânico. E não um.

Muito menos um "bom", para onde havemos de ser conduzidos à força, guiados por iluminados. Apetece, por isso, regressar às coisas simples, e afirmar, prosaicamente, que, de facto, o mundo é muito maior do que parece...

Estamos, pois, em pleno campo da diversidade da organização económica contemporânea. Um campo que convém salientar, porque ele é um dos mais produtivos em matéria de estudos empíricos, e que serve de contraponto esclarecido à ideia – sem dúvida mais popular – de que através da "globalização" predomina a sujeição, sem grandes possibilidades de autonomia e de construção de alternativas, a um modelo único. Não é despiciendo sublinhar este aspecto que, aliás, encontra validade em áreas bem concretas da vida das pessoas. Não posso deixar de sublinhar que o último prémio Nobel da Paz foi atribuído a um economista que mostrou como uma pequena (mas radical) alteração do modo de conceber o comportamento humano e valorizar as capacidades colectivas para criar alternativas, usando a vontade própria, basta para gerar soluções não previstas, não canónicas e muito mais felizes. Muhummad Yunus e o Grameen Bank ou, sobretudo, a vontade de "trabalhar para criar coisas novas no mundo" são um exemplo de quem dá um sentido concreto a esta forma de ver.

7. Os textos

Dois dos capítulos deste livro são sobre institucionalismo: o primeiro, que apresenta uma *perspectiva introdutória* sobre o que constitui uma abordagem através da noção de instituições e de governação, e o segundo, que procura estabelecer um *panorama* sobre as correntes institucionalistas, desde as originárias às que são hoje parte dos saberes premiados com o Nobel.[14] Os capítulos seguintes são sobre a teoria económica do Estado, ou melhor, sobre a sua ausência e a vontade de a construir. No capítulo 3 defende-se uma leitura positiva do Estado pela teoria económica, enquanto no capítulo 4 se tratam as perspectivas radicais, de origem liberal, que vêem no aparelho estatal uma fonte de perversões.[15] Assim se estrutura a Primeira Parte, que dediquei à teoria institucionalista, ao Estado e à governação.

---

[14] O capítulo 1 foi preparado como texto de abertura deste livro e saiu autonomamente no livro de ensaios de homenagem ao Doutor A. Sousa Franco (Coimbra: Coimbra Editora, 2007). O capítulo 2 foi originariamente publicado em *Notas Económicas Revista da Faculdade de Economia da Universidade de Coimbra*, 11, 130-149.

[15] O capítulo 3, com algumas diferenças, foi inicialmente publicado em *Sociologia Problemas e Práticas* e resulta de conferências que proferi no *III Encuentro Internacional de Cultura*

Na Segunda Parte trato da economia portuguesa e discuto a Europa. O Capítulo 5 acolhe uma discussão que cada vez me interessa mais – sobre as cidades, os sistemas urbanos e as densidades político-institucionais que elas formam – e é neste contexto que faço uma incursão no debate europeu.[16] Os dois capítulos seguintes tratam muito directamente de questões da economia portuguesa: da sua crescente inserção em movimentos financeiros internacionais (quer os que fizeram dela um investidor líquido no estrangeiro, quer os que dão ao consumo e ao sistema bancário uma tão grande centralidade nos dias de hoje), da sua especialização ou da sua intensa "iberização".[17]

A Terceira Parte é sobre o território e os contextos territoriais, entendendo-os como algo que nos revela "o processo da vida", quer dizer os modos como as sociedades se estruturam, os actores interagem e as referências colectivas se estabelecem. Trata-se aqui de conjugar os meus dois grandes interesses de investigação: o território e as estruturas regionais e as instituições da economia, sabendo que os dois campos se interligam intensamente.[18]

Económica, em Córdoba, e no *Global Studies Research Program*, da Universidade de Wisconsin-Madison, onde desenvolvi boa parte do trabalho que conduziu a este texto. O texto do capítulo 3 foi também publicado em *Notas Económicas Revista da Faculdade de Economia da Universidade de Coimbra*, 6, 77-94.

[16] Este capítulo foi preparado especificamente para este livro, mas decorre de uma discussão já proposta em Reis (2004).

[17] O primeiro deste capítulos foi publicado, numa versão em francês, no número de Maio de 2005 de *Pôle Sud: Revue de Science Politique de l'Europe Méridionale*, 22, 1001-14 e, em português, na *Revista Crítica de Ciências Sociais*, 70, 81-100. O segundo foi inicialmente publicado em *Boletim de Ciências Económicas*, Vol. XVL-A, 683-712.

[18] O capítulo 8 foi também preparado para este livro mas relaciona-se parcialmente com dois textos: um, que beneficiou da co-autoria de João Tolda e Lina Coelho, foi publicado na *Revista Critica de Ciências Sociais*, 52/53, 119-139; o outro corresponde a perspectivas esboçadas em Reis (2003a). O capítulo 9 é o texto mais antigo deste livro. Foi publicado na *Revista Critica de Ciências Sociais*, 30, 45-73. Retomo-o aqui porque ele equaciona, de forma obviamente datada, algumas das questões mais matriciais da minha investigação e que orientaram a minha tese de doutoramento (Reis, 1992). Não pude, contudo, deixar de me surpreender ao constatar que se trata, em grande medida, de temas que, cerca de quinze anos mais tarde, vim a discutir de novo no texto do capítulo seguinte, agora em termos próprios da agenda contemporânea. O último capítulo foi o texto com que contribuí para o livro *Ensaios de Homenagem a António Simões Lopes*, um mestre de grande valor, orientador da minha tese de doutoramento. Este volume foi editado pelo ISEG Instituto Superior de

Se este livro é a expressão de uma trajectória longa, ele tem por trás de si relevantes contextos de trabalho – várias e intensas proximidades, diria eu com o pendor de quem valoriza os territórios da vida. Numa única referência, que inclui afectos, trabalho, projectos e ambições, deixo o meu reconhecimento àqueles com quem partilho cumplicidades na Faculdade de Economia da Universidade de Coimbra e no Centro de Estudos Sociais.

Economia e Gestão, da Universidade Técnica de Lisboa em 2006. O texto foi igualmente publicado no Brasil, na revista *Estudos Sociedade e Agricultura*, 13 (1), 51-74.

PRIMEIRA PARTE

Governação, Institucionalismo e Estado: Os genes impuros da economia

CAPÍTULO 1

A ECONOMIA IMPURA: O MUNDO DAS INSTITUIÇÕES E DA GOVERNAÇÃO

1. Introdução

Desde há muito que nos habituámos a lidar com temas como o dos limites ou das falhas do mercado. Do mesmo modo, é corrente discutir o Estado e o seu papel na economia, cuidando de saber se ele há-de ser maior ou menor, que atribuições lhe devem estar reservadas e quais as que ganham em ser vedadas à acção estatal. É fácil admitir que estes assuntos resultam da ideia de que o funcionamento da economia carece de articulações e de compatibilizações – isto é, de uma visão sobre a natureza plural dos mecanismos em que os sistemas económicos assentam e dos modos como são governados. Além disso, uma noção "humilde" sobre o funcionamento material concreto da vida obriga-nos a aplicar ao uso dos instrumentos conceptuais de que dispomos um "princípio da precaução" semelhante àquele que as incertezas ambientais tornaram necessário – o "processo da vida", de que falava Veblen[19] é um processo "secular", cheio de diferenciações, imperfeições, poderes diversos e contextos variados onde os actores sócio-económicos se capacitam ou são sujeitos a restrições. Séculos passados sobre o início da construção dos paradigmas científicos modernos e iluministas, é também o nosso capital teórico e as suas gritantes insuficiências – na explicação, na previsão, na procura de sínteses – que nos recomenda o mesmo princípio de prudência.

Por outro lado, os dias de hoje são fortemente influenciados por uma obsessão da explicação global, o que levou a uma redução dramática das bases problemáticas em que assentam as tentativas de compreensão dos fenómenos sociais, políticos e económicos, as quais tendem a ser profundamente funcionalistas.[20] Nisso consiste, por exemplo, a linguagem globalista dominante e a convergência interpretativa das leituras acerca das dinâmicas

[19] Thorstein Veblen (1857-1929) é, porventura, o mais inspirador dos fundadores do chamado "velho institucionalismo" (cf. Veblen, 1994a). Veja-se o capítulo seguinte.

[20] Refiro-me à perspectiva segundo a qual determinadas áreas dos sistemas económicos vêem o seu lugar ontológico definido pelo modo como servem outros níveis, que lhe são exteriores, e dos quais elas são encaradas essencialmente como uma derivação, sem autonomia nem *espessura* próprias.

contemporâneas, mesmo quando lhes presidem convicções políticas e sociais muito contrastadas.[21]

O *regresso à teoria* converte-se assim numa necessidade, ensaiando uma recuperação de aspectos que constituam uma aproximação mais complexa à realidade, e que geralmente estão fora do horizonte problemático mais corrente. A questão consiste em valorizar as construções teóricas que dão atenção a problemas substantivos como os que comecei por referir e, ao mesmo tempo, oferecem uma alternativa explicativa e analítica útil e articulada. Suponho que é nas perspectivas institucionalistas[22] que essa capacidade existe. Está nelas uma possibilidade de, em economia, para além do *mercado*, nos ocuparmos também das *instituições*, para além da *geonomia* darmos valor à *proximidade*, para além da *racionalidade* atendermos à *incerteza*, para além dos *determinismos* darmos um papel à *governação*, para além dos *isomorfismos* considerarmos também as *morfologias* diferenciadas do poder.

Parece-me, pois, necessária *uma epistemologia da diferenciação*. Esse caminho não assenta em dicotomias (Estado/mercado; mercado/empresa-organização; Estado/sociedade civil) mas em configurações político-institucionais construídas através de complementaridades e articulações. Importa, contudo, sublinhar que a contribuição das abordagens institucionalistas é marcada por uma grande diversidade, e até por uma notória conflitualidade interna. Enfatiza-se a acção racional individual, mas também se partilha a noção de que são necessárias instituições que reduzam as imperfeições desse mundo

---

[21] As interpretações globalistas têm em comum, independentemente da diferença das suas conclusões, o facto de privilegiarem o papel dos actores dotados de hiper-mobilidades, a quem atribuem plena racionalidade e informação completa, e de reconduzirem todas as acções humanas a princípios, racionalidades e finalidades unitárias e globais. O espaço que conferem à contingência, à vontade, à autonomia e à diferença é escasso ou nulo.

[22] Apenas para ilustração, refira-se que considero o campo institucionalista composto, entre outras, pelas seguintes contribuições principais: o chamado "velho institucionalismo económico", de natureza evolucionista, a "nova economia institucionalismo" representada por R. Coase, D. North e O. Williamson, a economia institucional europeia contemporânea, bem ilustrada pelos trabalhos de G. Hodgson (1994a e 1997), a economia evolucionista de influência schumpeteriana, a escola francesa da regulação (cf. Boyer, 2004) e a análise comparativa sobre as variedades de capitalismo (Hall e Soskice, 2003). Neste texto não me detenho em todos eles nem os sujeito a uma apreciação sistemática. Para mais detalhe, veja-se o Capítulo 2. Nielson (2001) oferece uma apreciação muito mais pormenorizada dos institucionalismos, não se limitando à economia.

racional; pressupõe-se a difusão endógena da mudança mas também a emergência radical de alternativas[23]; assume-se o papel da cultura e a importância dos recursos cognitivos ao mesmo tempo que o do cálculo e da selecção estratégica (Nielsen, 2001). Em todos os casos, contudo, ousa-se lidar com problemas que nos aproximam do mundo contemporâneo. Chamei ao campo em que situo a discussão destes problemas "economia impura". É de uma das suas entradas que trato nos pontos seguintes.

2. O modelo cognitivo e os três *territórios* da economia impura

Conhece-se o campo da economia pura. É um terreno solidamente murado pelo pressuposto de que os indivíduos dispõem de um modelo comportamental assente na escolha racional, atribuindo-se aos actores (sociais, políticos e económicos) plena capacidade para lidar com objectos clara e objectivamente descritos. Como assinala Douglass North (1990: 17), esta é a economia em que se parte do pressuposto implícito de que "os actores possuem sistemas cognitivos que fornecem modelos *verdadeiros* dos mundos acerca dos quais eles fazem escolhas".

Ora, sucede que, para a maioria dos "problemas interessantes" com que estamos confrontados, este mundo encantado não tem pertinência. A *vida secular* é composta por actores que processam informação diferenciada e imperfeita e que, além disso, dispõem de intencionalidade, consciência e identidade. Por isso, os modelos subjectivos são diferenciados e porventura divergentes e não está naturalmente assegurada uma tendência que os faça convergir.

A economia impura é, assim, um campo aberto, embora assente em vários territórios. Escolho três desses territórios e defino-os como elementos principais da proposta que aqui apresento. O primeiro é o das *instituições*. Exactamente porque os indivíduos possuem as imperfeições que acabei de lhes apontar, eles vivem em contextos de incerteza e são parte do mesmo mundo em que há fenómenos sociais contingentes. A sua racionalidade é limitada – que mais não seja porque como, por todos, demonstrou Herbert Simon (1982) a capacidade de processamento de informação por parte da mente humana não é infinita – e, por isso, os contextos relacionais concretos,

---

[23] Entre as noções institucionalistas que retenho dou muito valor à ideia de que o "inesperado" e as "trajectórias inesperadas" também são necessárias à compreensão das dinâmicas contemporâneas. Procuro exemplificar isso no Capítulo 6.

situados e diferenciados, são necessários. As instituições, quer as entendamos de forma *soft* como os hábitos, as rotinas, as convenções, as normas e as regras que enquadram a vida individual e colectiva, quer as entendamos de forma *hard* como as organizações e os aparelhos em que assentam as configurações político-institucionais, são as entidades através das quais se definem restrições e possibilidades da acção humana. São também o grande elemento de diferenciação das economias, a base a partir da qual podemos compreender por que razão o capitalismo é um sistema com uma enorme diversidade interna.

O segundo território principal da economia impura é o da *governação*. O problema teórico principal da governação é o dos mecanismos de coordenação dos actores individuais e colectivos e dos espaços de organização em que a economia funciona (o institucionalismo não é aterritorial). Já se sabe que a economia pura postula a concorrência e entende que a escassez é a base da competição. A concorrência, por sua vez, seria o caminho para alcançar a eficiência económica e, portanto, o equilíbrio. Segundo este modo de ver, a informação está disponível sem custo e as trocas ocorrem sem dificuldades, isto é, à semelhança do que acontece em certas situações ideais nos sistemas físicos, não há fricção. É neste sentido, e apenas neste, que se pode postular o papel do mercado como espaço único de coordenação (através da escassez, da utilidade, da escolha racional e, sibilinamente, da concorrência). O problema da coordenação convoca intuições e fundamentos muito diversos mas é, em sim mesmo, um ponto crucial para definir o campo em que se situam os problemas que levantamos.

O terceiro território em que assento a economia impura é o que lida com a *mudança institucional*, dando um lugar nobre à tensão entre convergência e divergência e, a partir daí, encarando a diversidade como uma marca essencial da organização sócio-económica. Como também se sabe, a economia pura pressupõe a convergência dos sistemas económicos e das atitudes individuais. Seja por razões de determinismo tecnológico, seja pelo pressuposto da universalidade do modelo cognitivo e dos princípios de racionalidade que lhe são inerentes, os sistemas e os indivíduos tenderiam a seguir as mesmas trajectórias, até uma situação equilibrada de convergência. É neste pressuposto essencial que assentam as visões globalistas de vária natureza, hoje tão em voga. O confronto repetido com as mesmas situações e as mesmas escolhas, a existência de preferências estáveis, a identificação clara das possibilidades de maximização – tudo isto conduz a regularidades, a padrões universais e, portanto, ao equilíbrio e à convergência. Neste contexto, as situações relacionais dos indivíduos não seriam diferenciáveis, os comportamentos e as decisões seriam universais, haveria só uma ordem constitucional e uma mesma ordem relacional) e as trajectórias de desenvolvimento ou as configurações político-institucionais dos países e das regiões (a cultura e a política são ausências sonantes neste mundo uniforme) não se afastariam de uma mesma norma.

3. Instituições: da superação das "imperfeições" às configurações político-institucionais

Por que é que há uma economia institucionalista? Isto é, por que é que se pressupõe que, nas sociedades, as economias não são passíveis de ser definidas apenas pelas leis da troca, pela racionalidade instrumental maximizadora e pelas expectativas da utilidade? Por que é que se pretende alcançar espaço dentro da ciência económica para se entender a coordenação, a acção colectiva, a incerteza, a cultura e os contextos situacionais, mesmo a irracionalidade?

3.1. As instituições como instrumentos necessários perante as imperfeições: ordem difusa, restrições e custos de transacção

A mais madura e mais laboriosamente trabalhada resposta institucionalista às interrogações anteriores é a que vê as instituições como instrumentos tornados necessários pelas "imperfeições" do mundo, isto é, pelos desvios reais em relação à racionalidade plena, à cognição completa e ao comportamento leal. As instituições são, assim, o elo de ligação entre o mundo secular, prosaico, composto por sujeitos reais e diversos e o mundo idealizado. Trata-se de lidar com a *racionalidade limitada* dos indivíduos, com o ambiente de incerteza em que eles se movem e com o comportamento oportunista dos que procuram benefícios resultantes do desvio à ordem relacional pressuposta e que é unívoca.

A racionalidade limitada conduz à *incerteza*. Em economia, a incerteza é o que está para além do equilíbrio estável e do conhecimento individual adequado para fazer escolhas e tomar decisões. Ora, tais condições – que podem ser qualificadas como as rotinas que possibilitam escolhas normais – têm um peso significativo nas nossas vidas na exacta medida em que representam as estruturas de pensamento, de relacionamento e de decisão que se consolidaram de forma institucionalizada e permitem superar as insuficiências humanas individuais. São condições inerentes a uma ordem exterior aos indivíduos. Trata-se, por exemplo, de regras morais, de princípios de cálculo social, de valores, de lógicas de acção. As insuficiências relacionam-se com o facto de o processamento de informação ser sempre subjectivo e incompleto – e de essa ser uma característica crucial da vida. Não é, pois, a estabilidade individual do conhecimento e das decisões que é a regra.

As duas dimensões críticas do comportamento "racionalmente limitado" dos actores económicos são o *oportunismo* (de que a expressão-limite é o *free-rider*) e o *rent-seeking*. É isso que abre caminho ao mundo dos contratos (um mundo distante daquele em que os sujeitos individuais agem livremente), que é a forma específica de governação pressuposta pela economia dos custos de transacção (Williamson, 1987). Estamos, portanto, perante o pressuposto de que a incerteza não é trivial em muitas e relevantes situações. Mais do que isso, por causa dessa não-trivialidade, "qualquer problema pode ser visto, directa ou indirectamente, como um problema de contrato" ou, mais amplamente, como um problema que sugere modos de governação rivais. Nisto se baseia a teoria da empresa vista como instituição que internaliza papéis que, de outra forma, seriam do mercado. Alternativamente, a empresa é um mundo de planeamento, economizando custos de transacção elevados.

De modo mais geral, o papel e a razão de ser das instituições consistem em que elas "reduzem a incerteza na medida em que fornecem uma estrutura para a vida diária", "são um guia para a interacção humana". Neste sentido, "as instituições são as regras do jogo de uma sociedade ou, mais formalmente, são as restrições estabelecidas pelas pessoas para moldarem a interacção humana" – "elas estruturam incentivos nas relações políticas, sociais ou económicas" (North, 1990: 3).

Se é certo que tanto são entidades formais (regras) como informais (convenções e códigos de comportamento), resulta muito evidente que, nesta acepção, as instituições são encaradas como uma *ordem relacional difusa* – uma panóplia societal, cultural e política de instrumentos contextualizadores e, sobretudo, condicionadores da acção individual. Esses hábitos, normas, rotinas, convenções e regras estão sujeitos a uma evolução constante: por isso, o evolucionismo é um marco fundador do institucionalismo. As instituições distinguem-se das organizações, embora, "tal como as instituições, as organizações fornecem uma estrutura para a interacção humana". As organizações incluem "aparelhos políticos (...), aparelhos económicos (...), aparelhos sociais (...), e aparelhos educativos (...) – são "grupos de indivíduos unidos por objectivos comuns" (*idem*: 5). As organizações são "agentes de mudança institucional", enquanto as instituições são "as regras do jogo implícitas", o que confirma a interpretação que estou a propor de que esta visão institucionalista confere às instituições a natureza de ordem difusa e evolutiva.

A interpretação anterior pressupõe que as instituições são, na sua essência, *restrições* 'oferecidas aos indivíduos' – são instrumentos que lhes reduzem a suas limitações cognitivas e que enquadram a sua acção como se fossem entidades exteriores a eles. A redução do mundo a um contexto 'manobrável' pelos actores alcança-se na justa medida em que as instituições "definem e limitam o conjunto das escolhas individuais".

Num entendimento em que as consideremos como parte do que estou a designar como 'ordem difusa', as instituições – isto é, as regras, rotinas, *habitus* e convenções que enquadram mentalmente os indivíduos – podem ser ainda um caminho para a convergência da sociedade e das economias. Quem assim pensa pressupõe que a estabilização de um dado contexto institucional segue sempre *one best way*. Uma interpretação mais inconformada do mundo institucionalista há-de perguntar-se se as instituições não podem ser vistas como capital, como activos, como factores criadores de possibilidades – e não apenas de limitações, mesmo que sejam limitações viabilizadoras. Este último é o pressuposto que adopto.

As imperfeições traduzem-se em custos, em custos de transacção. Custos de transacção são os "custos de fazer funcionar o sistema económico", são o "equivalente económico da fricção nos sistemas físicos" (Williamson, 1987: 18-19). Ora, uma forma de "economizar" nos custos de transacção é dispor de estruturas de governação adequadas às transacções em que as "imperfeições" dos actores e a "fricção" das relações são mais fortes. O mundo da governação é, pois, o mundo dos custos de transacção positivos e o principal objectivo que se prossegue é o de economizar esses custos. R. Coase (1994) e O. Williamson (1987), com diferenças significativas, desenvolveram uma teoria das instituições da economia que assenta neste tipo de problemas e que desemboca quase exclusivamente numa teoria da empresa.[24]

3.2. As instituições como ordem constitucional: as configurações político-institucionais e a diversidade da economia

A resposta à pergunta sobre a razão e o papel das instituições exige, no entanto, uma apreciação mais larga do campo institucionalista. As instituições são a ordem relacional que contextualiza a acção dos indivíduos, é certo,

---

[24] Alguns dos tópicos anteriormente referidos no ponto 3.1., designadamente o dos custos de transacção e do comportamento racionalmente limitado, são elementos desta teoria da empresa, em que aqui não me detenho.

mas essa ordem não é apenas difusa e nem está sujeita a uma indeterminação evolucionista. As instituições consolidam-se, assumem uma determinada ossatura, formam configurações coerentes e diferenciadas entre si, sujeitam os actores a restrições mas também os capacitam para a acção. São, além disso, parte de uma ordem política sujeita à conflitualidade e, portanto, à disputa estratégica.

Estarão os actores económicos, sociais e políticos sujeitos a este dilema difícil a que a interpretação tratada no ponto anterior os submete? Serão eles entidades perdidas entre o modelo comportamental assente na escolha racional e o campo da incerteza e do oportunismo? É certo que o pressuposto da incerteza é essencial e nele se têm fundado correntes relevantes do pensamento económico, com destaque para o keynesianismo. Acontece, porém, que uma visão mais sofisticada dos actores sociais que intervêm nas interacções que formam a vida colectiva parece necessária e útil. As visões institucionalistas do mundo económico, social e político e as perspectivas sobre a governação não se estruturam plenamente sem uma noção clara de que os actores são relevantes. E eles apenas o são na medida em que se lhes reconheça *intencionalidade*, *consciência* e *identidade*. Este é o primeiro passo – um passo decisivo – para se superar as questões levantadas no ponto anterior e para a definição de governação, como veremos no ponto seguinte. Jan Kooiman (2003) define as características dos actores naqueles termos. Fá-lo, porventura, em nome de uma visão excessivamente interaccionista dos processos de governação. Uma visão para a qual intensas relações multilaterais entre actores e entidades (as interacções) são o campo sobre o qual se forma a governação.[25] Quer dizer, o nível intencional das interacções sociais resulta da acção por parte de indivíduos e entidades dotados daquelas características. O nível estrutural das interacções é o dos contextos nos quais a acção individual se desenrola. Tudo parece emanar exclusivamente daí. Não se atribui a outras instâncias – por exemplo, à instância institucional propriamente dita, mas também à acção política ou económica – capacidade de retorno e, portanto, de intervenção na pilotagem das próprias interacções. O jogo interaccionista é enriquecido pelo pressuposto de que a acção humana é intencional, mas subsiste um quadro difuso e marcado apenas pela singularidade dos indivíduos.

[25] "Uma interacção pode ser considerada como uma relação mutuamente influente entre dois ou mais actores ou entidades" (Kooiman, 2003: 13).

Uma noção que apreenda mais amplamente a estrutura institucional das sociedades e das economias é a que veja a acção individual e colectiva no quadro de *sistemas e culturas de governação.* Proponho no Capítulo 5, a propósito da governação e da diferenciação europeia, que tal noção signifique o modo como, num sistema sócio-económico, se manifestam e organizam os interesses colectivos (como se formam *actores* sociais), como se estabelecem entendimentos entre os actores que intervêm na esfera pública (como se consolidam *convenções* sociais), como se regula a sociedade e a economia através de políticas públicas (qual é o papel do *Estado* e quais são os domínios estratégicos e prioritários da sua intervenção), como a sociedade se dota de organizações (qual é o desenvolvimento da sua *superestrutura organizacional*), como se criam padrões, rotinas e modos de fazer (quais são os *habitus*, o capital informal e o conhecimento tácito de que uma sociedade dispõe) – em suma, que *ordem constitucional* prevalece (o termo constitucional não é aqui usado em sentido jurídico, embora também o inclua, mas sim para significar a matriz das relações materiais e simbólicas que definem a esfera pública e orientam a trajectória da sociedade, no seu conjunto). Parece-me que é numa acepção deste tipo que o problema da governação se articula com o das instituições, enquanto elementos de um campo comum.

4. Governação

Em que é que consiste a problemática da governação? Trata-se de um tema novo ou de uma simples palavra que passou a ser usada recorrentemente? Há um sentido preciso e diferenciador que lhe possa ser atribuído?

As palavras correspondem a necessidades. A conquista do direito de cidadania por parte da palavra governação reflecte a insuficiência das noções que subestimam a intencionalidade, a diferenciação e o significado das relações multilaterais dentro da ordem económica. O problema central da governação é, por isso, o da *coordenação* de diversas *ordens relacionais.* Isto é, as sociedades contemporâneas não são hoje facilmente representáveis por uma lógica de organização hierárquica em que o poder de integração vertical capte e coordene o essencial da acção colectiva. Alguma vez o terão sido? Independentemente da resposta a esta pergunta, o que parece certo é que tanto no plano global como nos diferentes níveis em que as relações colectivas se "territorializam" há questões que dificilmente são coordenáveis através de um simples mecanismo de coordenação, como por exemplo o mercado. A razão desta dificuldade pode encontrar-se em dois planos. Primeiro, a morfologia do poder e das interacções nas sociedades de hoje é plural, complexa e reticular – por isso falo de ordens relacionais para caracterizar os subconjuntos estruturados que formam a matriz de relações interdependentes que origina o tecido económico, social e político contemporâneo. Segundo, os actores que constituem e intervêm nessas ordens relacionais possuem intencionalidade, consciência e identidade – na medida em que não são desprovidos de qualidades, eles têm capacidade para formar contextos de acção (a morfologia plural das sociedades tem conteúdo e espessura) e a sua inserção nos processos colectivos carece de "governo", quer dizer de processos pelos quais os diferentes mecanismos de acção convirjam para determinados objectivos (porventura apenas parciais).

Pluralidade de actores, interdependências, acção intencional, diferenciação e diversidade de níveis contextuais da acção: eis alguns elementos-chave que constituem o terreno sobre o qual se erguem os mecanismos de governação. *Ordenar a diversidade* é, pois, a primeira tarefa da governação. Nisto consiste o contributo do que designei por perspectiva interaccionista.

A conceptualização da governação através da ideia basilar de interacções é extremamente fecunda. Mas é também limitada. É fecunda por um conjunto largo de razões: atenção aos actores e às relações de influência mútua que eles estabelecem; relações público-privado; *mix* de processos e mecanismos; compreensão da mudança, da diferenciação e da variedade. É limitada porque, ao considerar que a "unidade básica de análise" é o *actor-in-situation* e ao pressupor que o seu campo de análise são as relações multilaterais entre actores sociais e políticos não se chega a um patamar acima das interacções e dos contextos "mutuamente influentes", isto é, a um patamar que represente as cristalizações institucionais que resultam das próprias interacções (cristalizações essas que são diferenciadas segundo países, regiões, territórios...). Esta noção difusa de governação – essencialmente originada na análise sócio-política – tem semelhanças com o que antes, a propósito da economia, chamei ordem difusa. São ambas perspectivas micro-analíticas.

Já se sabe – pelo que então referi – que a noção de governação pode ser apenas tributária da ideia de imperfeições. Onde uns (os interaccionistas) vêem uma propensão natural para a geração de interdependência activas, para a criação de dinâmicas, para a intencionalidade positiva dos actores, outros (os autores da economia dos custos de transacção) vêem os limites decorrentes do modelo cognitivo, da incerteza, do oportunismo, em suma, da fricção do sistema económico e dos custos de o fazer funcionar.

Mas há uma acepção mais ampla de governação. Aquela que considera que a ideia de governação apela para a noção de sistema de governação e que este "é definido como a totalidade dos arranjos institucionais – incluindo regras e agentes produtores de regras – que regulam trocas dentro e fora das fronteiras do sistema económico" (Hollingsworth *et al.*, 1994: 5).

A noção basilar em que esta aproximação assenta é a de que "os vários mecanismos de coordenação dotam os actores com vocabulários e lógicas para prosseguirem os seus objectivos, para definirem o que tem valor e para cunharem as normas e as regras pelas quais se orientam" (Hollingsworth e Boyer, 1997: 3).

A governação das economias é, pois, um exercício plural. Não se trata apenas de uma relação entre dois mundos (o dos que governam e o dos que são governados) nem de uma relação de um só sentido (ordem e obediência). Ao contrário, supõe várias estruturas, vários actores, vários processos, várias capacidades, vários vocabulários e, sobretudo, vários mecanismos.

Uma questão principal é a que consiste em saber em que se baseia este exercício plural. Qual é a sua ontologia, isto é, qual a natureza do mundo real que importa chamar para aqui. Para uns, são as interacções que constituem a base a partir da qual se forma e exerce a governação, para outros são os arranjos institucionais que coordenam os actores sociais, para outros são apenas as transacções. A primeira e a última perspectivas valorizam o individual e a micro-análise mais do que a segunda, que, por sua vez, dá valor aos aspectos meso-analíticos da organização, das rotinas, do conhecimento e da aprendizagem, das convenções. Neste último caso as instituições são elas próprias um dispositivo social dotado de espessura e capacidade e não uma simples emanação de micro-acções. É isso que permite falar de forma mais sólida de governação.

Os *instrumentos de governação* são, então, vários: informação, organização e regras. Os *modos de governação* são também diversos: autogovernação, cogovernação e governação hierárquica. Trata-se afinal das práticas de governação que têm lugar no conjunto de instituições que as teorias da governação – das micro-analíticas às holistas – identificam e que incluem, para uns, o Estado, o mercado, e a sociedade civil (teoria interaccionista), para outros a empresa, o mercado e as contratos (economia dos custos de transacção). Deve, contudo, ir-se mais longe. Por isso, uma boa proposta é a que considere os dois mecanismos que a teoria económica convencional privilegia – mercados e hierarquias empresariais – e mais o Estado (que significa a política, a legitimidade, o interesse colectivo e a definição das regras de contexto). Mas também as redes informais, a comunidade e as associações...[26]

É por este conjunto de razões que proponho que entendamos por *governação* o conjunto de processos pelo qual se *coordenam ordens relacionais* diversas e parciais, através de relações de *poderes* diferenciados, de *mecanismos* plurais e de *vocabulários* cognitivos próprios, tendo em vista a geração de *dinâmicas* societais e organizacionais. A governação envolve *hierarquia* (poder e dissemelhança), *proximidade* (interacções e co-presença) e *mudança* (redefinições situacionais).

5. A mudança institucional: até onde vai a convergência?

A economia, assim como outras ciências sociais, guarda um lugar cimeiro para o pressuposto da convergência dos sistemas económicos. Nisso consiste o viés determinista, que é um raciocínio segundo o qual um dos níveis que compõem um sistema conduzirá inevitavelmente os restantes, de tal modo que cada nação ou território se tornará semelhante ao pequeno número dos que tomaram a dianteira, numa trajectória de evolução linear. Podemos, por exemplo, estar perante um determinismo tecnológico ou perante um determinismo financeiro. Não é necessário lembrar que, nos dias de hoje, o predomínio das interpretações das dinâmicas económicas através da metáfora da globalização concorre fortemente para a revalorização dos determinismos.

O pressuposto da convergência é um pressuposto fundador de algumas das abordagens que se incluem no universo institucionalista. Trata-se, neste caso, da convergência institucional das nações e dos espaços económicos. Aliás, este é um dos tópicos a partir dos quais é possível ler a pluralidade (e a conflitualidade interna) dos institucionalismos.

Quando as instituições são concebidas, nos termos que já referi, como as "regras do jogo" que enquadram a acção individual – as restrições justificadas pela incerteza e pelos comportamentos anómalos – o *isomorfismo* institucional é o principal mecanismo da mudança. Num sentido proposto por Klaus Niel-

---

[26] Para Hollingsworth e Boyer (1997) a governação assenta numa taxonomia dos arranjos institucionais que inclui vários modos de coordenação da acção colectiva: mercados e hierarquias empresariais (que exprimem o auto-interesse, assentando os primeiros em formas de poder horizontal e as segundas numa forma de poder vertical); comunidades e Estado (que exprimem normas sociais compulsórias, assentando as primeiras em formas de poder horizontal e o Estado em formas de poder vertical); associações e redes (em que se regista uma combinatória de formas de poder e de motivos para a acção).

sen (2001), pode dizer-se que os efeitos da acção estratégica (o cálculo) predominam sobre a cultura e a compatibilização predomina sobre a o conflito e as diferentes dotações de poder. Acontece, contudo, que o lugar atribuído à iniciativa humana, à intencionalidade dos actores, à morfologia do poder e, sobretudo, ao papel constitutivo da cultura e da cognição é, porventura, mais importante na intuição institucionalista do que os factores isomórficos. De facto, o institucionalismo é, sobretudo, uma leitura das diversidades e isso é bem representado por alguns dos mais activos programas de investigação sobre as economias contemporâneas. Tome-se como exemplo os resultados das pesquisas desenvolvidas no quadro da chamada teoria da regulação (Boyer, 2004) ou das análises sobre as "variedades de capitalismo" (Hall e Soskice, 2003; Amable, 2005).

D. North, enquanto economista sofisticado e de grande capacidade analítica, é certamente quem melhor representa a visão da mudança institucional entendida como um processo de convergência no plano dos "mercados políticos". As instituições são o *underlying determinant* dos desempenhos económicos de longo prazo. Por isso, há um modelo de mudança institucional sobre o qual se constrói uma teoria dinâmica da mudança. O raciocínio é simples: na economia, a incerteza existe, a informação é custosa e assimétrica, e as instituições cumprem o papel de superar estas deficiências, o que se representa no objectivo de diminuir os custos de transacção, já que eles não são nulos; para isso, importa que exista um "mercado político" adequado que garanta trocas económicas eficientes através de informação precisa, facilmente comunicável, e sistemas de decisão acessíveis ao cidadão. Ora, os modelos políticos e económicos existentes são muito diferentes, variam radicalmente. "Restrições institucionais específicas determinam as margens dentro das quais as organizações actuam e tornam inteligíveis as relações entre as regras do jogo e o comportamento dos actores" (North, 1990: 110). A ineficiência económica e a pobreza são a medida da existência de modelos institucionais desencorajantes do pleno funcionamento dos mercados. A responsabilidade do subdesenvolvimento e do atraso é, pois, institucional e a solução é a convergência. O modelo político e institucional de referência existe e é um só: é o que define um determinado tipo de direitos de propriedade; é, numa referência rápida, o modelo construído na Inglaterra a partir do século XVI.[27]

[27] E que North (1990: 113-117) analisa, comparando-o com o modelo "ineficiente" desenvolvido a partir da mesma altura pela Espanha.

Além disso, cada modelo existente fixa e consolida as suas próprias características, quer dizer, origina retornos crescentes, positivos ou negativos. Nisso consiste a natureza *path dependent* dos processos económicos. A mudança política necessária é a que reverte as trajectórias num sentido comum e universal. Assim se justifica o pressuposto de convergência institucional da versão institucionalista que Douglass North representa.

A tradução não académica desta perspectiva está largamente disseminada. O Banco Mundial, e designadamente, o *World Development Report* de 2002 ilustram-na cabalmente. *Building institutions for markets* é o propósito. E o papel das instituições é, exactamente, *support markets*. Não vem ao caso discutir agora esta visão estreita do papel das instituições, isto é, de um tipo específico de instituições. As perguntas seriam: e as pessoas, que lugar lhes cabe? e as regras e leis que determinam outras formas de capacitação? e a concretização de outras formas de alcançar a eficiência económica?

Acontece, contudo, que os capitalismos – isto é, os sistemas económicos em que o mercado prevalece – diferem uns dos outros. É apenas a eficiência que os distingue? Mas como justificar isso, perante a evolução diferenciada, ao longo do tempo, das evoluções económicas? Só uma visão de curto prazo se isenta de colocar dúvidas. A natureza cíclica dos desempenhos económicos é composta por diferenciações do desempenho relativo de cada tipo de capitalismo, em momentos diferentes. Ora, a verdade é que a evolução das economias não é comandada universalmente pelos mesmos mecanismos, nem estes são os que prevalecem para as empresas e os produtos. Há uma forte mediação institucional que é diferenciadora. Não há *one best way*. Esta *propensão para a variedade* pode interpretar-se a partir da ideia de que o conjunto das economias que comandam a economia mundial é composto por vários *sistemas sociais de produção* – os ambientes sociais e políticos em que a produção, as empresas e as tecnologias estão "incrustadas" e que enquadram os seus desempenhos (Hollingsworth e Boyer, 1997) – e por diferentes "conjuntos de procedimentos individuais e colectivos que reproduzem as relações sociais fundamentais, conduzem o regime de acumulação em vigor e asseguram a compatibilidade de uma miríade de decisões descentralizadas, sem que os actores tenham necessariamente consciência dos princípios de ajustamento do conjunto do sistema" – é isto que se designa por *modo de regulação* (Boyer, 2004: 52). Uma tarefa como esta obriga, naturalmente, a que se considere mais do que um mecanismo de coordenação dos actores sócio-económicos e que não se atribua apenas ao mercado essa condição.

Em síntese, a oposição ao pressuposto da convergência deve assentar numa noção ampla de *sistemas e culturas de governação*, no sentido em que propus no ponto 3.2. De facto, as dinâmicas das sociedades e das economias estão fortemente enquadradas por ambientes institucionais que as influenciam e determinam e estes contextos são tão poderosos como diversos (por isso, a Europa, como um todo, é um dos mais fortes sistemas institucionais da economia-mundo); as capacidades competitivas das economias, quer no plano regional, quer no transnacional, não são apenas as que derivam das diferenças, certamente transitórias, dos custos do trabalho (o que conduziria a uma permanente opção pela desregulamentação, por parte das nações, e a uma permanente mobilidade, guiada pelos diferenciais de salários, por parte das empresas), sendo também muito importante aquilo que pode ser designado por *vantagem institucional comparada* das nações e dos territórios da economia-mundo; a cada território cabe uma espécie de *arbitragem institucional* (cf. Hall e Soskice, 2003: 1-68), pela qual 'escolhe' o lugar que quer ocupar nas relações competitivas à escala mundial e os factores que estruturam o seu modelo económico e social, o seu sistema de inovação e a sua forma de especialização.

6. Conclusão

Este texto pode ser visto como uma tentativa de fixar alguns dos elementos essenciais de uma economia institucionalista. Esta encara-se como uma modalidade de economia impura, isto é, como uma disciplina que se coloca no plano "secular" da vida. Rejeita, portanto, uma noção normativa da racionalidade dos indivíduos, rejeita o seu isolamento face a contextos políticos e institucionais e rejeita a noção de que a sua acção é uma derivação desprovida de espessura própria. Supõe, ao contrário, que os actores sócio-económicos têm intencionalidade e que, desse modo, criam ordens relacionais que superam a sua atomização individual. É esse o mundo das instituições.

Um quadro que relacione e indivíduos e instituições, conduz-nos, com possibilidades diversas, às questões da governação, isto é da coordenação de diversas ordens relacionais. E conduz-nos, também, a uma visão da mudança institucional substancialmente distinta daquela que hoje postula a convergência dos sistemas económicos, sociais e políticos. O que está em causa é saber se afinal ainda há razões para crer que a condução do mundo cabe a uma lógica uniformizadora e exterior ou se, pelo contrário, as configurações político-institucionais diferenciadas são a matriz dentro da qual temos de entender a acção, no pressuposto de que isso é muito mais capacitante e criativo. A minha convicção é que é esta última hipótese é a mais defensável e é dentro dela que me parece que a teoria económica tem mais alicerces para se revigorar, como tem vindo a acontecer através de trabalhos que atendem à diversidade e à mudança.

CAPÍTULO 2

O INSTITUCIONALISMO ECONÓMICO: CRÓNICA SOBRE OS SABERES DA ECONOMIA

Tenho dedicado uma boa parte dos meus trabalhos de investigação ao estudo dos sistemas produtivos, das dinâmicas locais e da organização espacial da economia. Durante muito tempo considerei estes temas como próprios da economia industrial e da economia espacial – e vi-os como parte do revigoramento destas disciplinas. Sem deixar de pensar que assim é, fui-me apercebendo que se trata de assuntos que resultam de um quadro de problemas muito mais amplo. De facto, estudar no mesmo plano a organização produtiva, as sociedades locais e as dinâmicas espaciais é falar de muito mais do que de indústria e espaço – é falar de hábitos e de normas, de convenções sociais, de possibilidades institucionais, de racionalidades, informação e conhecimento, de actores sociais e processos de vida, de experimentalismo e de evolução.

Estas são, aliás, questões epistemológicas gerais da economia. E são também as bases para uma teoria institucionalista dos processos sócio-económicos.

Apresento no fim deste capítulo aqueles que me parecem ser os pilares essenciais de uma teoria deste tipo. Falo de complexidade, de processos dinâmicos e de contextualidades e de genealogias. Este texto é, por isso, sobre os fundamentos de uma teoria institucionalista capaz de interpretar as acções colectivas, os comportamentos dinâmicos e a formação de sistemas de regulação e de organização da economia.

1. O que é o institucionalismo? Um roteiro dos patamares de uma economia institucional estratificada

Por aquelas razões, esta é uma digressão sobre a economia institucional ou, se se preferir, sobre o institucionalismo económico e tem um tema preciso que se designa no singular.

Mas, se é concisa a descrição da matéria e fácil o título que sintetiza o objectivo principal, já é mais longa a indicação daqueles a quem recorri para formar o tema e para alcançar os meus propósitos. De facto, uma pergunta inicial – o que é o institucionalismo? –, banal na sua formulação, serve sobretudo para indicar que é necessário dar uma resposta plural a uma interrogação que é apenas singular quando se questiona sobre as visões simplificadoras da racionalidade económica e da epistemologia da economia.

Aqueles a quem recorri são Veblen, Commons e Mitchell, seguidos por Allan Gruchy, Galbraith, Myrdal e Ayres[28], e por todos aqueles que, longa e paulatinamente, formam a resistência activa e conscientemente dissidente da economia evolucionista contra a simplificação neoclássica. São estes os que mais praticaram e difundiram a ideia de que há uma escola[29] (quer dizer,

---

[28] O primeiro uso do termo institucionalista atribui-se a Walton H. Hamilton, quando em 1918 apresentou ao *meeting* anual da American Economic Association o *paper* "The Institutional Approach to Economic Theory". Tratou-se de um momento em que a Associação queria, através de um comité criado para o efeito, propor uma discussão sobre a economia e a profissão de economista, tendo em vista uma maior aproximação aos problemas e desafios correntes (Klein, 1993: 14).

Em 1934, John R. Commons publicou os dois volumes de *Institutional Economics – Its Place in Political Economy*. Em 1949, o texto das lições de Wesley C. Mitchell, *Types of Economic Theory: From Mercantilism to Institutionalism*, recolheu o seu trabalho durante aquela década (cf. Mitchell, 1967); em 1927, W. Mitchell tinha publicado *Business Cycles: The Problem and its Setting*.

Allan Gruchy (1906-1990) haveria de consagrar as visões da economia evolucionista numa vasta literatura de que fazem parte *Modern Economic Thought: The American Contribution* (1947), *Contemporary Economic Thought: The Contributions of Neo Institutional Economics* (1972) e *The Reconstrution of Economics: An Analysis of the Fundamentals of Institutional Economics* (1987), uma trilogia onde se retomaram as ideias de, entre outros, Thorstein Veblen (1857-1929), John R. Commons (1826-1945), Wesley Clair Mitchell (1874-1948), John Maurice Clark (1884-1963) – que podem ser considerados os pais-fundadores do evolucionismo e, portanto, daquela a que chamo escola do *institucionalismo originário* – e também dos que, a seguir à II Guerra Mundial, difundiram no meio académico e na opinião pública a visão institucional: Clarence E. Ayres (1891-1972), John K. Galbraith (1908-2006) ou Gunnar Myrdal (1898-1987).

Allan G. Gruchy é, por assim dizer, o elo da ligação intelectual entre duas gerações que o incluem a ele próprio e que representam o núcleo principal do institucionalismo. A este mesmo mundo associa-se também a influência de um vasto conjunto de outros cientistas sociais, entre os quais é frequente ver referidos os nomes de Amitai Etzioni, Nicholas Georgescu-Roegen, Albert O. Hirschman, Nicholas Kaldor, Michel Kalecki, John Maynard Keynes, Janos Kornai, Simon Kuznets, Alfred Marshall, Karl Marx, Douglass C. North, Mancur Olson, Luigi Pasinetti, François Perroux, Karl Polany, Joseph Schumpeter, Herbert Simon, Oliver E. Williamson e Sidney Winter.

[29] O melhor e mais actualizado "guia" para esclarecer os roteiros do institucionalismo evolucionista são os dois volumes do *The Elgar Companion to Institutional and Evolutionary*

um pensamento comum e um ritual partilhado) que ombreou para formar um paradigma próprio, identitário, assente nas convicções essenciais de que a economia é institucional porque é processual e evolucionista, cultural e colectiva, interdisciplinar e não-preditiva e, por isso, não é apenas uma "ciência da escolha" nem a mecânica fria, apriorística e abstracta, que assenta na psicologia hedonista do indivíduo concebido como um "calculador iluminado".

São estes, para quem tratar da economia é afinal tratar do "processo da vida", com toda a incerteza e todo o experimentalismo que o constituem, e são também os que se designam novos institucionalistas e que, baseados em R. Coase, mas seguramente menos sofisticados do que ele, tratam, como o faz mais do que todos, O. Williamson, das organizações e das hierarquias empresariais, isto é, de complementar o mercado e de superar as suas falhas pela análise, ainda cumplicemente neoclássica, da economia dos custos de transacção e da integração vertical. Deste mundo das organizações que tomou para si a visão de H. Simon sobre a racionalidade limitada e a informação incompleta e assimétrica, ganhando com isso sofisticação, mas esquecendo talvez demasiado rapidamente a visão crítica inicial. E falar de institucionalismo é também falar de D. North ou de T. Eggertsson e, portanto, de um compromisso claro e aberto com as raízes do pensamento neoclássico, mas não com a racionalidade instrumental que o limita; de um compromisso activo com o esclarecimento dos fundamentos individualistas e micro-económicos da vida, mas não com a noção de um indivíduo estupidamente iluminado, senhor de toda a informação, mas distraído das interacções sociais e, portanto, destituído de mapas mentais próprios.

Será, então, falar apenas da dose de cultura, de interacção, de dinâmica que o paradigma neoclássico suporta. E será, ainda, acompanhar a visão de G.

Economics, de Geoffrey M. Hodgson, Warren J. Samuels e Marc R. Tool (org.), datado de 1994. Estes mesmos autores juntamente com William M. Dugger, Wendell Gordon, Philips A. Klein ou John Adams são parte de um vasto leque de investigadores que alimentam a bibliografia actual sobre o institucionalismo e que tem no *Journal of Economic Issues* a sua principal revista. Mas outras obras há, referidas ao longo deste texto, que fazem a reconstituição da formação desta escola autores, fases, problemas e métodos: cf., por exemplo, Philips Klein (1993), Wendell Gordon (1980) e Warren Samuels (1988).

Hodgson numa reconstrução intelectual da teoria económica[30] que, no final, quer trazer a vida de volta à economia.

Porventura, tratar de institucionalismo é apenas perceber que o mundo da economia é o da regulação, isto é, o mundo que obriga a compreender que – no vazio intelectual criado por uma ciência económica que não veja para além da mecânica abstracta de uma engenharia económica – encontramos afinal realidades complexas em que há mercado, há Estado, há hierarquias empresariais, há associação de interesses, há redes e há comunidades activas e que todas são formas institucionais da macro-economia. E que tais formas se juntam a "regularidades de comportamento", a normas aceites generalizadamente pelos membros dos grupos sociais, dando origem a ambientes institucionais significativos e a arranjos institucionais precisos, isto é, organizações que constituem agentes colectivos e formas institucionais que estipulam o modo como se consagra a dinâmica económica.

E, por isso tudo, falar de institucionalismo é juntar a teoria da regulação e, juntamente com R. Boyer e A. Lipietz, recorrer a Ph. Schmiter, W. Streeck e J. R. Hollingsworth, para perceber quais são as instituições incrustadas na dinâmica do capitalismo contemporâneo, e fazê-lo sabendo que a visão da economia é holista[31] porque as fundações macro-económicas da micro-economia são mais importantes do que as inversas, que tanto têm obcecado a economia dominante. Tudo isto, sem esquecer, evidentemente, que o passo de mágica há muito formulado pelos regulacionistas consiste na ambição de alcançar o holismo de forma subdeterminada, para dar campo e espaço à percepção da variabilidade dos movimentos da economia, aos seus modelos locais e aos *habitus* dos actores concretos que os inventam e animam.

Ou não será, por exemplo, que falar de institucionalismo aqui na Universidade de Coimbra será tão-só juntar numa oração que se saberia não-solitária tudo o que têm feito os que aqui têm esclarecido o significado da heterogeneidade e da complexidade da vida social, das dinâmicas intersticiais, da insustentável leveza dos muitos mapas cognitivos que há em cada lugar e em cada indivíduo? Falar de institucionalismo seria, neste caso, exercitar uma

[30] É este o sentido de obras importantes como *Economia e Instituições* (Hodgson, 1994a) e *Economia e Evolução: O regresso da vida à teoria económica* (Hodgson, 1997).

[31] "Holismo é um termo originariamente cunhado pelo investigador sul-africano Jan Christian Smuts a partir da palavra grega *holos*, que significa todo (*whole*). Ele aplicou o termo às novas teorias das ciências físicas" (Wilber e Harrison, 1988: 107).

humildade ousada capaz de relacionar a economia com aquilo que Boaventura de Sousa Santos tem ensinado e praticado; com aquilo que tem formado uma sociologia crítica e uma economia atenta à complexidade mas não imobilizada por ela, em suma, com uma ciência social que assume as raízes e o cosmopolitismo de uma prática aberta, plural e activa.

Mas não, falar de institucionalismo não será seguramente esta última possibilidade, porque ela sucumbiria à crítica impiedosa de que uma apresentação deste tipo[32] não é a simples explanação dos nossos pequenos saberes nem dos nossos mais entusiásticos envolvimentos – uma tarefa desta costuma ser, das duas uma, ou o nosso tributo ao uso de uma ferramenta já arrefecida da forja em que alguém a formatou, ou a nossa sofrida demonstração de que somos capazes de juntar a erudição de muitos para que almejemos uma migalha de reconhecimento.

Vou, pois, socorrer-me desses muitos. E vou fazê-lo também pela bem prosaica razão de que, sem prescindir da crítica e da opção, a economia institucional de que quero tratar são todas e cada uma daquelas fatias a que há pouco fui fazendo referência. E assim é porque a economia institucional a reconstruir ganha se se considerarem os muitos patamares cujo roteiro é necessário estabelecer, para que todos sejam visitáveis num único olhar, mesmo que concluamos que alguns são mais habitáveis que outros. De facto, a economia institucional não é um labirinto e, por isso, há um olhar comum, capaz de ver as ligações entre as travessias de cada patamar. É isso que vou procurar fazer.

Defenderei que tratar do institucionalismo é interrogar a disciplina económica nas suas bases teóricas e metodológicas, mas também não seria desadequado dizer que é apenas à procura dos saberes da economia que se parte, esperando encontrar – como outros, designadamente Christian Kundsen (1993), o fazem – o suplemento que falta aos modelos formais (e cuja ausência, a meu ver, os desqualifica) em matéria de conhecimento contextual ou do que Richard Nelson e Sidney Winter (1982) chamam "teoria contextualizadora" (*appreciative theory*).

Fazer isto é, porventura, seguir apenas o caminho que a Escola Histórica Alemã[33] abriu e que muitos outros têm continuado, seguindo afinal uma

---

[32] Trata-se de uma lição pública para a obtenção do título de agregado em economia.

[33] Maurice Baslé (1995) tem razão quando junta a Escola Histórica Alemã ao institucionalismo americano (o institucionalismo originário) para reencontar os *"antécédants mécon-*

norma que R. Coase relembrou em Estocolmo, ao receber o Prémio Nobel da Economia de 1991, quando designou de muito simples os objectivos da sua vida de investigador e considerou que os tinha procurado alcançar sendo um economista que escreve em prosa.

Acrescento ainda que este tema faz para mim muito sentido enquanto quadro geral dos meus trabalhos de investigação[34] e sequência directa de dois tópicos que trato nos Capítulos 3 e 4 – as questões económicas do Estado e da economia constitucional.

2. No início está a virtude: o institucionalismo originário

No início[35] está sempre a virtude. É lá, com efeito, que encontramos os grandes valores e, com eles, a visão mais completa do mundo. É, de facto, de um mundo isento das imagens que sobre ele fizeram o formalismo, o positivismo lógico e a racionalização *a priori* da economia convencional que se trata no início. Não é, portanto, um mundo estático que temos à nossa frente. Nem é,

---

nus" da teoria francesa da regulação. Em Reis (1986) tratei as questões metodológicas da economia que são tributárias da visão introduzida pela Escola Histórica Alemã.

[34] Que começaram nos inícios de oitenta, com preocupações sobre a racionalidade do pequeno produtor e da agricultura e sobre a diversidade intrínseca dos sistemas económicos, continuando depois com o estudo dos contextos produtivos locais e da regulação. Na sua diversidade, os meu trabalhos têm tido uma linha de rumo comum e essencial desafiar as visões, implícitas ou explícitas, das teorias da convergência dos processos económicos, isto é, a ideia de que na economia tudo assenta nas mesmas regras, princípios e valores e tudo tende para uma mesma forma de organização.

[35] Numa síntese mais rápida, A. Gruchy (1987) considera que há três períodos bem definidos no desenvolvimento do pensamento institucionalista: o primeiro associa-se aos trabalhos de Th. Veblen no período 1890-1925; o segundo inclui W. Mitchell, J. Commons e J. Clark e compreendeu os anos 1925-1939; o terceiro é o dos economistas cujo trabalho se desenvolveu de 1939 até então e nomeiam-se expressamente J. K. Galbraith, C. Ayres e G. Myrdal.

O início de que aqui se fala refere-se às obras dos grandes autores, dos pais-fundadores. Sublinhe-se que a Routledge/Thoemms Press publicou em 1994 dez volumes de *The Collected Works of Thorstain Veblen* (Veblen, 1994a), que a Transaction Publishers reeditou, em 1990, com uma nova introdução de Malcom Rutherford, os dois volumes de *Institutional Economics Its Place in Political Economy*, de John R. Commons (1990). Já em 1996, M. Rutherford e W. Samuels (1996) editaram, na Routledge, os *Selected Essays* de J.R. Commons. Em 1994, foi publicada a 3ª edição de *The Theory of Economic Progress: A Study of the Fundamentals of Economic Development and Cultural Change*, de C. E. Ayres.

tão-pouco, um mundo habitado por seres dotados de uma simples psicologia hedonista que entroniza, solitário, apenas o indivíduo. Esse mundo parado seria demasiado fácil, porque dele se conheceriam as linhas que compõem cada ser, e que, por isso, seria também uma realidade facilmente previsível.

O mundo que Veblen e Commons trouxeram para ser reconhecido pela economia é aquele em que o que mais conta é a vida colectiva, a evolução, a presença de agentes activos e, por vezes, até irracionais; em que há eficiência, mas também desperdício; em que os desequilíbrios acontecem e são parte de um reino de incerteza; em que o conflito conta tanto como a cooperação.

É este, portanto, "o processo da vida" de que falava Veblen.[36] Se não é um mundo de autómatos nem de indivíduos metodologicamente arrumados, este mundo há-de ser, então, um lugar construído pela experiência, porventura pela razão. Não é um mundo revelado, é um mundo observável. Onde se esgotaram as leis e os direitos naturais que só poderiam derivar de uma ordem pré-fixada e imutável, hão-de surgir formas de enquadramento colectivo, processos cumulativos de causalidade aberta e pragmática. Hão-de surgir, enfim, todos os artefactos que resultam da interacção humana.[37]

Faz sentido que se chame a esses resultados instituições.[38] "*Instituições* é a palavra que os economistas evolucionistas (institucionais) usam para os com-

---

[36] "Why is economics not an evolutionary science", publicado inicialmente no vol. XII, de Julho de 1898, de *The Quarterly Journal of Economics* (Veblen, 1994a, VIII: 56-81) e "The preconceptions of Economics", no vol. XII, Fevereiro de 1900, são dos mais penetrantes textos de Veblen sobre a epistemologia da economia (Veblen, 1994a, VIII: 82-113, 114-147 e 148-179).

[37] "*The most fundamental thought that binds us together is our understanding that in regard to practically every economic problem, scientific study must concern the entire social system including, besides the so-called economic factors, everything else of importance for what comes to happen in the economic field. The reason for this methodological imperative is the fact that circular causation exists among all conditions in the system. This circular causation implies interdependence*" (Myrdal, 1977: 3).

[38] Antes de definir instituições vale a pena perguntar o que estudam os institucionalistas quando estudam instituições. Estudam, por exemplo, os padrões institucionalizados de consumo em determinados países (Gordon, 1988), o que significa que se interessam pelas implicações das tradições culturais e do *status* e pela lógica de formação de vontades, as quais podem estar ligadas ao facto de se alcançar ou não determinados níveis de vida; estudam o papel do mercado perante a autonomia das empresas dotadas de um determinado sistema de controlo e, portanto, reconvertida em centros de poder que reflectem ou se relacionam com grupos de interesse (Martin, 1988); estudam as externalidades (Dragun, 1988) as quais não só exprimem, por definição, as interdependências individuais, como

portamentos regulares e padronizados das pessoas numa sociedade e para as ideias e os valores associados a essas regularidades" (Neale, 1994: 402). As palavras-chave desta visão interaccionista do institucionalismo originário são: hábitos, acção colectiva, regras, cultura e normas. Elas resultam da ideia de que todas as culturas produzem significados materiais concretos que são usados com múltiplas finalidades – a troca, a produção, a satisfação moral e emocional. Mas, exactamente porque as instituições são fruto da experiência, elas contêm em si mesmas a mudança – as instituições mudam quando a experiência das pessoas as leva a acreditar que há uma maneira melhor de organizar algum aspecto da sua vida (*idem*).

O paradigma[39] institucionalista originário (Miller, 1988: 51-54) assenta na concepção essencial de que a actividade humana é um acto colectivo e de que os indivíduos superam as suas irredutíveis limitações através da construção de convenções, isto é, de padrões de acção e comportamento que resultam de interacções, mais do que de capacidades inatas.[40] O mundo da acção é um mundo de que faz parte o conflito e a distribuição assimétrica de informação e de poder.

Por tudo isto, os institucionalistas procuram construir modelos-padrão, com os quais explicam o comportamento humano através de uma cuidadosa

---

relevam poderes de coerção e direitos da propriedade (as externalidades são "partes ubíquas da escolha social institucional").

Nos EUA as Universidades de Maryland, do Texas e de Wisconsin são ou foram as escolas do institucionalismo por excelência.

[39] "*The mainstream institutionalists from Veblen to Galbraith can be readily identified. As has already been explained, they all view the economic system to be an evolving process that is being impelled along the path of industrialization by rapid and extensive technological change and that reflects the logics inherent in this process of industrialization*" (Gruchy, 1987). Para além de insistir que há um institucionalismo *mainstream* (o de Veblen, Mitchell, Clark, Ayres, Galbraith e Myrdal) e de que este assenta essencialmente na análise do *"evolving process"* originado pela industrialização e pela mudança tecnológica, A. Gruchy é muito veemente a apontar de falhas teóricas fundamentais a outros institucionalistas originários que prosseguiram outros campos de estudo (Commons, sobretudo) e a rejeitar a adesão de certas correntes ao institucionalismo: por exemplo, os que estudavam então a organização industrial e as relações industriais e a *Radical Political Economics* (*New Left*). Ele representa, de facto, quem mais insiste na conflitualidade interna do institucionalismo e quem rejeita explicitamente adesões, em defesa de uma noção identitária forte.

[40] "*Institutionalism is the economics of cultural evolution and social provisioning. Institutionalism is a processual paradigm*" (Dugger, 1989: vii).

inserção no seu contexto institucional e cultural. O próprio controlo social é exercido através dos mecanismos da acção colectiva – para Veblen, o emprego produtivo; para Commons "através das normas de funcionamento das empresas (em pleno rendimento)" (Dugger, 1992: 85). Estes são os princípios das suas teorias, distintas, portanto, das do paradigma neoclássico que assentam na construção de modelos de previsão, isto é, em explicações do comportamento humano através das deduções que resultam de pressupostos previamente estabelecidos e derivados das características individuais.

O institucionalismo é, portanto, não-formalista (no sentido em que o formalismo consiste num sistema de relações lógicas abstraídas do conteúdo empírico que o mundo real nos oferece) e, obviamente, não dedutivo. O positivismo lógico em que assentam os modelos formais (e para o qual explicação e previsão são simétricas) auto-atribui-se – o direito de se isentar à refutação. Ao contrário, quando o institucionalismo se apresenta como holista, sistémico e evolucionista, está a encarar a realidade social como mais do que um conjunto específico de relações abstractas, e está a considerar que o processo de mudança inerente a uma série de instituições sociais é que define o sistema económico (Wilber e Harrison, 1988: 95-105). É por isso que uma noção central para todos os institucionalistas é que o desempenho económico deve ser sempre avaliado perante valores sociais emergentes (Klein, 1994: 284). Esta ideia confere, aliás, aos economistas um papel *pivot* através do qual lhes cabe fazer tal avaliação e participar no debate público que ela implica. O institucionalismo é, assim, tanto normativo (aos economistas cabe mais mudar o mundo do que contemplá-lo) quanto experimental.

Para além de ser holista, sistémico e evolucionista, o institucionalismo considera que o conflito e o poder são centrais na actividade humana, na qual, aliás, têm também lugar os comportamentos não racionais. Dinâmico e não-teleológico são outras das características essenciais do paradigma e da metodologia institucionalista. Ambas resultam da ênfase dada ao "processo da vida" e à sua natureza envolvente e sujeita a reformulações permanentes. O papel atribuído aos factos da experiência (e que dá ao institucionalismo a sua condição experimental) e a noção de que os indivíduos, para além de serem agentes activos, estão também sujeitos a irracionalidades, resultam exactamente desta percepção de que a vida, ao ser dinâmica, é contingente.

Em suma, há um conjunto de princípios que estabelecem consensos entre a escola institucionalista e que podem apresentar-se do seguinte modo: uma distinção clara entre determinantes universais do que é economicamente possível e determinantes culturalmente limitadas do que na realidade acontece; a economia é uma entidade condicionada dos pontos de vista sócio-político e cultural; valor e preço não são categorias iguais; o *focus* na economia, e não no mercado, produz significados radicalmente diferentes; o institucionalismo é essencialmente dinâmico; os resultados que emergem do mercado são avaliados perante as normas da economia, e não o contrário; um dos principais factores condicionantes da economia política moderna é o poder económico concentrado; o quadro apropriado para olhar as economias ao longo dos tempos é o do progresso e não o do crescimento; há objectivos emergentes na sociedade que devem beneficiar do empenhamento da economia (Klein, 1994: 36-40).

Apesar do "chão comum", há no institucionalismo originário duas tradições distintas quanto ao papel das instituições na dinâmica económica. Nisto consiste, de resto, a diversidade interna do institucionalismo originário, que radica em dois programas de investigação (Rutherford, 1994: 2). A tradição vebleniana sublinha as funções de reprodução das estruturas do poder hierárquico. A tradição iniciada por Commons vê nas instituições importantes determinantes do desempenho económico.[41] Elas são resultado de processos formais e informais de resolução de conflitos, questão central para este autor. Por isso, o interesse principal está no estudo do direito, dos direitos de propriedade e das organizações (nisto consiste a preocupação com a negociação social).

---

[41] O programa de Th. Veblen, continuado por C. Ayres, concentra-se na análise da estrutura das economias modernas e enfatiza o poder político e económico dos interesses das grandes empresas. É neste sentido que se orientam obras como as de M. Tool e W. Samuels (eds.), 1989 ou J. Adams (ed.), 1980. A obra de J. K. Galbraith vai, obviamente, neste mesmo sentido. O segundo programa de investigação, o de J. Commons, concentra-se no impacto dos direitos de propriedade, do direito e das organizações no poder económico, nas transacções e na distribuição do rendimento, não aceitando a *"cynical antithesis"* entre *"business and industry"* e tendo, por isso, pontes mais fáceis com o novo institucionalismo.

O *"radical institutionalism"* e a *"underground economics"* de que fala W. Dugger está, evidentemente, mais próximo do primeiro programa do que do pragmatismo do segundo: "àquele cabe o espírito do institucionalismo, a esta cabem os instrumentos", diz Dugger (1992: ix). De facto, para J. Commons, o *"collective central of individual transactions is the contribution of institutional economics to the whole of a rounded out theory of Political Economy"*, o que leva A. Gruchy (1987: 28) a dizer que esta visão da economia institucional é *"supplemental to the mainstream orthodox economics"*.

Para Veblen, a dimensão evolucionista e a acção é que são essenciais na atenção que dá ao ambiente contextual. Mas entende que as forças progressivas estão nas tecnologias e no comportamento tecnológico (a destreza natural – *"the instinct of workmanship"*). Justamente porque envolve raciocínios causa-efeito e não é coercivo, o comportamento tecnológico é a força dinâmica da sociedade: cria hábitos de pensar comuns à grande maioria dos homens (é isso que as instituições são). Já o comportamento institucional é cerimonial, baseia-se em consideração de *status*, está sujeito a pressão social e faz apelo à autoridade. É, portanto, restritivo enquanto a actividade instrumental é desenvolvimentista.

Para além da dicotomia entre tecnologias e instituições (ou, visto que os termos instituição ou institucionalista hão-de chegar mais tarde, entre actividades produtivas e lucrativas – *"industrial and pecuniary activities"*) a visão de Veblen punha uma ênfase especial na concepção darwinista e, portanto, numa noção da vida a partir da evolução, numa perspectiva económica. Além disso, e dado que "lucrativo" se refere a um comportamento individualista (*self-seeking*), distinto do comportamento social útil do "produtivo", Veblen dá particular atenção aos comportamentos predatórios.[42] Para Commons uma teoria da acção colectiva fundava-se na noção central de transacção e na ideia de que lhe preside um "processo sem fim" sempre modificado e adaptado a novas circunstâncias. São estas, no essencial, as bases comuns para uma mesma visão processual da actividade económica dos institucionalistas originários (Klein, 1993: 16).

É claro que o institucionalismo originário (ou o velho institucionalismo, como é frequentemente designado) é uma escola de resistência[43] à visão dominante na ciência económica.[44] Ele é profundamente interaccionista e

[42] Cf. a sua teoria da classe ociosa em Veblen (1994b) [1899].

[43] Esta lógica de dissidência acentua-se particularmente nas fases em que a economia liberal se torna mais agressiva. Para um exemplo sumário, cf. alguns dos títulos que formam a literatura institucionalista da década de oitenta e dos princípios de noventa: *Underground Economics: A Decade of Institutionalism Dissent*, W. Dugger, 1992; *Beyond Dissent*, Ph. Klein, 1994; *Radical Institutionalism*, W. Dugger, 1989; *The Economy as a System of Power*, M. Tool e W. Samuels (eds.), 1989 [1979]; *The Reconstruction of Economics*, A. Gruchy, 1987; *Institutional Economics and the Theory of Social Value*, Ch. Clark (ed.), 1995.

[44] Não quer isto dizer que na visão dos institucionalistas originários não caibam outras noções mais "fortes", com as quais, aliás, fazem pontes para campos ainda tipicamente institucionalistas. Por exemplo, a ideia de que "a economia é tanto uma estrutura como

evolucionista. A sua capacidade de resistência alimenta-se disso mesmo, isto é, do sentido de acção colectiva e da dimensão moral das práticas humanas. Não sendo determinista nem racionalista, o institucionalismo originário baseia-se no experimentalismo, na presunção da incerteza, da contingência e da causalidade cumulativa.

Como as instituições resultam disto e apenas disto (apesar evidentemente da capacidade de auto-reprodução que é inerente ao comportamento cerimonial, pelo menos na visão de Veblen), é legítimo dizer-se que as instituições do institucionalismo originário são realidades etéreas, vagas, fungíveis. Elas são, sobretudo, "categorias da análise da coerência".[45]

"As instituições têm existência real, mas não são *palpáveis* como um barco ou o edifício de um banco. São simultaneamente normas interiorizadas que se cumprem e as acções que outros levam a cabo para as fazer cumprir ou para transmitir às pessoas as liberdades e as facilidades que as instituições proporcionam" (Neale, 1994: 406).

Segundo W. Drugger (1989: 4-17) são sete os conceitos centrais do institucionalismo que o distinguem radicalmente das outras escolas de pensamento: (1) processo (ou uma teoria da causalidade cumulativa); (2) socialização e irracionalidade (ou uma atenção ao papel dos mitos e da evolução e ao comportamento cerimonial); (3) poder e *status* (por oposição às ideias de utilidade e equilíbrio); (4) igualdade (porque o institucionalismo favorece os desfavorecidos e não tem uma visão ingénua da redistribuição); (5) valores e filosofia (o institucionalismo é uma fusão do existencialismo e do instrumentalismo); (6) democracia (activismo e orientação política); (7) visão radical, em vez de incremental (propõe reestruturações do capitalismo).

Se quisermos retomar aqui a síntese de A. Gruchy (1987: 21-23), que verdadeiramente é a síntese do institucionalismo originário "à Veblen", são também sete os pontos que o caracterizam: (1) a economia é uma ciência cultural; (2) o sistema económico é um produto histórico-cultural e um processo contínuo; (3) a mudança tecnológica é o motor, a alma, do desenvolvimento

---

um processo de poder" cabe neste caso: *"By power is generally meant participation, influence, and other rights of economic significance. The power structure of the U.S. economy is formed in part by the institutions which shaped the market: the institution of property, corporation, negotiable instruments, labor, capital and product markets, and particular industries. The market is formed by power, and power operates through the market"* (Samuels, 1979: iii).

[45] Cf. Marie-Claire Villeval (1995), num texto onde encontrei fortes identidades com as perspectivas que aqui defendo.

económico; (4) o processo económico é, por natureza, aberto e, portanto, a evolução é mais importante que o equilíbrio; (5) a função positiva do sistema económico é a provisão de bens e serviços para satisfazer necessidades e isto é mais importante que a ideia de escassez; (6) a ciência económica é uma ciência cultural e social; (7) a definição de ciência económica é profundamente interdisciplinar: ela "não afirma prescindir do contributo dos economistas ortodoxos desde a época dos fisiocratas franceses. Bem pelo contrário, os institucionalistas têm plena consciência da influência dos primeiros economistas".

Aliás, é ainda com A. Gruchy que se pode reter, devidamente sublinhada, a ideia de que o institucionalismo é uma visão moderna e partilhável pelas análises contemporâneas que vêem o capitalismo como um sistema institucional complexo, no qual o mercado é uma forma incrustada numa lógica de gestão muito mais ampla. Diz ele (Gruchy, 1987: 12) que "a teoria económica institucional põe a tónica no grande sistema económico em que se insere o sistema de mercado e na dinâmica que produz alterações na estrutura e no funcionamento do próprio sistema económico."

3. O Novo Institucionalismo ou o *aggiornamento* da visão neoclássica

Procurei ir ao encontro do velho institucionalismo no seu lugar próprio – um lugar que fica nas profundezas dos templos onde se cultiva a identidade, a alteridade e a heteronomia. Não sei bem se o institucionalismo originário se guarda neste recato porque quer manter a sua autoridade e a sua estética (bem disse José Saramago, quando observou os modos de ser penúmbricos dos sítios onde se recatam valores, que lá se demonstra que entre autoridade e estética não há insanável contradição) – não sei, de facto, se ele se guarda naquele lugar onde o encontrei ou se foi para lá empurrado e lá mantido ferreamente. O que sei é que vale a pena mostrá-lo de face inteira, que mais não seja porque o seu nome está popularizado com outros significados.

E por isso há quem defenda as diferenças com dureza, clamando pela ideia de que o institucionalismo é apenas o "institucionalismo radical", o de Thorstein Veblen. "Nada tem em comum com o chamado novo institucionalismo de Oliver E. Williamson" [que é] uma pequena fracção da teoria dos jogos onde o pressuposto da racionalidade condicionada/limitada, os critérios do transactor e a inércia do trabalhador são fundamentais numa hipotética tentativa do actor para reduzir ao mínimo os custos de transacção" (Drugger, 1989: 1).

De facto, quando se fala numa audiência vasta de economistas, institucionalismo soa predominantemente a "novo institucionalismo", a teoria da empresa e das hierarquias empresariais, a economia dos custos de transacção, a direitos de propriedade. E seria de Ronald Coase, de Douglass North e de Oliver Williamson que se estaria a falar e não de Commons, Veblen ou Ayres. Estaríamos já no mundo luminoso e dourado dos Prémios Nobel e não nos ambientes semicerrados e de perfumes rituais que correspondem aos meios da resistência e da formação de identidades fortes. O mundo dos Prémios Nobel, vale a pena dizê-lo, não é certamente falho de justiça e de sentido de rigor quando consagra méritos. Estou seguro que foi isso que aconteceu quando premiou Ronald Coase, um economista sofisticado, profundamente erudito, dono de um propósito que serviu para engrandecer a ciência económica. Assim como não andou longe desse fim quando reconheceu Douglass North. Mas há alguma ponte que una estes dois mundos, o do velho e o do novo institucionalismo, ou devemos apenas mencioná-la para aludir a duas famílias com o mesmo apelido, mas sem consanguinidade?

São vários os que nos lembram que o notável desenvolvimento do institucionalismo na cena económica posterior aos anos setenta não é o resultado da reemergência do que aqui tenho chamado institucionalismo originário. Pelo contrário, onde este é visão colectiva da vida económica, aquele é a visão do liberalismo clássico, em que o que conta é indiscutivelmente o indivíduo. É, de facto, sobre a ideia atomística do "indivíduo abstracto" (com interesses, necessidades, vontades e propósitos dados) que o novo institucionalismo se constrói. O. Williamson diz repetidamente que esta abordagem "é complementar da economia neoclássica". Não, claro, que o novo institucionalismo não esteja na linha da frente a aceitar inteligentemente a maleabilidade dos indivíduos (os indivíduos e as suas preferências estão sujeitas a mudança) – isso assume-se mais até do que é já corrente na economia convencional moderna. Mas tal maleabilidade não chega ao ponto de superar a noção radical da exogeneidade das preferências, contra a persistente ideia dos institucionalistas da velha escola de que as preferências são endógenas. Como sintetiza G. Hodgson (1994b: 398-9) "[há] um aspecto importante no 'novo institucionalismo': explicar a existência de instituições políticas e jurídicas ou, em termos gerais, de instituições sociais, partindo dum modelo de comportamento individual e, com base nele, deduzir as suas repercussões nas interacções humanas". As instituições que assim se geram já não são as que estavam incrustadas no lado colectivo das interacções humanas – interacções que valiam mais do que os indivíduos de racionalidade limitada que as tinham originado e que, ao criarem instituições, criavam normas interiorizadas para poderem recorrer a elas. As instituições dos novos institucionalistas explicam-se apenas pela emergência de "restrições externas" – "a existência de instituições é vista como algo que afecta o comportamento individual, mas apenas quanto às escolhas; é vista como restrições de informações apresentadas aos agentes, não como algo que modela as preferências e, evidentemente, a individualidade dos próprios agentes" (*idem:* 399). A possibilidade dos indivíduos serem "moldados" pelas instituições não é considerada – eles permanecem entidades atomísticas, que agem perante restrições e convenções ou perante as possibilidades que se lhes abrem. "Em suma, o 'novo' institucionalismo procede do pressuposto de gostos e tecnologias exógenas, enquanto o 'velho' toma geralmente estes parâmetros como endógenos. A ontologia do 'novo' institucionalismo é atomística e a sua metodologia individualista, em contraste com os elementos organicistas e institucionalistas do 'velho'. O 'novo' institucionalismo, transparente nas suas raízes neoclássicas, insiste no equilíbrio e nas concepções mecanicistas de processo, em contraste com o evolucionismo inspirado na biologia do 'velho'" (Hodgson, 1994b: 401).

Como já disse, e bem se sabe, é comum que o novo institucionalismo se associe aos nomes de Ronald Coase, Prémio Nobel da Economia em 1991, Douglass North, também Nobel em 1993, e Oliver Williamson. Vou, por agora, manter estes três nomes juntos. Mais adiante tratarei de estabelecer algumas distinções entre as suas contribuições.

Como se vê pela consagração que teve no início da década de noventa, o novo institucionalismo é, sem dúvida, um *corpus* teórico dos mais importantes que emergiram na ciência económica nos últimos anos. O seu propósito principal é fácil de explicar: ele procura superar o enorme fosso entre o que está na cabeça dos economistas neoclássicos e o que existe no mundo real. É R. Coase quem diz que a visão dos mercados como produtos de interacção espontânea de indivíduos atomizados e individualistas "só existe no espírito dos economistas, mas nunca no mundo real". Por isso, há neste autor uma pergunta (e uma resposta) essenciais – por que surge e para que surge a empresa? A resposta é simples – porque o mecanismo dos preços relativos não é suficiente para garantir e informar o processo de produção e de troca. A pergunta é, por isso, sobretudo o que tem a ver com a organização (a organização industrial) e com o *management* enquanto "factor de produção". É, portanto, da coordenação que se trata – da coordenação micro-económica, certamente, mas da coordenação que está para lá dos mercados idealizados. No fundo, o que está em causa é dar uma resposta à insatisfação que atravessou a ortodoxia micro-económica nos anos sessenta e que também Ronald Coase sintetizou muito bem ao dizer: "quando um economista encontra alguma coisa que não entende – uma determinada prática económica – procura uma resposta no monopólio, mas como nesse domínio a ignorância é enorme, o número de práticas inexplicáveis acaba por ser avultado" (Coase, 1972: 6). Não é descabido dizer-se que a explicação pelo monopólio é, na micro-economia, o equivalente funcional do resíduo de Solow na teoria do crescimento – ambos encobrem o que não se sabe explicar.

De facto, o mundo neoclássico funciona isento de fricção[46] e por isso a síntese que dele faz Herbert Simon (1982), também ele um Prémio Nobel, é porventura a que melhor serve para dizer tudo em poucas palavras. Os valores são considerados dados e constantes; é possível ter uma descrição objectiva do mundo como ele realmente é; assume-se que os poderes computacionais dos agentes de decisão são ilimitados. E daqui resultam duas consequências: (1) não é necessário distinguir o mundo real da percepção do agente de decisão; (2) é possível prever as escolhas de um agente de decisão racional a partir do conhecimento do mundo real e sem conhecimento das percepções ou dos modos de cálculo do *decision maker*. Este é um mundo da racionalidade instrumental, caracterizado por mercados políticos e económicos eficientes, onde tudo se passa fácil e espontaneamente, sem a necessidade nem o custo de estabelecer arranjos, acordos, ajustamentos – as ideologias e as ideias não contam, as instituições são desnecessárias.

Ora, o que o novo institucionalismo (Ronald Coase) vem dizer é apenas que as transacções têm custo: quer dizer, as trocas e as interacções que os agentes estabelecem num mercado não são instantaneamente acessíveis nem transparentes. E, quando assim é, a fricção existe e são necessários esquemas alternativos para a superar, isto é, para minimizar os custos e para reduzir a incerteza. É esse o papel das instituições – de facto, para R. Coase é apenas a empresa que está em causa – que desse modo completam os mercados enquanto mecanismos de organização da vida colectiva, ao mesmo tempo que põem a descoberto que os mercados não são mecanismos homogéneos.

---

[46] O mundo neoclássico é *"frictonless [...] institutions do not exist and all change occurs through perfectely operating markets"* (North, 1981: 5).

Quer isto dizer, na sua consequência mais imediata, que o novo institucionalismo começa por relaxar os princípios de racionalidade instrumental típicos da ortodoxia neoclássica. Faz isso através de uma noção diferente da natureza da informação de que os agentes dispõem, do papel atribuído à incerteza e da noção que forma acerca dos modelos mentais dos indivíduos. Daí resulta que os mercados não são o que os neoclássicos julgam que eles são. Mas no fim da história, a abordagem do novo institucionalismo é uma visão sobre as *micro-foundations* da decisão e da vida e o que nos propõe é uma enxertia capaz de estender a teoria neoclássica e de a fazer incorporar coisas que, deixada entregue a si própria, ela é incapaz de ver. Não é, pois, do lado da resistência à teoria económica dominante que o novo institucionalismo está. Mas vejamos cada um destes assuntos de *per se*.

Como sabemos, a resposta da racionalidade instrumental à pergunta sobre qual é o caminho correcto para que os agentes atinjam os seus objectivos é a seguinte: "embora, no início, os actores possam ter modelos diferentes e errados, o processo de retorno da informação e os agentes moderadores corrigem-nos, disciplinam os comportamentos e encaminham os actores sobreviventes para os modelos certos" (North, 1997: 19). O abandono da racionalidade instrumental neoclássica dá-se quando se presume que a informação é incompleta e que as capacidades mentais com que se processa a informação são limitadas (North, 1997: 17). Por isso mesmo, os seres humanos impõem restrições às interacções, tendo em vista estruturar os processos de troca. Quer isto dizer que os indivíduos que se pressupõem são outros: são gente dotada de "modelos mentais" culturalmente derivados, que variam radicalmente entre grupos, que são adquiridos através da experiência, a qual é local e depende, portanto, de ambientes e contextos variados. Os indivíduos têm, pois, visões próprias, ideias diferentes, modelos mentais alternativos acerca do modo como o mundo funciona: há *enduring qualities* nos diferentes mapas mentais com que os indivíduos confrontam o mundo. É na base desses diferentes mapas que as escolhas se fazem.

As raízes neoclássicas deste institucionalismo são, pois, indiscutíveis, pelo menos para D. North e O. Williamson. É também D. North (1997: 17) quem diz que o novo institucionalismo "parte da teoria neoclássica, altera-a e desenvolve-a para que possa aprofundar e esclarecer uma série de problemas anteriormente fora do seu alcance. Conserva e baseia-se no pressuposto fundamental da escassez e, consequentemente, da concorrência – o princípio da teoria da escolha subjacente à micro-economia".

É a sua natureza micro-económica e, portanto, individualista que define a natureza teórica essencial do novo institucionalismo e que, desse modo, o distingue de outras visões paradigmáticas. É um indivíduo sofisticado, complexo, limitado e, assim, mais humano, aquele que o novo institucionalismo retém.

A resposta de D. North a uma pergunta sobre as relações entre o novo institucionalismo e a visão neoclássica parte da ideia de que a ciência económica é uma teoria da escolha sujeita a restrições. O uso da teoria dos preços como uma parte essencial da análise das instituições e a noção de que são as alterações dos preços relativos a maior força que induz a mudança das instituições completaria o quadro das familiaridades. É, portanto, perante um retrato micro-económico que nos encontramos. "A força do novo institucionalismo reside no esclarecimento dos microfundamentos da economia e da dinâmica das instituições e organizações" (Harris *et al*, 1997: 12).

Certamente que tal retrato tem uma moldura notavelmente trabalhada. É lá que se encontram as instituições – no papel de "restrições vitais". A ligação entre a figura central da micro-economia (os custos de produção) e as instituições faz-se através da noção de custos de transacção.

A visão institucionalista, que aqui estou a tratar, gera essencialmente dois campos de trabalho: um, que tem D. North como nome principal, é o da análise da mudança institucional, da compreensão do desempenho de longo prazo das economias, das interacções e da eficiência adaptativa; o outro é o campo das organizações[47] e da empresa, e é a O. Williamson (1987) e, principalmente, a R. Coase que se paga o tributo dos resultados alcançados neste domínio.

Em qualquer destes campos é claro que o novo institucionalismo é uma visão sofisticada, longe das versões banais, mas tantas vezes repetidas do individualismo metodológico atávico e estrito. Mas é também claro que o novo institucionalismo não é uma construção paradigmática nova e alternativa – é apenas um ramo enobrecido da árvore genealógica neoclássica.

Em D. North, a questão das relações entre instituições e desempenho (ou crescimento) económico pode estabelecer-se do seguinte modo: "as instituições estruturam incentivos que determinam a forma como as economias se

---

[47] Na distinção de D. North (1997: 23), *"Organizations are the players: groups of individuals bound by a common purpose to achieve objectives. They include political bodies (...); economic bodies (...); social bodies (...); and educational bodies"*.

desenvolverão". Definindo instituições como "restrições informais e regras formais do jogo da interacção humana", consideram-se incluídas na definição também as organizações (as organizações com finalidade específica, como empresas, sindicatos, grupos de agricultores, aparelhos políticos). A natureza da relação entre instituições e desempenho económico depende de saber como vão ser usadas as competências e os conhecimentos adquiridos pelas organizações (visto que é com isso que elas vão sobreviver, alterar o quadro institucional e desenhar a evolução da economia) – se forem usadas produtivamente a economia cresce; se forem usadas para actividades redistributivas ou "actividades monopolistas" (*rent seeking*) a economia não cresce (North, 1993: 243).

Não é difícil acompanhar a ideia de que é uma questão pouco controversa que as instituições afectam a actividade económica e o seu crescimento e que o mais difícil é incorporá-las na análise económica. É na solução deste ponto que o assunto específico de D. North se encontra com o tema que foi apontado por R. Coase e desenvolvido, como já veremos, por O. Williamson – o dos custos de transacção.

Os custos de transacção[48] derivam de ser necessário mobilizar recursos para definir e consagrar acordos de troca, visto que nem todos os indivíduos têm a mesma função-objectivo nem a mesma informação (que é, portanto, assimétrica).

Quer isto dizer que a incerteza faz parte do mundo e as transacções não são "bens livres". Há, portanto, "custos de avaliação das múltiplas dimensões úteis dos bens e serviços objecto de troca, ou do desempenho dos agentes, e custos envolvidos nos esforços para o cumprimento dos acordos [...] Os custos de transacção devem-se ao facto da informação ser dispendiosa e estar assimetricamente distribuída pelas partes em questão" (North, 1997: 18).

Por tudo isto há, no mundo, instituições. Elas formam-se para reduzir a incerteza que existe na troca; as instituições são minimizadoras dos custos de transacção; são meios pelos quais se superam as falhas de mercado; em suma, as instituições oferecem os mecanismos pelos quais os indivíduos racionais podem transcender dilemas sociais. Mesmo que elas se concebam apenas do

---

[48] D. North (1993: 243-4) fala de um *"transaction sector (that part of transaction costs that goes through the market and therefore can be directly measured in monetary terms)"* e estima que em 1970 ele representava 45% do PNB dos EUA.

modo que S. Pejovich (1995: 30) as entende: "dispositivos legais, administrativos e práticas consignadas aplicadas às constantes interacções humanas. A sua principal função é melhorar a previsibilidade do comportamento humano". As instituições existem, afinal, porque no mundo do novo institucionalismo a imensa variação de modelos mentais individuais leva a que, na ausência de um único equilíbrio, ocorram multi-equilíbrios. Portanto, "as instituições são as regras do jogo de uma sociedade ou, mais especificamente, as restrições criadas pelo próprio ser humano para estruturar as suas interacções. Podem ser regras formais (normas jurídicas, regulamentos), limites informais (convenções, regras de comportamento e códigos de conduta auto-impostos) e as respectivas formas do seu cumprimento".

As ideias, as ideologias, os processos políticos também fazem parte das noções do novo institucionalismo e, juntamente com as perspectivas já analisadas da formação contextual dos modelos mentais dos indivíduos, constituem os recursos mais atractivos (os factores críticos) para se entender a diversidade das *performances* económicas.

Ideias, política, ideologias e também conhecimento e qualificações, juntamente com as contínuas interacções das instituições e das organizações e as percepções que derivam das construções mentais dos agentes é o que está no meio dos processos incrementais que fazem a mudança económica. E claro que esta última é "ubíqua, permanente e crescente" mas é uma consequência "das escolhas que os indivíduos e os dirigentes das organizações diariamente fazem" (North, 1997: 23).

É este, como já referi, o assunto em que o contributo de D. North é assinalável. É deste modo que o conceito estático de "eficiência pela afectação" é desvalorizado perante o de "eficiência pela adaptação" e que a noção de que são as políticas que modelam o desempenho económico vem junta com a ideia de que os processos de mudança só se confirmam quando há normas (informais) que consagram regras formais e lhes conferem a legitimidade que estas, por si só, não têm.

O novo institucionalismo é, pois, o universo em que se trata das resultantes dos processos de adaptação e do comportamento (incluindo o comportamento organizacional) dos indivíduos. A economia dos custos de transacção assume e acolhe as noções do novo institucionalismo sobretudo no campo mais declaradamente micro-económico. Suplanta os pressupostos de monopólio que incomodavam R. Coase pela hipótese alternativa de que "a organização económica tem como objectivos e efeitos básicos economizar nos custos de transacção" (Williamson, 1993: 9). Articula-se com os desenvolvimentos teóricos que tiveram lugar ao longo dos anos sessenta e setenta (economia dos direitos de propriedade[49], teoria comportamental da empresa[50] e teoria da agência[51]) incorporando na teoria económica e tornando mais explícitos os pressupostos comportamentais acerca da racionalidade limitada (o *homo psychologicus* de H. Simon ou, porventura, o *homo sociologicus* de J. Elster *versus* o *homo œconomicus* da teoria da escolha racional), insistindo na importância da relação contratual, incluindo a dos contratos incompletos, preocupando-se menos com as externalidades e, sobretudo, assentando irredutivelmente numa unidade de análise micro-económica – as transacções.

De facto, tal como H. Simon (1957: 199) diz, "é só por os seres humanos individuais serem limitados em conhecimento, capacidade de previsão, qualificações e tempo que as organizações são investimentos úteis para atingir os objectivos humanos". E é também por isso que todos os contratos complexos são "inevitavelmente incompletos" e que o comportamento oportunista interessa. Hipóteses comportamentais que assumam "o homem tal e qual ele é" (Ronald Coase) – isto é com racionalidade limitada e possibilidades de oportunismo – e restrições definidas pelo ambiente institucional e pelos contratos são as bases essenciais do novo institucionalismo na sua versão de economia dos custos de transacção.

A noção de que as instituições são restrições já a encontrámos anteriormente em D. North ligada à ideia de direitos e normas. Mas a O. Williamson interessa sobremaneira a distinção, estabelecida originariamente por L. Davies e D. North (1971: 6-7), entre "ambiente institucional" e "arranjos

---

[49] R. Coase (1960) e H. Demsetz (1967) estabeleceram a economia dos direitos de propriedade para superar a dificuldade micro-económica que remetia para o monopólio as explicações sobre o uso e as alterações do uso de activos que não cabiam nas análises ortodoxas. Com custos de transacção positivos, o tipo de direitos de propriedade era relevante para a eficiência obtida. Abre-se aqui um campo importante para entender as questões das externalidades e dos contratos.

[50] Nasce aqui toda a problemática das organizações estabelecida por H. Simon (cf. March e Simon, 1958) satisfatório substitui-se a maximização, cria-se a ideia de *"organizational slack"* e a empresa é vista como uma *"coalition"*, mais do que como uma unidade.

[51] É, porventura, a linha de pesquisa que menos desenvolvimentos atingiu. Estabelece as relações entre um *"principal"* e um *"agent"* numa situação caracterizada por informação diferenciada (o *"agent"* tem melhor informação do que o *"principal"*) e aversão ao risco também diferenciada (o *"agent"* é mais avesso ao risco).

institucionais". O primeiro, "é um conjunto de regras políticas, sociais e legais fundamentais que estabelecem as bases para a produção, a troca e a distribuição. São exemplos disso as regras que organizam eleições, direitos de propriedade e o direito dos contratos". Um arranjo institucional é o que se estabelece "entre unidades económicas que organizam os modos pelos quais essas unidades podem cooperar e, ou, concorrer. Ele pode fornecer a estrutura dentro da qual os seus membros podem cooperar, ou pode fornecer o mecanismo que tenha como resultado uma mudança das leis ou dos direitos de propriedade".

A economia dos custos de transacção considera que o ambiente institucional é "um conjunto de parâmetros mutáveis, cujas alterações modificam os custos organizativos comparados". Contudo, "a principal acção analítica concentra-se na organização das relações contratuais (os arranjos institucionais) – apesar disso, "dá-se expressamente atenção aos contextos (os arranjos ambientais) nos quais as transacções estão integradas (Williamson, 1993: 13).

Assim sendo, nas palavras de O. Williamson (*idem*: 16), "a análise dos custos de transacção sobre o estudo das instituições está predominantemente interessada na organização (*governance*) das relações contratuais. Essa organização pode ser definida como o quadro institucional através do qual a transacção é canalizada – que, em sentido largo, é composto por mercados, hierarquias e híbridos".

Não parece, pois, exagerado que se assuma que a visão institucionalista ficou profundamente afunilada e que a tarefa que se nos abre para compreender o capitalismo contemporâneo é recriar um institucionalismo alargado.

4. À procura do institucionalismo alargado

O mundo institucionalista que aqui descrevi até agora assenta em dois pilares sólidos. Mas deve admitir-se que ele corre o risco de ser um mundo pequeno. Também pode levantar-se a dúvida se aqueles pilares estão minimamente ligados entre si. O que os diferencia está claro – é a cultura da resistência de um contra a visão estritamente académica do outro. É, também, o velho problema de como tratar com o indivíduo – se como universal, se como o universal singular de que falava J. P. Sartre.

Mas há um problema comum que unifique uma aproximação institucionalista, independentemente dos adjectivos de cada escola? E havendo, esse problema é suficiente para estabelecer uma capacidade de análise das realidades contemporâneas devidamente estruturada?

Vou agora empenhar-me em procurar mostrar que há, de facto, elementos unificadores do institucionalismo; depois, tentarei desenvolver um quadro de preocupações teóricas e analíticas que ultrapassam epistemologicamente o mundo institucionalista aqui descrito até ao momento, mas que têm para com ele "deveres de gratidão".

As noções de instituições, de comportamento organizacional, de interacções cooperativas, de eficiência adaptativa, de incerteza e de limitações informacionais e decisionais são, só por si, pressupostos ou constatações suficientemente fortes para comporem uma visão institucionalista da economia e para trazerem para o seu núcleo central problemas adjacentes a estes, como são os de normas, *habitus,* culturas, contextualidades, em suma, processos de estruturação das interacções. Ora, na minha perspectiva, é aqui que radica a mensagem institucionalista comum. Uma mensagem que possibilita, aliás, que temas precisos como os de incerteza, custos de transacção ou decisão não sejam passíveis de serem tratados como questões insularizadas, alheias ao conjunto dos problemas da racionalidade, da organização, da regulação económica.

Defendo aqui, com efeito, que as noções que acabei de indicar como partes do núcleo constituinte do institucionalismo (o velho e o novo; o originário e o *main-stream)* são, de facto, transversais a ambos. O que também deve assumir-se é que um institucionalismo renovado é o que seja capaz de superar os problemas do individualismo metodológico – mesmo que muito da riquíssima discussão sobre a matéria, designadamente aquela que, no meio francófono, tem convergido para a "economia das convenções" (Orléan, org., 1994) aposte menos na superação daquele problema do que na compatibilização das perspectivas holista e individualista.

A questão que mais claramente se quer estabelecer neste texto é a que consiste em assegurar que o quadro institucionalista não fique apenas limitado a um mundo pequeno – balizado por coisas tão diferentes como a *"industrial organization"* e a visão evolucionista e interaccionista.

É claro que assim seria se não se completasse a história. Há uma leitura abertamente macro-económica e regulacionista a fazer para dar espinha dorsal à visão institucionalista – uma leitura que deve partir do Estado, das políticas públicas e dos processos que consolidam modos institucionais de organização e de acumulação nas economias contemporâneas.

Perante um propósito deste tipo há também uma pergunta a fazer – a que consiste em saber por que é que não se dispõe de uma análise institucionalista do Estado, visto que ele é, manifestamente, a *instituição-das-instituições.*

No incómodo da pergunta intervém a dimensão apenas interaccionista do institucionalismo originário, assim como tem lugar a não-teoria que são as referências retintamente neoclássicas de D. North ou T. Eggertsson ao Estado, o qual, segundo eles, "estabelece e impõe as regras fundamentais que organizam a troca" – a imposição dos direitos de propriedade depende do poder e as economias de escala no uso da violência dão frequentemente a um único agente (o Estado) o monopólio para o seu uso legítimo" (Eggertsson, 1990: 59).

O campo abre-se com a visão das instituições estabelecida por J. R. Hollingsworth, Ph. Schmitter e W. Streeck (1994) e, especialmente, por J. R. Hollingsworth e R. Boyer (1997). A questão, aqui, põe-se num plano diferente e comporta duas dimensões importantes – uma é a de compreender os mecanismos de coordenação da actividade económica e perceber que eles constituem um conjunto plural de arranjos institucionais (mercados, hierarquias empresariais, comunidades ou meios locais, Estado, redes de actores sócio-económicos, associações de interesses); a outra consiste em saber que esse conjunto ganha sentido, coerência e integração pela relação que estabelece com uma determinada configuração social, isto é, com um "sistema social de produção". Ou seja, "as instituições estão incrustadas numa cultura na qual as suas lógicas estão simbolicamente enraizadas, organizacionalmente estruturadas, técnica e materialmente condicionadas e politicamente defendidas" (Hollingsworth e Boyer, eds., 1997: 2). Portanto, onde está o indivíduo neoclássico, soberano e definido, estão agora mecanismos de coordenação que estabelecem restrições relativamente às necessidades, preferências e escolhas dos actores económicos.

A visão é, evidentemente, macro-social dado que os vastos problemas que a interdependência dos actores coloca têm correspondência na complementaridade das instituições que constituem e configuram um sistema social de produção (*idem*: 4). Por isso mesmo, está-se já longe do campo limitado das transacções e a questão situa-se no plano da organização das sociedades – o que, de resto, também aponta para a contextualidade das instituições.

O que quer dizer, aliás, que a visão das economias como processos cuja dinâmica é baseada em instituições é um caminho curto para compreender a diversidade dos sistemas sociais de produção e, portanto, dos sistemas económicos no seu conjunto – isto é, em suma, para a crítica da teoria da convergência. A teoria da convergência, ao pressupor que o papel das tecnologias e da divisão do trabalho levaria todos os sistemas económicos para uma mesma trajectória de funcionamento, é, no plano macro e da análise do crescimento, o "substituto funcional" do individualismo metodológico. Quer no plano institucional, quer no plano produtivo, tecnológico e organizacional, presume-se "um único caminho", o qual, por sua vez, representa um ponto de chegada necessário.

Ora, uma visão institucional alargada, quer pela articulação que estabelece entre os diferentes arranjos institucionais, quer pelo modo contextual como a define, compreende de forma muito mais rica a contingência, a inovação e a diferença. Introduzir na análise económica a chamada "dimensão social" significa, como acontece com o "institucionalismo alargado", reencontrar nas economias os seus respectivos níveis de qualificação do trabalho e da organização, o seu sistema de relações industriais, a sua estrutura produtiva, os seus mercados financeiros, o seu sistema político, os quais se reflectem no que os autores que estou a referir chamam "sistema social de produção" e, portanto, nos mecanismos de coordenação que lhe correspondem. Tudo isto, evidentemente, com reflexos na forma como se estabelece o desenvolvimento, o desempenho económico e a capacidade competitiva.

Vem a propósito assinalar que o problema da diversidade económica (diversidade nacional, regional e até sectorial), ao levantar a questão do modo preciso como "diferentes instituições se conjugam numa configuração a que se chama sistema social de produção" (Hollingsworth e Boyer, eds., 1997: 3), sugere uma discussão sobre a natureza do processo que origina os arranjos institucionais. Eles são funcional e exogenamente determinados ou têm uma génese em que intervêm capacidades de formação específicas, de base endógena? Bem se sabe como esta é uma velha questão – basta lembrar a perspectiva de I. Wallerstein (1974) sobre o sistema-mundo e as suas componentes (centro, periferia e semiperiferia) para ter em conta o predomínio de uma lógica sistémica *top-down*; basta lembrar uma visão territorialista como, por exemplo, a de G. Becatini e E. Rullani (1995) ou a de G. Garofoli e A. Vazquez Barquero (1994), para aludir ao predomínio dos processos constituintes de base endógena. Bastaria aludir – mas esse é outro assunto que tenho em mãos e que não vou trazer para aqui – toda a discussão que forma o discurso sobre a globalização.[52] E seguramente que seria também apropriado fazer, nestes termos, uma leitura sobre os projectos de regionalização em Portugal – um debate que tem atravessado o país. Mas acontece que eu não me pude

[52] Veja-se o meu texto, posteriormente publicado, "A globalização como metáfora da perplexidade" (Reis, 2001a).

permitir o prazer de o trazer para aqui, pois não me esqueci que umas provas académicas comportam necessariamente um ritual de sacrifício e um comportamento cerimonial.[53]

5. Conclusão

Espero ter deixado entender que, para além de percorrer o caminho do institucionalismo económico e lhe contemplar as suas sucessivas paisagens, a minha viagem teve um norte. De facto, parti e cheguei com um mesmo conjunto de problemas. Acontece, contudo, que estou mais convencido de que há fundamentos bastantes para considerar cada um deles questões centrais da economia dos nossos dias, desde que se lhes dê uma configuração radicalmente nova.

Suponho, pois, que há na agenda económica contemporânea três pólos de debate que convocam quer o legado institucionalista quer a crítica à economia ortodoxa. São os seguintes:

a) Os problemas da contingência e da incerteza;
b) A interpretação dos comportamentos dinâmicos;
c) A reconstrução das contextualidades e da genealogia dos processos.

O primeiro debate assenta nos problemas da racionalidade, da decisão e da previsão e parte da crítica ao positivismo lógico e ao individualismo. Assume a economia como *disciplina da dificuldade e da complexidade.*

O segundo, assenta nas questões da causalidade cumulativa, da coordenação, da eficiência adaptativa e da cultura e dos comportamentos tecnológicos. Assume a economia como a *disciplina das instituições, da evolução e do experimentalismo.*

O terceiro debate é sobre o conhecimento, a informação e a formação dos processos de regulação vista através dos actores que neles intervêm. Assume a economia como a *disciplina do conhecimento, da regulação e da organização.*

É baseado nestes três pilares que tenciono prosseguir os meus trabalhos. Sem me esquecer que eles servem também para reequilibrar a capacidade de debate com a parte da teoria económica que valoriza essencialmente proces-

---

[53] Na altura, eu desempenhava as funções de Presidente da Comissão de Coordenação da Região Centro e era um interveniente activo no debate sobre a regionalização, defendendo-a abertamente enquanto pilar da reforma do Estado e do desenvolvimento territorial do país.

sos exógenos às instituições, às estruturas sociais, às contextualidades. Mas essa é a dimensão mais tentacular do discurso da economia. E eu não quero descuidar o conselho das hipóteses da incrustação (*embeddness*) das práticas económicas nos sistemas sociais e culturais; nem quero descartar a mensagem de resistência do institucionalismo originário.

CAPÍTULO 3

O ESTADO E A ECONOMIA: NOVAS E VELHAS QUESTÕES

Este capítulo pode ser visto como o relato do percurso que segui quando quis encontrar na teoria económica ajudas úteis para uma discussão interdisciplinar acerca do Estado e dos seus papéis na economia. Para isso considerei que podia tomar em linha de conta quatro temas de debate. Pretendi sugerir com eles que o Estado é hoje, nas economias contemporâneas sujeitas a intensos processos de mudança, um objecto analítico importante e uma arena central da vida sócio-económica. Assumo, por isso, um pressuposto geral contrário a muitas ideias correntes, segundo as quais o Estado-nação sofre um profundo e irrecuperável declínio.

Em primeiro lugar, tentarei demonstrar que o Estado, as políticas públicas e as decisões colectivas são domínios de difícil apropriação pelo pensamento contemporâneo, apesar do enorme património de ideias que está disponível. E o principal défice é o da teoria económica. Por isso, a minha primeira pergunta poderia mesmo ser: porque é que não há, na ciência económica, um "economia política do Estado" devidamente reconhecida como disciplina autónoma, capaz de dar conta dessa evidência óbvia que é a regulação institucional das economias contemporâneas? Para responder não posso deixar de propor uma pequena digressão por alguns pontos capitais da teoria económica.

O segundo ponto é para afirmar que, num universo intelectual necessariamente competitivo e dinamizado por teses rivais, é possível defender uma posição crítica mas positiva sobre o papel do Estado nas economias de hoje, desde que se reconheça o que acaba de se dizer, isto é, que a regulação económica assenta numa presença intensa de instituições, encimadas pelo Estado, e não apenas nessa "construção etérea" e muitas vezes ficcional que é o mercado.

Para isso, convém juntar ao debate teórico uma prova adequada dos modos como se concretiza a centralidade do Estado nas economias contemporâneas. Julgo que uma análise atenta das despesas públicas contribui para este objectivo (este é o meu terceiro ponto). E julgo também que posso demonstrar que, na realização da despesa pública, se revelam várias formas de cálculo, várias redes de instituições, e a própria complexidade do aparelho estatal e das suas relações com a sociedade civil fica devidamente ilustrada.

Finalmente (quarto ponto), como sei que não é possível neste texto confrontar-me com todos os argumentos (práticos ou teóricos) que desafiam o esquema que apresento, tratarei de propor uma ideia sobre o significado do papel do Estado num período de globalização da economia mundial, sabendo que é justamente este fenómeno que é mais frequentemente usado como justificação para o inelutável enfraquecimento do Estado-nação.

1. Uma breve digressão pela teoria económica

Há dois grandes dilemas que, em geral, atravessam o património construído nas ciências sociais acerca do Estado. O primeiro é sobre as possibilidades de conceptualizar o Estado como objecto com "luz própria" sem cair nas teorias estatistas nem ficar confinado às determinações sociais. O que é, de facto, o Estado? É um aparelho distante, fechado, produtor de uma lógica de funcionamento específica, autocêntrica, guiada cinicamente pelos interesses de poder de quem assegura a gestão política da sociedade? Ou é apenas uma emanação da sociedade, um simples produto social, dependente das relações de força, ou mesmo dos compromissos que estabelecem os equilíbrios sociais num plano não-estatal ou pré-estatal? Na resposta a estas questões distinguem-se as *teorias estatistas*, quer dizer, as que se concentram apenas no aparelho estatal, separando-o da sociedade, e as *society-centred theories*, quer dizer, aquelas que o limitam exageradamente às determinações sociais.[54] Mas uma boa observação do papel do Estado nas economias de hoje reclama, porventura, uma posição intermédia.

O segundo dilema encontra-se sobretudo no que chamaria as "quasi-teorias económicas do Estado", principalmente naquelas que fazem parte das correntes dominantes. Não é um dilema substancialmente diferente do anterior, apenas é diferente na sua expressão formal. Quando o terreno se limita à teoria económica convencional, o que está em causa é saber se é possível ter uma teoria da acção colectiva mantendo os pressupostos do individualismo metodológico que predominam nesta disciplina. É nesta linha que vou procurar averiguar quais os contributos que mais perto chegaram de uma apreciação do lugar e dos papéis do Estado. Devo desde já advertir que o meu pressuposto é que a economia tem uma fraca capacidade para encarar o Estado, e o desafio que se coloca é seguramente a de reforçar os seus esquemas interpretativos. Para o que aqui nos interessa, e no contexto

---

[54] Para dois exemplos deste tipo de visão, cf. Nordelinger (1981) e Dearlove (1989).

em que estou a discutir, vou recorrer a três autores, todos eles consagrados com o Prémio Nobel da economia, para reter o que julgo serem algumas das tentativas mais sofisticadas da teoria económica para entender os processos e os comportamentos que nos levam ao limiar da questão do Estado.[55] O que está principalmente em causa é a formulação de decisões supra-individuais: e por isso tomarei em conta as discussões sobre as escolhas colectivas, sobre a capacidade dos indivíduos para estabelecerem opções constitucionais e sobre a coordenação institucional das decisões.

Muito sinteticamente, cada uma destas questões pode ser referida tomando em conta os três autores a que já aludi. Eles são Kenneth Arrow, James Buchanan e Ronald Coase.

1.1. Conhecimento restrito e impossibilidade de uma função social de bem-estar

O contributo de Kenneth Arrow (1963) é especialmente conhecido pelas suas tentativas de relacionar o individual (as preferências individuais) com o colectivo ou o social. Desta tentativa faz parte uma discussão, muito formalizada, sobre a possibilidade de estabelecer uma função social de bem-estar. O que está em causa é saber se as preferências individuais podem constituir a base da escolha colectiva: se as primeiras fossem especificadas, a segunda seria perfeitamente determinada. As características atribuídas às preferências individuais vão, contudo, tornar formalmente impossível a determinação da função social de bem-estar. Esta conclusão é discutida por Amartya Sen (1970: 2-5) que, em vez de um *homo œconomicus* isolado, insular, prefere considerar que a própria formação das preferências individuais já contém uma preocupação com os outros membros da sociedade (a natureza da sociedade conta, portanto, desde o início). James Buchanan (1987: 16; 1989: 32), ao

[55] É claro que este "exercício" podia incluir também outros autores: desde logo Herbert Simon e Douglass North, que são igualmente detentores do Prémio Nobel da economia. Limito-me àqueles três por razões de concisão e de "itinerário" de trabalho: foi nestes que me detive nesta fase de pesquisa, e não noutros. Como os seus nomes são muito representativos, não hesito em transformá-los em referências principais. Mas não quero limitar o campo a estas "fronteiras". E vale também a pena sublinhar que o procedimento que estou a adoptar privilegia a identificação de *problemas teóricos convergentes* com a questão do Estado e não a *aplicação* da análise económica ao Estado. Se fosse este o caso, o que seria relevante eram análises como as de Nicholas Barr (1993) ou Joseph Stiglitz *et al.* (1989), de que, contudo, não tratarei aqui. É quase desnecessário dizer que também não trato aqui de questões de finanças públicas.

contrário, tira significado a qualquer discussão sobre uma medida colectiva, social, de avaliação da utilidade dos indivíduos.

A "solução" de K. Arrow para o seu *teorema da impossibilidade* é muito interessante: parte do facto de o mercado ser uma "construção etérea", de exigir "modestas necessidades de informação" e de o grande problema da teoria económica ser o seu fraco entendimento da incerteza, a sua dificuldade de "modelizar a ignorância" (Arrow, 1974a: 1-3). O conhecimento restrito e a impossibilidade, nos termos da economia do bem-estar, de se obter "um sentido compatível com a racionalidade colectiva", apontam para as "organizações como a forma de se conseguirem as vantagens da acção colectiva em situações em que o sistema de preços falha" (Arrow, 1974b: 33), ou então para soluções que "nitidamente funcionam melhor numa instituição, como o Estado, que possa exprimir interesses altruístas" (*idem:* 25). Quer isto dizer que o campo do estado fica assim estabelecido – é o do altruísmo e do interesse colectivo. Muito perto desta versão sobre a racionalidade e as organizações estão as propostas de Herbert Simon, já antes referidas, sobre "racionalidade limitada" e "comportamento administrativo".

1.2. Economia constitucional e escolha pública

No seu individualismo radical e no seu hipersubjectivismo o discurso de James Buchanan – o fundador da *economia constitucional* – é formalmente muito elegante, apesar de toda a oposição que me merece, por ser extremamente conservador.[56] Para ele, o Estado é o inverso do altrísmo de Arrow. Foi Sen (1970: 25) quem disse que, pelos seus pressupostos mais essenciais, esta é sobretudo uma teoria do *status quo.* Para Buchanan (1991a: 15) e para a sua disciplina, "não se supõe apenas que o indivíduo autónomo existe: supõe-se que esse indivíduo é capaz de escolher entre várias alternativas de forma tão regular que permita descobrir uma racionalidade no seu comportamento". A economia constitucional distingue-se por isto mesmo, pelo facto de achar, contra a economia ortodoxa, que os indivíduos são também capazes de escolher as restrições dentro das quais vão agir. Essas escolhas são escolhas constitucionais, as quais originam delegações constitucionais e atribuem mandatos políticos. Isto é, embora se rejeite aqui qualquer escala de utilidade separada dos indivíduos (a função social de bem-estar já referida), atribuem-se às pessoas decisões supra-individuais (constitucionais). É aqui que reside uma

[56] Para maior desenvolvimento, ver o capítulo seguinte.

fonte de quasi-legitimidade do Estado: há "argumentos justificativos a favor das instituições do Estado-Providência, pelo menos em abstracto, e independentemente de quaisquer considerações prévias sobre a sua aplicação". Isso acontece "se aceitarmos que essa instituição foi, em princípio, aprovada por um acordo que estabelecia um contrato hipotético em que todos os indivíduos participam, mas onde ninguém consegue determinar totalmente o seu papel no funcionamento da referida instituição" (Buchanan, 1988: 10). É um cálculo sobre a incerteza que leva os indivíduos a "concederem" autorizações constitucionais. Mas as condições do individualismo metodológico passam rapidamente a tratar este Estado conceptualmente possível como uma entidade com um comportamento prático perverso, com uma enorme propensão para um excessivo alargamento, uma *overextension*, e, portanto, para a negação da legitimidade da autorização que os indivíduos lhe deram. Segundo esta ideia, todos os Estados modernos estão para lá da sua legitimidade inicial. Nisto consiste muito da análise da *teoria da escolha pública*[57] sobre o Estado. Trata-se de uma perspectiva totalmente convergente com as teorias estatistas, especialmente desenvolvidas na ciência política, segundo as quais a acção e a racionalidade estatais não resultam de mais nada senão do "paralelograma" do peso ponderado das preferências e dos interesses dos seus funcionários. É perante estas visões – elaboradas quando a ciência política reclamou a sua capacidade para estudar o Estado e a ordem constitucional, tão abalada pelas influências sociológicas que levaram ao extremo a explicação através das determinações sociais – que a própria sociologia política teve de reorganizar a sua visão do Estado, reassumido o primeiro dilema de que falei acima (Jessop, 1990; Evans, 1992).

---

[57] A *public choice theory* apresenta-se como uma aplicação das ferramentas económicas à política. É das ferramentas económicas do individualismo metodológico que se trata, pois é o comportamento dos "actores individuais no sector governamental, enquanto burocratas" que está especialmente em causa. O seu principal objectivo é muito preciso: oferecer uma perspectiva sobre as *government failures* idêntica à que a economia de bem-estar oferece sobre as *market failures*. Neste sentido, ela representa uma visão da *politics without romance* (Buchanan, 1984a), isto é, uma visão céptica acerca do que os governos podem fazer. A teoria da burocracia (que juntamente com a teoria do voto e a da concorrência eleitoral forma o corpo teórico da *public choice*) trata sobretudo de explicar como os governos ultrapassam os limites da legitimidade. Para uma apresentação da teoria da escolha pública cf., por exemplo, as colectâneas de James Buchanan e Robert D. Tollison (1972 e 1984) e de Charles Rowley (1993) ou Alan Peacock (1992) e William Mitchell e Randy Simmons (1994).

1.3. Os custos de transacção e o novo institucionalismo

Com Arrow e Simon temos organizações para superar as limitações do conhecimento e da racionalidade dos indivíduos e para superar a impossibilidade formal de uma função social de bem-estar. Com Buchanan não temos nada, ou pior ainda, temos um Estado sempre perverso, e temos indivíduos irredutivelmente subjectivistas. É obviamente a partir dos primeiros que a economia pode encontrar um caminho para não ser um simples "canto barroco", ainda por cima desprovido de utopia, sobre o mundo das economias de hoje. Há um caminho que tem sido percorrido no sentido de compreender as instituições da economia. Foi Ronald Coase quem o abriu quando achou necessário mostrar que o acesso ao mercado – esse lugar julgado totalmente transparente pela economia convencional – tem, afinal, custos (o mundo real é, dir-se-á, um mundo de custos de transacção positivos), e tal facto vai implicar tarefas de coordenação suplementares, ou mesmo substitutivas, do mercado. Tarefas que, no imediato, são desempenhadas por "essa pequena sociedade planeada" das economias de mercado que é a empresa. "A utilização do mecanismo de preços tem custos. Tem de se determinar o que são os preços. Há negociações a fazer, contratos a estabelecer, inspecções a realizar, medidas a tomar para resolver conflitos, etc. Todos estes custos são designados por custos de transacção". "A sua existência [dos custos de transacção] implica que os métodos de coordenação alternativos ao mercado – que também são dispendiosos e imperfeitos – podem mesmo assim ser preferíveis à dependência do mecanismo de preços". E os custos de transacção positivos têm "grandes repercussões. (...) De facto, muito do que consideramos actividade económica destina-se a realizar o que seria evitado com custos de transacção elevados, ou destina-se a reduzir os custos de transacção, para que os indivíduos negociem livremente e nós possamos tirar proveito da difusão do conhecimento" (Coase, 1994: 8-9).

Pareceria que este caminho nos poderia levar longe na análise das instituições da economia. Mas de facto não é assim. O "novo institucionalismo" tem-se limitado a ver as "instituições da economia" apenas na empresa e nas hierarquias empresariais. E o que para R. Coase eram vias alternativas ao mercado são para outros (Williamson, 1975 e 1990) apenas complementos. Trata-se de um caminho que, apesar do nome, nos tem afastado muito de uma capacidade de entender o Estado. É que este "novo institucionalismo" nunca teve nada a ver com o velho institucionalismo americano, tão militantemente estribado numa identidade de resistência ao pensamento neoclássico. "O institucionalismo não é a teoria económica da eficiência estática e do equilíbrio de mercado. O institucionalismo é a teoria económica da evolução cultural e da provisão social. O institucionalismo é o estudo de processos dinâmicos", diz um dos defensores do "velho institucionalismo" (Dugger, 1989). Eis, certamente, um bom caminho a percorrer e um bom conjunto de desafios a ousar realizar.

2. Para uma visão positiva e crítica do Estado: ultrapassar a teoria económica convencional

Bastam-nos os argumentos que já tratámos explicitamente para se poder concluir que, para se falar de instituições da economia, há que falar de algo mais. Não nos chega o que resulta desta visita a algumas das mais fortes tradições da teoria económica, mesmo quando estamos acompanhados pelos Prémios Nobel que citei, aos quais podíamos ainda juntar o nome de um outro, Douglass North. O que sugiro de imediato é uma alusão a algum do pensamento contemporâneo que julgo muito útil para o meu objectivo. Vou usar estas referências para tentar chegar a uma posição crítica mas positiva sobre o Estado e as suas relações com a economia.

Para isso, a minha primeira sugestão é que se assuma o Estado como uma entidade que organiza estrategicamente a sociedade na base de uma elevada dotação de autonomia, a qual, contudo, depende fortemente quer de legitimação social, quer da contextualização das práticas estatais junto dos cidadãos e de outras ordens institucionais. Isto é, o Estado é, obviamente, *a-instituição-das-instituições* (isso resulta da sua autonomia), mas o seu papel articula-se com vários outros contextos. Daí que a relação Estado-cidadãos não seja totalmente uma relação directa: ela é, em muito, uma relação intermediada. E é este facto que desenha de forma complexa quer a conflitualidade, quer as relações de legitimação entre o Estado e os cidadãos. Esta coexistência institucional é a própria expressão da adaptação mútua entre o Estado e a sociedade e a economia.

Vou invocar a favor dos meus argumentos as teorias sobre o neocorporativismo e a escola francesa da regulação (que obviamente têm objectos de análise diferentes). A referência conjunta justifica-se pelo menos por dois motivos, muito interligados: as instituições são relevantes na análise da fenomenologia sócio-económica e são, além disso, uma fonte da diversidade das economias actuais (uma tese contrária, portanto, ao predomínio das hipóteses da "convergência"); a regulação (ou o controlo) destas economias faz-se através de uma pluralidade de instituições – mercado, hierarquias empresariais, Estado, redes e associações – e os desempenhos económicos dependem justamente dos "regimes de controlo" (Hollingsworth, Schmitter e Streeck, 1994: 3-7).

Segundo as teorias neocorporativistas, uma adequada compreensão da ordem social obriga-nos a perceber que, para além da comunidade, do mercado e do Estado, se geram actores colectivos que servem de *interfaces* entre aqueles três pilares típicos da organização social, multiplicando-se as sedes de poder e tornando mais complexa a vida institucional (Streeck e Schmitter, 1985). A teoria da regulação considera que o comportamento económico nas economias modernas, "longe de derivar de um comportamento invariante no tempo e no espaço" (a axiomática invariante assente nas noções de racionalidade e de equilíbrio), depende de "uma população de grandes organizações que utilizam capital e trabalho segundo princípios que não têm relações directas com o mercado". A noção de regime de acumulação, central à análise regulacionista, permite, ela própria, "analisar o impacto de certas formas institucionais fundamentais sobre a rapidez e a estabilidade do crescimento" (Boyer, 1994: 20-22).

O plano de discussão em que agora nos encontramos tem pouco a ver com a economia de bem-estar convencional. Por isso proponho que "secularizemos" a nossa noção de Estado, deixando as versões míticas da economia constitucional ou a discussão muito formal da escolha colectiva e da construção de uma função social de bem-estar. O Estado de que se quer falar deve ser visto principalmente como um conjunto de instituições, redes, procedimentos, modos de cálculo e normas e também dos respectivos tipos de comportamento estratégico. Não se devendo descuidar também "até que ponto a estrutura fragmentada do Estado pode afectar a sua capacidade de gestão económica ou de solução de crises e, por outro lado, até que ponto é que a sua dinâmica própria e a herança estrutural de compromissos institucionais podem significar uma certa inércia" (Jessop, 1990: 315).

Além disso, não deve esquecer-se também que o Estado, sendo um "elemento invariante" da ordem capitalista, tem formas contingentes, de acordo com o tempo e o espaço, e ele próprio se transforma e adequa (é simultaneamente agente e objecto de regulação). Decorre daqui que as próprias fronteiras que o Estado estabelece com outras organizações e com a "sociedade civil" em geral são também mutáveis e não estão igualmente pré-definidas. Assuma-se, então, que o Estado não tem inerente uma "unidade substantiva", pois ele não é internamente coerente nem "organizacionalmente puro". Não sendo um agente directo de um grupo de interesses e criando lógicas próprias, o Estado não é também acessível a todos, pois age com uma "selectividade estratégica e estrutural": os papéis e a importância do Estado variam com os objectos da regulação. A subjectividade da acção estatal existe e depende das forças sociais, das tendências políticas, dos parceiros de compromissos, isto é, dos modos como se realiza a acção do Estado.

Acresce que as funções deste Estado na economia têm a ver com a regulação macro-económica, mas num sentido substancialmente mais largo do que aquele que a macro-economia keynesiana lhe atribuía. Correndo o risco de estar a fazer apelo a conceitos relativamente gerais, direi que o pressuposto mais óbvio do estudo das relações do Estado com a economia é que aquele desempenha funções de reprodução do sistema económico: isto é, o Estado concorre, por um lado, para que o regime de acumulação em vigor tenha estabilidade e coerência (o que significa acções de enquadramento da produção e do consumo, a consagração de padrões gerais de comportamento económico e uma determinada relação com os actores sociais) e assegura, por outro lado, funções de integração institucional e de coesão social que são igualmente relevantes para o funcionamento da economia. Estado da regulação económica (enquanto coordenador das relações macro-económicas que estabilizam o regime de acumulação); Estado da coesão social e da coordenação institucional (enquanto gestor de políticas sociais e mediador e parceiro das relações entre actores económicos e sociais): eis, pois, duas esferas de acção do Estado na economia que se podem imediatamente identificar. Mas não se limita a isto a sua presença. De facto, muitas das acções estatais são provisão pública de bens e serviços ou provisão pública de meios pessoais para o exercício de direitos de subsistência. O que quer significar que o Estado garante capital fixo social, disponibiliza serviços e forma rendimentos através de transferências em dinheiro ou em espécie. Para além de que o Estado tem um aparelho administrativo através do qual é agente de criação de emprego. Todas estas funções se representam em despesa pública. E a despesa pública é hoje em muitas economias uma percentagem muito significativa do PIB. É, então, legítimo dizer-se que uma das facetas principais da relação do Estado com a economia é a sua própria presença *na* economia, através dos meios que movimenta sob a forma de despesa.

Ora, é este Estado e este tipo de relações com a economia que hoje conhecem grandes transformações. Sublinho: transformações, não necessariamente declínio. Porquê? Porque aquilo que antes eram as exigências de um Estado *keynesiano* são hoje as exigências do que poderíamos chamar um Estado *schumpeteriano*. Esta distinção, quase metafórica, quer significar que o Estado keynesiano era o que "[tentava] em termos económicos, garantir o pleno emprego em economias relativamente fechadas, essencialmente através da gestão da procura; [tentava] ajustar a procura às necessidades criadas pela oferta [e condicionava] a produção em massa às economias de escala e à plena utilização de meios de produção relativamente rígidos; [tentava] manter a negociação colectiva dentro dos limites compatíveis com níveis de crescimento de pleno emprego (o que reforçava a procura interna efectiva), promovendo, assim, formas de consumo colectivo vantajosas para o [...] modo de crescimento" (Jessop, 1995: 17).

O Estado das economias relativamente fechadas perante o contexto internacional e dos modos de produção e de consumo do período chamado fordista (esse Estado a que fica bem chamar keynesiano) não é obviamente o Estado que vemos hoje a regular a economia. Alterou-se o modelo económico, alteraram-se as estruturas sociais, alterou-se o mercado de trabalho, alterou-se o contexto económico internacional. Mas quer isto significar que o papel do Estado definhou, diminuiu, e tende a desaparecer? Vejamos o que se quer dizer com as referências a um Estado schumpeteriano. Como se sabe, Schumpeter, o economista austríaco que deixou uma obra marcante na primeira metade do Século XX, é especialmente invocado quando se quer falar de inovação e da organização das capacidades de iniciativa no "lado" da oferta da economia.

Acontece que o Estado que aparece agora, na "ressaca" do fordismo, está simultaneamente desinteressado da estabilidade do mercado de trabalho e da relação salarial, descomprometido da articulação numa base nacional das componentes do regime de acumulação e alheado da institucionalização dos conflitos e das soluções de concertação social. Mas não é um Estado sem relações profundas com a configuração da economia. Tem-as, porventura, mais profundas do que as que o Estado fordista desempenhava. "A transição do fordismo para o pós-fordismo comporta um processo de autonomização do Estado extraordinariamente contraditório. A dependência do desenvolvimento do mercado mundial, de instituições económicas internacionais reguladoras (por exemplo, no âmbito da Comunidade Europeia) bem como do reforço de grandes monopólios estatais no domínio das novas tecnologias faz-se acompanhar da exclusão de relações de interesses anteriormente institucionalizadas, sobretudo as que dizem respeito aos trabalhadores" (Hirsch, 1991: 74).

3. A estrutura do Estado e as despesas públicas

Faça-se uma pequena síntese de coisas que ficaram ditas e que parecem úteis para uma análise da presença do Estado na economia. Trata-se agora, não de pontos teóricos, mas de indicações para operacionalizar uma visão do modo como o Estado se apresenta na economia e, sobretudo, do significado das despesas públicas.

Falou-se de uma crescente autonomização do papel do Estado, falou-se da natureza compósita do Estado (um vasto conjunto de instituições, redes, procedimentos...), falou-se da sua estrutura fragmentada. Claro está que estamos a falar de funções substantivas do Estado. Mas quer isto significar também alguma coisa do ponto de vista da despesa pública? A despesa pública tem significado como prova empírica do que tem vindo a dizer-se sobre o Estado?

Avanço apenas algumas respostas rápidas e necessariamente superficiais. Repare-se no quadro seguinte, em que se classifica a despesa pública nos inícios da década de noventa – isto é, depois, da grande vaga liberal – segundo três ópticas distintas.

Peso da Despesa Pública e Formas de Aplicação (1990-92)[58]

		Aplicação da DP, em percentagem do total					
		Procura		Organ. Act. Ec.	Coesão Social	Transf. e Subs.	Núcleo "Estado"
	DP/PIB (%)	Bens/Serv.	Emprego				
EUA	25	27	10	9	47	55	45
Alemanha	33	33	8	9	67	57	43
Portugal	42	34	26	–	47	42	58
Espanha	34	21	16	11	50	60	40
Suécia	46	15	6	10	61	75	25

Fonte: FMI, Government Finance Statistics Yearbook

Vejamos o ponto, que quero sublinhar, da autonomização do papel do Estado. O peso da despesa pública no PIB é grande em todas as economias, especialmente nas europeias. Além disso, ele manteve-se, ou expandiu-se mesmo, sob governos de direita (os EUA com R. Reagan, Portugal em dez

[58] Para Portugal, a percentagem destinada à "organização da actividade económica", não disponível nesta fonte, pode ser estimada em 10%. As categorias aqui usadas (procura, emprego, coesão social...) foram estabelecidas por mim para agregar as designações estatísticas.

anos de poder da direita, nos tempos de Cavaco Silva) e em fases de grande retórica antiestatal. Não será este um bom indicador da crescente autonomização do Estado na economia? E o peso do Estado na economia, como comprador de bens e serviços ou como empregador, não vai no mesmo sentido? E parece muito claro, por outro lado, que o facto de as despesas do Estado se dirigirem, em qualquer tipo de economia, para o que podíamos chamar as despesas de *coesão social*, acentua o papel principal do Estado nas economias de hoje, do ponto de vista da aplicação de recursos orçamentais.

Mas não é apenas o peso global da despesa pública que é importante. Também o é a forma como ela é executada. Dos meus dados, o que julgo mais interessante é o que mostra que uma parte crescente das despesas do Estado é exercida, não directamente, mas através de transferências para outras organizações públicas que têm lógicas de acção e de cálculo diferentes daquelas que convencionámos atribuir a "o Estado". Não será este um indicador de que a autonomização do Estado corre em simultâneo com a sua complexificação como aparelho e com a diversificação das suas lógicas de cálculo?

Julgo que estes são processos que dificilmente confirmam a ideia do declínio do papel do Estado na economia (e repare-se que não temos estado a falar, nem esse é o meu propósito, de questões como o sector público empresarial ou do debate sobre a natureza, pública ou privada, da propriedade – não é isso que está aqui em causa). E há ainda outro argumento que concorre para esta ideia de centralidade do Estado. Não se trata de algo quantificável. Pelo contrário, é profundamente não-material: é o papel do Estado na institucionalização e resolução dos conflitos, no relacionamento entre os actores económicos e sociais. A este papel gostaria de juntar, em síntese breve, alguns outros: os que têm a ver com a formação de significados colectivos, com a contratualidade, com a organização, ou com o papel estatal na criação de economias externas. São questões que não desenvolverei aqui.[59]

4. Os Estados-nação como organizadores da espacialização da economia

Disse no início que, não podendo confrontar-me com as várias visões rivais da que aqui apresento, trataria, pelo menos, de uma: aquela que supõe uma grande diminuição do papel do Estado perante as tendências de evolução do

[59] Para maior desenvolvimento, quer destas questões, quer dos dados sobre a despesa pública cf. Reis (2001b).

capitalismo contemporâneo, principalmente perante o chamado fenómeno da globalização.

Já chamei a atenção para o facto de a crescente internacionalização fazer com que, em todas as realidades nacionais desenvolvidas, o Estado deixe de ser um actor em economias fechadas e de crescimento centrado, para se situar perante aquele que é o contexto dominante das próprias empresas, o contexto internacional. É isto, aliás, que ajudou a definir a passagem de um Estado keynesiano (relacionado com objectivos económicos como pleno emprego, crescimento, preços estáveis, balança de pagamentos saudável) para um Estado schumpeteriano (mais comprometido com a configuração do relacionamento internacional e com a inovação tecnológica). Trata-se, afinal, de passar da gestão da *procura* necessária a um modelo de produção em massa como o fordismo (um modelo orientado pela oferta que carecia apenas da manutenção de altos níveis de procura), para o envolvimento com o próprio lado da *oferta* e com o que ela representa na competitividade internacional (o que implica subordinar as políticas de bem-estar aos imperativos, muitas vezes tornados ortodoxias, da flexibilização). Por vários motivos, sobretudo quando se deixa em segundo plano as questões do mercado de trabalho e das políticas sociais em geral, trata-se, como diz Bob Jessop, da passagem de um Estado de *bem-estar social* para um *workfare state*, isto é um Estado em que a relação salarial se desvaloriza e os custos recaem sobre os trabalhadores.

Mas, para além disto, é claro que a crescente internacionalização das economias traz consigo uma muito mais acentuada articulação de escalas espaciais, envolvendo o Estado-nação, ele próprio, o nível regional subnacional (onde predominantemente se localizam as relações directas entre as empresas da economia globalizada) e o nível global. É frequente limitar-se os agentes da globalização às empresas transnacionais e às grandes agências internacionais. Mas também o Estado é um gestor activo das relações espaciais que estou a referir. É assim perante os seus espaços subnacionais, mas também o é perante a supranacionalidade, pois é bom tomar em conta que um dos principais modos de realizar a globalização é através da formação de blocos regionais na economia-mundo, querendo neste sentido falar de blocos regionais supranacionais, da integração económica supranacional. E é aqui que eu julgo que, não só o Estado-nação é a escala em que se gerem estes processos, como me parece claro que o Estado passa a assumir um novo papel, muito forte, como agente da configuração dos espaços da integração económica global.

Temos, assim, uma outra dimensão a sublinhar no Estado: o seu papel enquanto gestor das articulações espaciais da economia. Desde logo enquanto agente activo da formação de blocos regionais à escala mundial. Está já suficientemente demonstrado que globalização e formação de blocos regionais não são processos incompatíveis, este é mesmo um dos modos principais de realizar aquele objectivo. Ora, os Estados-nação, sendo demasiados "pequenos" no processo de globalização (de facto, eles são frequentemente apontados como realidades "ultrapassadas" pela globalização), são afinal entidades sem as quais a "regionalização" da economia mundial não seria possível (os blocos regionais são agregados de Estados-nação e a sua formação supõe compromissos formais com zonas de comércio livre, uniões aduaneiras, mercados comuns, etc.). Entre a economia mundial e o Estado-nação surgem-nos, assim, os blocos regionais como uma criação de Estados.

A integração europeia é um bom exemplo do que quero dizer. Sendo, com os EUA e o Japão, um dos três espaços mais poderosos da tríade que hoje domina a economia mundial, a Europa é o único de natureza supranacional. Ora, a sua criação é claramente uma criação de Estados-nação e, como tal, um elemento decisivo da globalização da economia. Basta dizer que a própria popularização deste último termo (globalização) é praticamente contemporânea da realização dos objectivos do mercado interno europeu.

5. Conclusão

Os quatro pontos que acabo de propor não chegam para construir uma teoria económica do Estado, nem esse era o meu propósito. Eles contêm, é certo, algumas ideias-fortes que quero assumir como sendo os meus pontos de vista principais sobre as relações entre o Estado e a economia. Julgo, de facto, que o Estado não só é um elemento central da regulação económica, como é indispensável para que se assegure a coerência do sistema económico e da vida social. Por isso, este capítulo organizou-se na base de uma retórica de persuasão sobre o papel do Estado. Tal importância deriva do facto de a organização das economias modernas ter implicado uma forte autonomização do Estado, facto que se vê quer nas despesas públicas, quer nos muitos campos da vida económica em que hoje o Estado intervém. Na verdade, com as variantes próprias das diferentes economias, há um princípio geral que liga o Estado aos pontos centrais da inovação económica (entre os quais se contam a economia da informação, a contratualidade entre actores económicos, a organização dos interfaces público-privado). Julgo, além disso, que o campo da integração económica mundial (um dos instrumentos da globalização) é hoje, na economia, o grande palco de acção do Estado (um palco que, podemos dizê-lo, ele ocupava anteriormente para, sobretudo, organizar a guerra e a paz).

Tudo isto não esgota o que a teoria económica tem a dizer. Os pontos que referi quando dialoguei com o que me parecem ser marcos importantes para pensar uma "economia política do Estado" representam apenas uma "viagem" por pontos de interesse e espera-se que tenham a utilidade de "iluminar" um campo de discussão que merece ser desenvolvido. E em jeito de conclusão quero sublinhar algumas questões finais.

A primeira é para assumir, como economista, que a teoria económica, tal como consolidou os seus fundamentos, não é suficiente para uma apreciação do papel do Estado nas economias. Ou porque é excessivamente formalizada e abstracta (a discussão sobre a função social de bem-estar ilustra-o), ou porque, quando é ousada, é também excessivamente individualista e subjectivista (economia constitucional), ou porque é redutora e mecanicista (escolha pública), ou porque não vai além do sistema de preços e das estruturas onde se coordena a produção (novo institucionalismo). Mas certamente que não foi para "punir" a economia que me propus fazer este trabalho. Fi-lo para saber com que podemos contar e para reter alguns dos marcos incontornáveis da discussão que proponho. A relação individual/colectivo é uma das questões que a teoria económica menos ignora, mesmo que não a resolva devidamente. E ela é, além disso, um dos pontos presentes em toda a discussão das ciências sociais. A questão da coordenação das decisões é outro tópico de ordem geral, que tem merecido múltiplos desenvolvimentos, desde a teoria macro-económica, à teoria dos jogos, à moderna teoria das convenções. A dualidade convergência/diversidade dos desempenhos económicos (questão para a qual as instituições são decisivas) é um problema da mesma natureza.

A razão pela qual uma teoria económica do Estado não está disponível deve-se, sem dúvida, aos próprios pilares em que a teoria económica assenta. Mas aquela indisponibilidade é também fruto de a fase actual (em que o argumento da globalização é crucial) ser, em muito, caracterizada por propostas provisórias, na tentativa de identificar uma realidade sócio-económica muito mutável. Apesar da grande vitalidade do novo-keynesianismo, não é com a hegemonia keynesiana que hoje convivemos, nem com a vigência de um modelo sócio-produtivo que justificava bem aquela unidade de pensamento. E bem sabemos, como julgo que ilustrei, que quando falamos de inovação é para falarmos principalmente do desconhecido.

É por isso que muitas das fórmulas que usamos para tentar captar a realidade das relações Estado/economia são, é bom reconhecê-lo, fórmulas esquivas. Eis um exemplo, vindo da escola regulacionista: "a relação do Estado com a economia é o produto de uma adaptação mútua, através da invenção de formas institucionais apropriadas à sua coexistência e cuja duração é limitada a um período dado" (Théret, 1995: 66). É, por certo, uma boa intenção, mas são escassos os resultados.

Sabendo que o campo está minado por estas dificuldades, procuro apontar alguns lugares seguros. Ao contrário do que se passava há alguns tempos, pode defender-se sem dificuldades que há justificações suficientes para nos afastarmos da ideia, tão cara a várias correntes económicas, de que discutir o Estado é discutir a existência de um Estado óptimo. Tal coisa, obviamente, não existe. Também sabemos dizer que o Estado não é uma simples derivação, totalmente instrumental, dos requisitos da produção capitalista. E há boas razões para criticar os postulados da perversidade intrínseca do Estado. Se estas são vantagens adquiridas na discussão sobre o Estado, quais são, então, as propostas para se ir um pouco mais além? São propostas não isentas de crítica e sobre as quais não se deve esconder que são mais programas de investigação do que resultados definitivos.

Vejamos quais elas são.

- O Estado é central porque na organização económica é hoje muito forte tudo o que tem a ver com a informação, com as economias de inovação e com as economias externas: os programas de Investigação & Desenvolvimento, as relações entre universidades e empresas, as bases para políticas científicas e tecnológicas transnacionais fazem hoje parte das políticas públicas.
- Pela razão anterior, a contratualidade é a forma principal de relacionamento entre os actores económicos, e essa contratualidade é incentivada e avalizada pelo Estado: os actores económicos colectivos, como as associações empresariais, os grupos de interesses, as agências de desenvolvimento local ou as parcerias produtivas, comerciais ou tecnológicas, as próprias decisões de localização de uma empresa formam-se num quadro de importantes economias de informação e o modo como tudo isto se passa não pode reduzir-se às simples relações bilaterais de mercado. O "modo de usar" é contratual e é quase sempre tributário de políticas públicas.

- Quer as economias da informação e da inovação, quer a contratualidade reformularam muito fortemente o papel do Estado nas economias modernas e deram ao aparelho do Estado uma diversidade e uma complexidade antes inexistente: o Estado não é apenas o governo e os seus funcionários, são múltiplas agências e institutos, tantos deles na fronteira público/privado e, muitas vezes, como claramente acontece em Portugal, aquilo que parece sociedade civil autónoma não existiria sem o Estado (cf. Santos, 1993a).
- A afirmação das economias no plano internacional (o chamado plano da globalização) não só é gerida no contexto de supranacionalidades criadas pelo Estado como as performances dos Estados-nação dependem de significados colectivos que não se criam sem o papel activo do Estado na economia: em Portugal, e estou certo que o mesmo se passa noutros países europeus, a história económica da última década tem de passar necessariamente por um ponto de vista institucional. Quer pelo modo como os respectivos governos intermediaram as políticas públicas europeias, quer pelo modo como reordenaram as infra-estruturas nacionais e os comportamentos dos agentes económicos, os quais, aliás, agem cada vez mais como actores colectivos, isto é, de um ponto de vista institucional.
- No plano nacional, há duas consequências principais da globalização na organização económica, e em qualquer delas o Estado é decisivo. Uma tem a ver com a revitalização das economias locais e dos sistemas produtivos locais, a outra tem a ver com a criação de fortes e modernas economias urbanas: diz-se com frequência que o global e o local são duas faces da mesma moeda e que o reforço de uma implica o reforço da outra; o global e o local são também duas faces da presença do Estado na regulação económica, mesmo quando se reconhece que, quer os actores globais, quer os actores locais não-estatais, são muito visíveis num cenário cada vez mais denso.

CAPÍTULO 4

A ECONOMIA CONSTITUCIONAL: O ESTADO E AS INSTITUIÇÕES NA VISÃO DE UM INDIVIDUALISTA RADICAL (J. BUCHANAN)

As razões que me levaram a tratar a matéria deste capítulo são fáceis de explicar. De certo modo, elas situam-se para lá do conteúdo do próprio texto. Com efeito, os aspectos de que tratarei aqui servem apenas de contexto para o núcleo central de uma pesquisa mais "terrena" que tenho vindo a desenvolver sobre o Estado e as suas relações com a economia (incluindo, do ponto de vista empírico, uma análise da despesa pública). Como é óbvio que um projecto deste tipo exige uma incursão na teoria económica, para um encontro com questões teóricas essenciais, a minha ideia para este capítulo foi fixar uma dessas problemáticas, elegendo como tema de trabalho uma das visões que mais tem cultivado a discussão das relações entre os indivíduos e as instituições.

Certamente que não limito a esta linha de pensamento a função contextualizadora de que falei acima. De facto, não é de cumplicidades teóricas que aqui falarei – é, até, de divergências profundas. Entre os meus pressupostos (e os meus itinerários) de investigação e as raízes profundas da perspectiva que aqui apresento há, sobretudo, contraposições. Mas acontece que o património conceptual e analí-tico disponível (que, aliás, influencia os debates, mesmo os de natureza não académica) é vasto e plural e exige-se que lhe conheçamos as suas várias dimensões.

O que tenho em mente é identificar um mosaico de contribuições, ligadas às vezes por simples pontos de tangência, que superem a falta de uma subdisciplina, devidamente reconhecida nos núcleos duros da teoria económica, a que chamássemos *economia política do Estado*. Julgo que tal coisa não existe[60], mas insisto na ideia de que existem problemáticas tangentes, capazes de bali-

---

[60] Não estou a referir, claro está, nem as questões mais específicas das finanças públicas e da tributação nem a aplicação da análise económica ao Estado. Neste último caso, seriam relevantes análises como as de Nicholas Barr (1993) ou Joseph Stiglitz *et al.* (1989), de que, contudo, não tratarei aqui. Também não vou tratar de questões como as da regulamentação da economia pelo Estado, aspecto que pode ser ilustrado por G. Stigler (1975).

zarem um terreno de discussão. E elas são várias: a discussão sobre a escolha colectiva e a possibilidade de uma *função social de bem-estar* (Arrow, 1963, e A. Sen, 1970, representam-na muito bem); a questão do *conhecimento restrito* e da *racionalidade limitada* e o modo como se justifica a existência de organizações (de novo K. Arrow, 1974a e 1974b, e sobretudo Simon, 1982 e 1991); a tradição institucionalista americana (o velho institucionalismo de Commons ou Veblen)[61]; a economia dos custos de transacção e o novo institucionalismo (Coase, 1988 e 1994, e Williamson, 1975 e 1990, a meu ver mais aquele do que este, e também North, 1990). E não vem ao caso, antes de continuar, referir, já fora da economia, as teorias do neocorporativismo (Streeck e Schmitter, 1985).[62] Ou, nas visões alheias à economia dominante, a teoria da regulação e a análise económica das convenções (Boyer, 1994; Orléan, 1994) a que, no contexto deste capítulo, podemos atribuir a designação de inovações recentes, passíveis de serem guardadas para outro tipo de tratamento do problema.

Uma vez explicado o contexto de investigação em que o situo, este trabalho é, pois, e muito especificamente, sobre a *economia constitucional:* uma abordagem que tem vindo a autonomizar-se da *teoria da escolha pública,* de que foi uma espécie de irmã gémea,[63] e que tem como seu principal cultor James Buchanan, Prémio Nobel da Economia em 1986, que desde já apresento como um economista sofisticado, por vezes fascinante, irredutivelmente conservador, radicalmente individualista e hipersubjectivista. Um homem que é simultaneamente um adversário agressivo quer do keynesianismo, quer desses "economistas dos anos 80, iletrados em princípios básicos, que chamam à sua disciplina o mesmo nome que eu chamo à minha", que se dedicam a "uma ciência sem objectivo nem significado" e cujos interesses residem apenas "nas propriedades puramente intelectuais dos modelos com que trabalham [...] numa terra de fantasia" (Buchanan, 1983: 12-13).[64]

---

[61] Para uma apresentação do velho institucionalismo de J. Commons e C. Veblen, cf. M. Rutherford (1994) e W. Dugger (org.) (1989).

[62] Os nomes de Wolfgang Streeck e Philippe C. Schmitter são aqui imagem de uma vasta literatura sobre o tema.

[63] No ponto 4.3. deste capítulo, ensaio uma rápida apresentação da escolha pública e de algumas diferenças preliminares que se podem estabelecer relativamente à economia constitucional.

[64] Apesar de se situar no campo estrito da moderna teoria económica, J. Buchanan (1991a: 86) cultiva, de facto, uma certa propensão iconoclasta, nomeadamente, quando

Quase será desnecessário dizer que o meu reconhecimento deste autor e desta disciplina é totalmente independente da minha adesão às suas teses. Por isso, não deixarei de tratar aqui alguns dos pontos das minhas discordâncias. O que também devo dizer é que este texto não é apenas fruto da penosa obrigação de fazer o trabalho todo que qualquer programa de investigação implica. É também uma intromissão numa área valiosa da teoria económica, uma área influente na formação do que podemos designar opinião pública económica, incluindo as versões mais vulgares do neoliberalismo (que, evidentemente, não incluem a sofisticação da fonte originária). Porque se trata apenas de uma incursão através de um trilho preciso, não vem ao caso explicitar neste texto o modo como julgo que se pode construir um enquadramento teórico adequado e coerente para o meu problema de investigação. Tratei disso noutras oportunidades (Reis, 1995a; 1995b, 2001b).

1. Processos políticos e estrutura institucional

Independentemente do seu denso corpo teórico e do seu marcado significado político, a economia constitucional representa uma visão interessada na política (mais precisamente, nos processos políticos), no Estado e no facto de as sociedades ser organizarem à volta de uma intrincada e complexa estrutura institucional. Antes do modo como analisa a oferta de bens públicos e da teoria da burocracia em que faz assentar a sua leitura sobre a propensão dos Estados modernos para a ilegitimidade e expansão excessiva (campos que podemos considerar como especialmente apropriados pela teoria da escolha pública), esta perspectiva baseia-se numa teoria económica das constituições, que pode ser entendida como uma abordagem destinada a procurar compreender como as preferências individuais (a procura em matéria de bens colectivos) são agregadas para gerarem resultados colectivos. É uma noção contratualista, na busca das "razões das normas" políticas, que está em causa. Uma noção construída no ambiente de um cerrado debate contra o keynesianismo, contra o paradigma maximizador e contra a ideia de que haja escalas de valor externas, exógenas aos indivíduos, que constituam um padrão social ou colectivo pré-existente, perante o qual se avaliem as decisões individuais (uma função social de utilidade, por exemplo).

---

se dirige a "todos aqueles cujo pensamento não ficou imunizado pelos labirintos da teoria económica moderna".

Os elementos constitutivos da economia constitucional são os indivíduos e entende-se que o seu comportamento é totalmente subjectivista. Assim sendo, o problema básico é saber como é que preferências individuais necessariamente diferentes se reconciliam nas instituições políticas. Como não se admite que estas determinem os indivíduos (é obviamente o contrário que se pressupõe) e como não se julga que eles representam uma bitola social com que se avalie o que é certo ou justo, é a construção contratualista das instituições, por um lado, e a conformidade da sua acção com a fonte de legitimidade que as cria, por outro, que representam os campos principais da análise.

Como objecto específico, e seguindo a mesma lógica, o Estado tem para a economia constitucional dois planos principais de interesse: a autorização constitucional pela qual os indivíduos lhe atribuem papéis (questão para a qual concorre o cálculo dos indivíduos sobre a sua própria incerteza) e as formas como ele exerce a sua acção prática. A conjugação destas duas dimensões permite apontar para uma visão do Estado em que este é simultaneamente uma construção de indivíduos – de indivíduos conscientes dos limites que a incerteza lhes atribui – e um actor auto-consciente dos seus próprios interesses, que tende a reproduzir à revelia de quem o criou. Não é, portanto, um Estado-eunuco nem um decisor bondoso e tolerante aquele que encontramos nas teorias – é antes um Estado perverso, esse que os indivíduos criaram para tão rapidamente lhes escapar. A perversidade do Estado é a perversidade dos seus agentes, funcionários e políticos que depressa descobrem que, através da sua acção, podem procurar obter uma renda, isto é, comportam-se como *rent seekers* e assumem interesses próprios (cf. ponto 4.2.).

Este entendimento do funcionamento efectivo da estrutura institucional que governa as economias assenta nas ferramentas económicas, mas partilha a sua visão acerca do Estado com outras perspectivas, designadamente, as que se produziram na ciência política a partir da perspectiva estatista, de que são exemplos os trabalhos de E. Nordelinger (1981) e J. Dearlove (1989). Trata-se de trabalhos que retomaram até à exaustão os argumentos da autonomia do Estado, da sua separação da sociedade e das divergências cumulativas entre as preferências estatais e as preferências sociais. O mecanismo desta divergência assenta no facto simples de os funcionários e os políticos transformarem as suas próprias preferências (os seus interesses pessoais no poder e na auto-reprodução política) em políticas, razão pela qual o Estado não é senão o "paralelograma" dos interesses dos seus agentes.

2. A escolha de restrições: subjectivismo e individualismo radicais

A economia constitucional é uma subdisciplina (ou, mais adequadamente, um programa de investigação) que se distingue da economia convencional por dirigir a sua atenção analítica à escolha das restrições. Ao contrário desta última, que se concentra na escolha *dentro de restrições*, o campo da economia constitucional define-se no plano da estrutura institucional-constitucional e não se limita a considerar as combinações alternativas existentes, pois procura envolver-se directamente no desenho das estruturas que possam ser criadas. Assume uma posição que designaria pós-utilitarista e remete a leitura da sociedade para questões não compagináveis com a arena estreita dos mercados. Além disso, esta perspectiva compromete-se com o problema das influências da incerteza nas decisões individuais, construindo uma teoria da delegação de competências (da autorização constitucional) dos cidadãos perante instituições e originando aí uma justificação, muito transitória, da quase-legitimidade do Estado-Providência. Uma justificação que rapidamente sucumbirá às relações íntimas que, apesar das diferenças que aponto, a economia constitucional mantém com a escolha pública.

Trata-se, além disso, de uma perspectiva assente numa matriz radicalmente política e conservadora. De facto, e apesar de se colocar no espaço das discussões e das alternativas societais, a economia constitucional tem, originariamente, uma profunda marca societal. É ultra-individualista e não admite extensões do cálculo de escolha do individual para o colectivo. A formação das normas e das instituições que condicionam o comportamento das pessoas está no centro da análise, sabendo-se que elas são entendidas como variáveis sujeitas à avaliação deliberativa e à escolha explícita dos indivíduos.

O principal cultor da economia constitucional é James M. Buchanan, um economista conservador, criador, ainda nos anos cinquenta, de um movimento universitário agressivamente antikeynesiano e deliberadamente político, dirigido ao estudo da sociedade livre, especialmente conhecido como um dos fundadores da escola da escolha pública. O Prémio Nobel da Economia que lhe foi atribuído em 1986 representa, sem dúvida, a consagração por Estocolmo da dimensão académica do neoliberalismo daquela década.

A fé individualista da leitura constitucional expressa-se directamente no pressuposto de que os indivíduos, de facto, escolhem as suas próprias restrições[65], "pelo menos até um certo grau e dentro de certos limites". "Não se supõe apenas que o indivíduo autónomo existe: supõe-se que esse indivíduo é capaz de escolher entre várias alternativas de forma tão regular que permita descobrir uma racionalidade no seu comportamento" (Buchanan, 1991: 15).

O indivíduo que a teoria pressupõe é racional, autónomo, conhecedor perfeito das suas preferências e capaz de realizar todas as escolhas. Este individualismo metodológico é o primeiro elemento constitucional, a primeira restrição assumida pelo próprio programa de investigação. "Tal como em anteriores trabalhos meus, a minha metodologia continua a ser estritamente individualista" (Buchanan, 1991a: 88), adverte a propósito da discussão das interdependências interpessoais em economia. Esta escolha quer significar, como é corrente, que é possível definir a autonomia individual pela separação do indivíduo da comunidade e que é possível definir a acção colectiva a partir das avaliações individuais. Não se considera que a afirmação da influência recíproca entre as decisões individuais ou da existência de fontes supra-individuais de avaliação sejam um desafio a este postulado. E se estas últimas forem exemplificáveis pelo Estado (ou pela razão, ou pelo direito natural, ou por deuses) é claro que não é para aí que a economia constitucional dirige os seus interesses ou radica as suas explicações.

A escolha racional é o outro grande postulado da economia constitucional. A autonomia dos indivíduos expressa-se num conhecimento suficiente das suas preferências e na escolha adequada das alternativas.[66] O pressuposto

---

[65] Numa outra designação, trata-se de "fechar" os sistemas em que se processam os comportamentos. Os sistemas são abertos quando se supõe que as restrições que balizam as decisões são dadas externamente, são exógenas. Os pressupostos de que, no mercado, a motivação económica é geral e que podem ocorrer falhas do mercado quando há uma divergência entre custos (produtos) sociais e custos (produtos) privados (o que formalmente é equivalente a uma externalidade), levaram à solução de Pigou de correcções através da regulamentação pública. Esta forma de "fechar" o sistema decorre de se pensar que os comportamentos individuais no mercado estão motivados exclusivamente por valores privados, negligenciando-se os efeitos sociais das suas acções. E, por isso, é declarada "arbitrária e não científica", consistindo a alternativa no simples entendimento de que são os mesmos indivíduos que agem em ambos os lados (o privado e o social), não sendo, portanto, substituídos nas decisões políticas por "seres omniscientes" (Buchanan, 1972: 12 e 15).

[66] O problema da comparabilidade interpessoal da utilidade é basicamente rejeitado. O contrário seria uma atitude teleológica sobre a economia. Por isso encara-se "o padrão que os indivíduos revelam nas suas escolhas como a informação fundamental para se determinar o que é 'bom' e o que é 'mau'" (Tollison, 1972: 4). O que conduz a análise é "uma

estende-se aliás, como está bem de ver, à própria escolha das restrições (é essa a diferença básica do constitucionalismo). E essa escolha não comporta necessariamente uma decisão utilitarista, em função dos interesses objectivos e quantificáveis dos indivíduos, é apenas uma escolha ordinal[67], capaz de decidir entre bens e males e de prever alguma coisa do comportamento dos outros.

Finalmente, a economia constitucional declara os seus fundamentos democráticos, que julgo mais apropriado designar como a sua versão naturalista da democracia. Ela é democrática porque os postulados anteriores (autonomia individual e escolha racional) se aplicam a todas as pessoas, segundo pesos iguais. Autonomia individual, escolha racional e peso igual, os três fundamentos da teoria são, assim somados, a razão final para que não haja lugar para raciocínios autónomos sobre a acção colectiva, isto é, para "fontes extra-individuais de valores". A escolha, a escolha racional, é sempre um procedimento radicalmente individual e, sobretudo, processual.

Por isso mesmo, não há nesta perspectiva lugar para a agregação macroeconómica (este passo simples bastaria, no entendimento do individualismo subjectivista, para lhe conferir características teleológicas). Do mesmo modo que a "matemática adequada" é a teoria dos jogos e não os exercícios de maximização de funções-objectivo.[68]

Todas as questões relacionadas com a concepção do papel dos indivíduos e com a natureza do processo de escolha podem ser sintetizadas no entendimento que a economia política constitucional faz do óptimo de Pareto, que, como se sabe, é um *must* da economia convencional. A discussão proposta por J. Buchanan atravessa várias das suas obras, desde há muitos anos. Retenha-se, contudo, apenas a formulação presente em J. Buchanan (1987: 3-7) e sublinhe-se mais uma vez a extrema elegância e sofisticação da perspectiva oferecida. É sabido que a influência de Pareto tem a ver com a tentativa de dar objectividade científica às ciências sociais: concorreriam para isso a definição

---

adaptação do modelo de Pareto-Wicksell", com a sua condição de "base verdadeiramente constitutiva da mudança social".

[67] Este pressuposto é partilhado com a teoria moderna do bem-estar, que se baseia também na escolha ordinal.

[68] A revolução metodológica que teve lugar na economia desde que Alfred Marshall escreveu os *Principles* levou a que o programa de investigação da disciplina se limitasse a "maximizar ou a optimizar soluções de acordo com as restrições impostas por necessidades, recursos e tecnologias específicas" (Buchanan, 1983: 12-13).

de óptimos e de eficiências. Um óptimo é uma situação em que qualquer mudança registada conduziria a que alguma pessoa ficasse pior do que antes estava. Desta definição resulta uma regra que declara que qualquer mudança social é desejável se daí resultar (1) que todos melhoram a sua situação, ou então (2) que alguém melhora a sua posição sem que ninguém fique pior do que estava antes da mudança. O problema que aqui surge é o seguinte: Buchanan afirma que esta regra é, em si mesma, uma proposta ética e elimina muito especificamente a necessidade de comparações interpessoais de utilidades. Contudo, a economia de bem-estar assume generalizadamente a omnisciência do observador, visto que o economista se considera capaz de ler as funções de preferência individuais. Ou seja, pode distinguir um aumento de bem-estar independentemente do comportamento individual. Mas, para Buchanan (1987: 5), "admitir essa omnisciência parece totalmente inaceitável. A utilidade só tem valor, ordinal ou cardinal, para quem toma a decisão. É uma grandeza de quantificação subjectiva".

Quando o pressuposto da ignorância do economista substitui o da sua omnisciência resultam duas consequências: não é possível construir uma escala social de valores e a eficiência não pode ser definida independentemente para ser usada como um critério de avaliação da acção. É o que poderíamos chamar um economista subjectivista aquele que encontramos no final de tudo isto: o critério de eficiência que ele pode introduzir é, apenas, derivado da estimativa que ele próprio faz das escalas de valores dos outros indivíduos. O conceito adequado para a economia política é, por isso mesmo, o de "eficiência provável". O comportamento do economista será, nestas condições, eticamente neutral, pois os seus resultados contêm explicitamente a indicação de que reflectem a escala de valores própria do grupo social de que o economista faz parte. Do mesmo modo, o economista, enquanto cientista, não está apto a fazer recomendações de políticas, ele está apenas apto a apresentar determinada política como uma hipótese provisória a sujeitar ao teste do comportamento dos indivíduos enquanto decisores colectivos. Se este comportamento originar um consenso, a hipótese revela-se adequada.

3. Contratualismo, incerteza e autorização constitucional: a teoria económica das constituições

Mas, aqui chegados, vale a pena sublinhar uma outra dimensão importante da economia constitucional: ela é individualista, radicalmente subjectivista, mas também contratualista. E, além disso, admite que os indivíduos estão sujeitos a incerteza e que podem tomar decisões para a prevenir. Quando assim é, podem ocorrer processos de delegação (de autorização constitucional), pelos quais as instituições assumem a vigilância ou prevenção em nome de quem não está seguro de controlar a sua situação futura. Este mandato constitucional é, justamente, uma escolha de restrições para os comportamentos e decisões individuais (eu escolho delegar ou não delegar a gestão da minha segurança social), que já vimos ser o objecto último da atenção analítica da economia constitucional. Nisto consiste *The Calculus of Consent,* o título de um livro de J. Buchanan e G. Tullock (1962).

A teoria económica das constituições consiste, assim, na explicação do modo como emergem, num nível constitucional, as regras, as normas específicas que formam a decisão colectiva. Este é um dos sentidos precisos em que a problemática em causa é relevante para quem queira discutir o Estado e a formação da acção estatal na economia. "A incerteza de um indivíduo racional sobre o ponto onde reside o seu interesse numa sequência ou num conjunto de actos leva-o a preferir, no seu próprio interesse, regras, compromissos ou constituições que pareçam 'justas', independentemente das eventuais consequências" (J. Buchanan 1991b: 35).[69]

A preferência pelas regras ou normas é uma resposta à incerteza e, ao mesmo tempo, um elogio aos benefícios da cooperação. E é também uma afirmação de que o problema económico deve privilegiar a compreensão das interacções (e não, por exemplo, da escassez, como resulta da "influência" de Robison Crusoe na economia), embora postulando que tais interacções se fazem num mundo estruturado apenas por decisões intrinsecamente individuais, isto é, em que os efeitos das influências recíprocas se não manifestam e, por isso, os resultados da interdependência complexa entre actores não estão disponíveis como objecto de escolha (Brennan e Buchanan, 1985: 1).

Esta delegação, esta autorização constitucional, é a fonte de legitimidade do Estado-Providência, que é um caso particular daquelas instituições que surgem das decisões de vigilância tomadas pelos indivíduos. Quer isto dizer que há "argumentos justificativos a favor das instituições do Estado-Providência, pelo menos em abstracto, e independentemente de quaisquer considerações prévias sobre a sua aplicação"; (...) "uma instituição é legitimada ou justificada, pelo menos conceptualmente, se aceitarmos que, em princípio, ela foi aprovada com base num contrato hipotético em que todos os indiví-

[69] É sabido como esta visão (nas suas várias dimensões, incluindo a do individualismo metodológico) tem afinidades com a de John Rawls e a sua teoria da justiça.

duos participam, mas onde ninguém consegue determinar exactamente o seu papel no funcionamento da referida instituição" (Buchanan, 1988: 10).

O contratualismo (a construção contratualista das instituições) é, pois, o resultado desta soma de duas parcelas: um acordo individual generalizado, mais um cálculo prévio sobre a incerteza e as vantagens da cooperação e da delegação. Mas o contrato é também o produto da existência, em estado conceptualmente puro, de indivíduos irredutivelmente individualistas, no sentido em que agem sempre como partes e nunca como sujeitos articulados com instituições e com a vida colectiva.

A economia constitucional baseia-se também numa forte oposição crítica ao "insuportável simplismo utilitarista" e ao entendimento da economia como um mecanismo funcionalista e teleológico que, baseado no pressuposto da existência de uma escala de utilidades separada dos indivíduos, forma um conhecimento prévio das funções de utilidade e preferência relativamente ao qual define situações óptimas. Trata-se, como já se referiu, do paradigma maximizador que emergiu no final do século passado, especialmente sob a influência do mesmo autor (Marshall) que, desde há três décadas, foi redescoberto como um observador fascinado pelos efeitos aglomerativos de nível local presentes nos chamados distritos industriais.[70]

Não significa isto, como de resto já se viu, que não haja um raciocínio utilitarista nos pressupostos da economia constitucional sobre os comportamentos individuais. O que acontece é que, no seu (repete-se) subjectivismo individualista radical, o contratualismo da economia constitucional não separa a utilidade dos indivíduos, isto é, dos processos e interacções em que estes concretizam os seus comportamentos. Assim sendo, o processo de troca é, enquanto conceito, diferente do processo de escolha. No primeiro, as soluções são dadas aos indivíduos, eles não as escolhem, pois elas emergem de alternativas, tomadas pelos participantes separada e independentemente.[71] Por isso, a solução do processo de troca não é uma solução do problema da maximização. Só o seria se existisse um valor máximo agregado independente do processo de mercado pelo qual ele é achado: um valor social ou colectivo. Mas, segundo os pressupostos de base, tal coisa não existe. E o equilíbrio das interacções da troca apenas significa a maximização do "valor atribuído por *cada* um dos participantes, subjectiva e individualmente determinado,

[70] É vasta a bibliografia sobre este tema. Em Portugal veja-se, por exemplo, Reis (1992).

[71] Veja-se o que se disse sobre o óptimo de Pareto.

condicionado pelos benefícios inicialmente existentes e pelas preferências expressas por terceiros nessa relação" (Buchanan, 1989: 32).

E é também porque a escolha não deve ser vista como monolítica, como se fosse feita por um único planeador[72], que a atenção tem de se dirigir igualmente à escolha das estruturas e das alternativas institucionais, as quais, do mesmo modo, derivam das escolhas individuais.

A *economia-como-ordem* é, pelo que se disse, um entendimento substancialmente diferente da ideia de troca coordenada por valores estabelecidos externamente aos indivíduos e ao próprio processo de troca. Este último contém "atributos de justiça" e "é considerado mutuamente vantajoso". Isto é, "a interpretação da economia como ordem depende fundamentalmente do acordo como critério de avaliação. Uma avaliação positiva do bem-estar é possível porque o acordo indica uma troca mutuamente desejada" (*idem:* 37-38).

É esta lógica que não deixa as situações de bem-estar estritamente dependentes do mercado, entendido ele próprio como mecanismo maximizador universal. Há várias situações possíveis, porque são possíveis todas aquelas que os indivíduos mutuamente acordarem, dada a sua condição intrínseca de agentes, sujeitos criadores dos processos de decisão, e não simples objectos. Por isso, a economia política é uma ordem constitucional ampla, a que pertencem também as instituições: "a economia política pode descrever-se como o conjunto das restrições ou estrutura dentro da qual os indivíduos actuam procurando atingir os seus objectivos pessoais" (*idem:* 40).

4. Contrato e Estado: perversidade estatal, procura de renda e escolha pública

Como já se viu, na economia constitucional a subjectividade e a acção individual voluntarista conduzem rapidamente à ideia de contrato. É, pois, o contratualismo que está na base das escolhas institucionais.[73] No caso do Estado, é um cálculo sobre a incerteza e a necessidade de a prevenir que leva os indivíduos a estabelecer autorizações constitucionais, a conceder um mandato para que as instituições assumam a função de vigilância ou prevenção em

[72] Se a comparação dos interesses dos indivíduos com uma escala exterior é transparente, ela tanto pode ser uma tarefa do mercado como de um planeador bem informado.

[73] Não vem ao caso estabelecer aqui as relações com a perspectiva de Rawls (1972), mas é claro que elas existem.

nome de quem não está seguro de controlar a sua situação futura. É esta ideia que diferencia a economia constitucional da economia ortodoxa, pois um mandato constitucional é, justamente, uma escolha de restrições, capacidade que é atribuída aos indivíduos autónomos. Esta autorização constitucional é a fonte de legitimidade do Estado-Providência, que assim é justificado em abstracto. O que permite afirmar tal legitimidade é o facto de aquele acordo explícito existir. Esta condição, assim como toda a raiz do processo contratualista, e ainda a própria formulação do princípio da legitimidade (em que, sistematicamente, se distingue a razão abstracta das formas de realização e o conceito da prática) deixam supor de imediato que a justificação do Estado pela "economia contratual" e a legitimidade que se lhe atribui são muito provisórias.

E, de facto, assim é. Aquilo que em J. Buchanan é uma elegante e sofisticada construção do constitucionalismo económico (em que as razões filosóficas de base são claramente explicitadas, não deixando meio termo entre concordar ou discordar, mas também não impedindo a quem as recusa o reconhecimento da elegância da proposta), torna-se rapidamente numa apreciação vulgar do Estado-Providência.[74] Porquê? Porque, em vez de desenvolvimentos elaborados de uma teoria do Estado, o que encontramos é o argumento de que toda a forma de Estado a que tenha sido conferida qualquer autorização vai, na prática, desrespeitá-la, ultrapassando-a, visto que há sempre lugar a uma tendência natural das instituições para exorbitarem o seu papel. Este argumento é sobretudo um preconceito. A convicção de que as instituições são incapazes de respeitar os limites, porque isso vai contra os incentivos da actividade política, são verdadeiras ideias de base do contratualismo quando procura raciocinar sobre a esfera institucional. É que quem executa as políticas de bem-estar são políticos normais, vulgares, cujos interesses autónomos não se compaginam com as manifestações de autonomia do indivíduo que está na base das interacções que constroem a economia

---

[74] A proposta de desmantelamento do Estado-Providência proporciona também fortes perplexidades, pois ela ilustra as dimensões mais agrestes da teoria, como acontece quando se afirma a superioridade de uma forma de organização da economia que não trate colectivamente problemas como o das pensões de reforma. A liquidação consistiria num acerto de contas com os contribuintes líquidos e os devedores líquidos da segurança social por forma a reduzir todas as gerações a uma situação igualitária e abandonar a gestão estatal que, por natureza, é intertemporal (Buchanan, 1986: 178-185).

como ordem (abrindo-se aqui a contradição de, afinal, nem todos os indivíduos serem... verdadeiros indivíduos).

A vulgaridade dos argumentos de base está também no facto de (para além do que se estabelece sobre a actividade dos agentes estatais) a avaliação do papel do Estado no desenvolvimento de políticas sociais se iniciar com a tradicional comparação entre as perdas de bem-estar que as taxas marginais da fiscalidade impõem sobre os contribuintes (reduzindo o incentivo ao trabalho) e o não-ganho que isso gera nos beneficiários (de facto é também uma perda de bem-estar, visto que as transferências estatais geram aí, igualmente, um desincentivo ao trabalho). Estamos perante a conhecida argumentação retórica sobre a perversidade, a futilidade ou o perigo das políticas sociais que Albert Hirschman (1991) tão magistralmente desmontou e criticou. Como se chega sempre à conclusão de que qualquer forma de Estado que comporte transferências no quadro de programas sociais gera malefícios, a solução pode residir no recurso à ética.[75] O problema passa a consistir na reconstrução da velha ética do trabalho (Buchanan, 1988: 20) que a expansão excessiva do Estado minou (este seria, de resto, o grande efeito de longo prazo da centralidade estatal), coisa que não deixa de parecer complicada de realizar quando a redução do trabalho é o grande fenómeno societal do fim do século XX, em vista, nomeadamente, da revolução informacional e tecnológica. Isto é, o problema do progresso já não se pode relacionar, como A. Smith o fez, com a divisão do trabalho e essa divisão com a quantidade de trabalho que alargava o mercado. A *religião cívica* do liberalismo clássico é, de facto, um recurso duvidoso dos individualistas radicais.

Mas é claro que a apropriação analítica do Estado por esta corrente se desenvolve a partir da autonomização que é feita do aparelho do Estado e dos interesses dos seus agentes, que assim aparecem como um corpo social separado do resto da sociedade. O Estado não é visto nem como um agente de uma classe, nem como uma simples relação social, nem como o resultado de um consenso geral: é visto como um corpo de funcionários interessado na sua reprodução política e, por isso, cioso de uma autonomia que não lhe foi atribuída originariamente. É isso que configura a escola da escolha pública e o princípio de procura de renda em que se faz assentar a racionalidade estatal.

---

[75] O mesmo acontece quando está em causa compreender as interdependências reais da vida sócio-económica.

4.1. Poder para transferir: Estado-Providência e churning state

A dificuldade da economia constitucional em conceber um Estado não-perverso está no facto de ela não saber construir "uma teoria do poder para transferir" simétrica da que se soube construir acerca do "poder para tributar".[76] Tal dificuldade reside no facto de que "se na argumentação se incluírem questões de ordem política, pode não ser possível justificar satisfatoriamente as instituições do Estado-Providência" (Buchanan, 1988: 12).

Sendo a explicação espantosa na sua leitura mais terrena, ela não deixa, evidentemente, de se ligar à coerência da teoria e, naturalmente, à sua radical incapacidade para apreender a vida social. Porque a própria possibilidade de explicar a função fiscal do Estado (a sua capacidade para cobrar impostos) estava dependente da hipótese, não menos espantosa, de se tratar de um Estado "sem autorização para efectuar transferências".

A tentativa de J. Buchanan de encarar o problema do Estado que efectua transferências leva-o à tipificação, ideal, de duas formas deste Estado: o Estado-transferidor (*churning state*) e o Estado-Providência. Na prática são duas formas que coexistem: mais precisamente, a prática levará a que a segunda se transforme inevitavelmente na primeira. Em abstracto, o que os distingue é que o Estado-Providência tem uma quase-legitimidade (já referida), que o Estado-transferidor nunca tem. Isto é, este último executa pagamentos a grupos cuja existência resulta apenas de terem poder político para intervir no processo de decisão e para interagirem com os agentes do Estado, a quem, em troca, dão a garantia de que os manterão no poder (já veremos que é este o raciocínio básico da teoria da escolha pública). O Estado-Providência, ao contrário, executaria essas transferência para grupos de cidadãos caracterizados por critérios objectivos, como o facto de serem idosos e necessitarem de especiais cuidados de saúde, ou de estarem no mais baixo escalão de rendimentos e necessitarem de uma reposição das condições mínimas de vida (trata-se, portanto, de questões de bem-estar). Mas aqui começa o problema: estes grupos são eleitoralmente pouco significativos e não bastam para garantir a permanência política dos agentes do Estado. Então, estes têm um incentivo para alargarem consideravelmente o leque de elegibilidade dos beneficiários das transferências,

---

[76] Essa dificuldade ilustra-a J. Buchanan (1988: 12) com a incapacidade de escrever o livro *Power to Transfer*, que se deveria seguir ao *Power to Tax* que escreveu com Geoffrey Brennan.

ultrapassando por certo a autorização inicial que lhes dava legitimidade. O caminho para a dependência da troca de bens políticos é, então, muito curto. Ficaria, assim, provado que qualquer autorização constitucional abre as portas à manipulação política. E, por isso, os modernos Estados-providência estarão para além da autorização constitucional que os fundou.

Sendo, portanto, a orgânica do Estado encarada como intrinsecamente perversa, convém sublinhar que a ideia fundamental em que assenta a aplicação do contratualismo à formação da legitimidade de uma acção estatal redistributiva é, afinal, uma ideia sem conteúdo. Ela esgota-se (inicia-se e acaba) no simples facto de a vida social ser apenas a acção volitiva de indivíduos autónomos, cujo comportamento não se cristaliza em nada para além de eles próprios. Não se vê o que é que eles delegam, não se vê que eles sejam produtores de vida social.

4.2. Teoria da procura de renda

O conceito de procura de renda, que já antes identificámos como central à explicação da perversidade estatal, não nasce a propósito do Estado e dos seus agentes. Nasce sobretudo associado ao comércio internacional e atribui-se-lhe particular aplicação aos países em vias de desenvolvimento e aos *malefícios* de que são portadores, quando comparados com a eficiência dos países centrais. Foi, de resto, uma conhecida especialista de economia internacional, A. Krueger (1980)[77], que o criou e popularizou. Embora em teoria haja procura eficiente de renda (Tullock, 1980: 97-112), esta é, contudo, predominantemente aplicada a sociedades atrasadas (Tullock, 1984: 224-235). Ou, então, ao Estado, porque o que o conceito quer é "descrever as actividades dos indivíduos que desperdiçam recursos quando pretendem obter transferências de riqueza sob a égide do Estado" (Buchanan *et al.*, orgs., 1980: ix).

Visto que, nos casos que aqui importam, uma renda é a parte de um pagamento a um detentor de recursos que excede o que esses recursos justificariam com um uso alternativo (é, portanto, um sobre-lucro, para além do custo de oportunidade), "a expressão procura de renda pretende descrever o comportamento em quadros institucionais onde os esforços individuais de maximização do valor não geram excedente social, mas desperdício". E é assim porque, "quando as instituições trocam os mercados organizados por

---

[77] Este texto foi originalmente publicado em 1964.

um certo caos da afectação política directa, a procura de renda torna-se um fenómeno social importante" (Buchanan, 1980: 4).

É o tamanho do Estado, isto é, a tendência para ultrapassar a condição de Estado mínimo, que gera o processo de procura de renda. A sua intervenção em lugar do mercado, ao originar diferentes possibilidades de acesso, está na base da disfunção, pois trata-se de procurar renda sem benefícios sociais:[78] a procura de renda é um jogo de soma nula (Tullock: 1980: 16-36). Por isso, "conscientemente, as pessoas investem pouco para garantirem quer o direito inicial às oportunidades artificialmente escassas, quer o direito à substituição dos anteriores detentores, à medida que estes vão sendo afastados das suas posições de privilégio" (*idem:* 9).

Claro que, para este autor, é possível uma afectação política sem procura de renda, mas isso obrigaria a que se regressasse à igualdade individual que só o mercado radicalmente atribui a todos. Ou que o Estado faça como o mercado e, pelo menos, gere a expectativa de que todos obterão o mesmo *pedaço* de renda que uma intervenção origina.

4.3. Escolha pública: o comportamento individual dos agentes do Estado

Faz algum sentido estabelecer uma distinção formal entre economia constitucional e escolha pública,[79] para assim sublinhar que aquela representa, por assim dizer, a primeira ordem de apreciação da vida política, visto que tem por objecto o modo como se estabelece a estrutura institucional (e legal) no quadro da qual se dão as interacções individuais. Está em causa, como vimos, a escolha das restrições para o exercício das competências de governo: os termos da delegação de direitos, os princípios de legitimidade e os seus limites, no sentido a que já se aludiu anteriormente. Já a segunda área é claramente pós-constitucional e é dentro dela que cabem as trocas políticas apreendidas

---

[78] Admite-se que haja procura de renda com benefícios sociais quando se está numa situação de monopólio e os recursos dos que entram no mercado são colocados directamente na produção, reconfigurando a situação inicial.

[79] Noutros termos, pode dizer-se que a escolha pública é uma subdisciplina que tal como o "direito e economia" (*law and economics*) e a "economia dos direitos de propriedade", deriva da economia política entendida como uma construção assente no individualismo metodológico, no subjectivismo e na aplicação da teoria dos preços ao "mundo real", isto é, à organização económica e ao mercado. Com um conjunto de perspectivas que incluem também as teorias da acção colectiva e do novo-institucionalismo, a escolha pública partilha a matriz comum do neo-utilitarismo.

por abordagens como a teoria do voto, a teoria da concorrência eleitoral e partidária e as teorias da burocracia.

A escolha pública é, pois, uma aplicação das ferramentas económicas (destas ferramentas económicas) à política, situando-se a meio caminho entre a economia e a ciência política, mas com a pretensão de ter significado uma revolução paradigmática, no sentido kuhniano. E o seu objectivo é muito preciso: oferecer uma perspectiva sobre as falhas do governo idêntica à que a economia de bem-estar oferece sobre as falhas do mercado. Neste sentido, ela representa uma visão da "política sem romantismo" (Buchanan, 1984a), isto é, uma visão céptica acerca do que os governos podem fazer. Declara-se, deste modo, como um instrumento mais positivo do que normativo, capaz de permitir um estudo comparativo das instituições sociais, visto que Estado e mercado, público e privado, passam a ser estudáveis através de "alternativas concebidas realistamente" (*idem:* 12). Por analogia, o Estado ocupa então o mesmo lugar analítico que o mercado. Onde estão, como participantes individuais, os compradores, os vendedores, os investidores, os produtores e os empresários, encontramos agora "o comportamento individual dos actores no sector governamental, isto é, o comportamento de pessoas nas várias qualidades de eleitores, candidatos ao governo, representantes eleitos, líderes ou membros de partidos políticos, agentes do governo (sempre funções de 'escolha pública') [...] relativamente aos diferentes resultados que se observam ou que podem vir a ser observados. A teoria da escolha pública procura fornecer uma interpretação, uma explicação da complexa interacção institucional do sector político" (*idem:* 13).

Dada a definição, é desnecessário sublinhar que a teoria se inscreve inteiramente no individualismo metodológico. Por razões de conveniente separação dos temas, mas também pelo estrutural atomismo do seu raciocínio, ela separa as motivações do lado da procura de bens e serviços do Estado das do lado da oferta. Como se umas existissem sem as outras. As teorias do voto procuram explicar como é que se atingem decisões colectivas (como é que se forma a procura referida) e como é que se processa o comportamento das pessoas a quem estão atribuídos poderes de decisão. O teorema do eleitor médio, baseado no trabalho clássico de D. Black (1958) é um dado de base do raciocínio. Trata-se da demonstração de que, perante alternativas que impliquem uma oferta elevada (orçamentalmente dispendiosa) de bens e serviços públicos, uma oferta moderada e uma oferta baixa, a solução encontrada tende sempre a ser a média (a moderada), visto que quem decide (o eleitores ou os mandatados para o efeito) se repartirão entre as três opções e tenderão a convergir para a intermédia, dada a preocupação dos que desejam a elevada de evitar que seja escolhida a baixa e dado o correspondente raciocínio dos que pretendem a solução não dispendiosa (que procurarão sobretudo impedir a solução mais gastadora).

O problema esgotar-se-ia aqui se fosse admissível supor que a procura formada era passivamente satisfeita por quem estava dotado de uma autorização para o fazer, isto é, se a legitimidade conferida fosse escrupulosamente respeitada. Mas já se viu que não é isso que se admite. Pelo contrário, há desde logo que estabelecer que, em democracia representativa, é possível uma divergência de interesses entre os que representam e executam e os que mandatam e legitimam. A teoria da concorrência eleitoral procura estabelecer se é admissível um princípio da soberania do eleitor igual ao princípio da soberania do consumidor num mercado total concorrencial. Ora, a diferença que existe entre o mercado político e aquele suposto mercado económico é que, no primeiro, ao contrário do segundo, "há grupos de vencedores e vencidos que se excluem mutuamente" (Buchanan, 1984a: 19). Isto é, o mercado político não é um jogo de soma nula, uns (os vencedores) ganham tudo, outros (os vencidos) perdem tudo. As opções são mutuamente exclusivas, ou se é poder ou se é oposição. As decisões não se fazem na margem e não se convertem em soluções resultantes da arbitragem entre ganhos e perdas.

A teoria da burocracia pretende ir mais além do que a divergência de interesses entre eleitores e eleitos, pretende ser um modelo de análise do comportamento dos que efectivamente gerem a oferta de bens e serviços públicos. Trata-se de explicar como é que se ultrapassa os limites da legitimidade, processo em que intervém a capacidade dos agentes públicos para manipular a agenda e para modelar o governo como uma entidade dotada de poderes de monopólio, em vez de concorrência.

A convicção dos trabalhos da escola da escolha pública não é nada menos do que a seguinte: "os políticos e os agentes do governo são geralmente considerados pessoas iguais às outras, e a 'política' é entendida como um conjunto de acordos ou, se preferirem, um jogo em que intervêm múltiplos jogadores com objectivos muito diferentes e em que os resultados obtidos podem não obedecer a nenhum padrão de coerência e de eficiência" (Buchanan, 1984a: 20).

Em conclusão, pode dizer-se que o seu pressuposto mais importante é a naturalização das relações de troca (que antecedem em significado qualquer outra relação social) e os seus instrumentos principais são os "instrumentos normais da optimização individual". Daí que, como sublinha P. Evans (1992:

143), "as relações de troca entre os titulares de cargos e apoiantes constituam a essência da acção do Estado".

A acção estatal assenta, assim, na gestão dos objectivos convergentes dos agentes do Estado e dos grupos de interesse que os apoiam. Os primeiros necessitam de apoio, que devem conservar perante a possibilidade de deslocação para outros, e os segundos necessitam de contrapartidas para esse apoio (recursos distribuídos pelos agentes públicos sob a forma de subsídios, empréstimos, empregos, contratos, provisão de bens e serviços ou limitações de mercado que os beneficiem, através do poder regulamentador do Estado). A criação de rendas é a consequência principal desta acção sempre perversa e a própria apropriação dessas rendas é objecto da relação entre apoiantes e titulares de cargos. É, aliás, este processo, e não qualquer outro, que leva a uma valorização negativa do Estado e a propostas para a sua redução a limites mínimos. O julgamento acerca do Estado tem, pois, a ver com o facto de a criação de rendas conduzir à ineficiência económica, dado que altos rendimentos provenientes de lucros improdutivos, como os que resultam das actividades artificialmente geradoras de rendas, levam a que as actividades efectivamente produtivas sejam pouco atractivas, e, assim, a eficiência e o dinamismo económico fiquem em causa. Não são, portanto, julgamentos políticos ou morais, aliás tão justificados relativamente a alguns Estados para os quais aquele mecanismo perverso de trocas é pertinente[80], que dominam a lógica do argumento, dando-lhe capacidade selectiva: o que predomina é um raciocínio geral, que reduz as relações sociais a trocas, a trocas entre indivíduos, e lhes julga a eficiência.

4.4. O Estado é dos cidadãos mas é perverso: Buchanan contra Pigou e Coase

O raciocínio contratualista é, frequentemente, um raciocínio castigado pela necessidade de demonstração de que o Estado não precisa de ser concebido desligado dos cidadãos (são sempre os indivíduos que explicitamente o constituem, através de decisões unânimes) e pela inevitabilidade de declarar

---

[80] Segundo P. Evans (1992: 144) "Seria estupidez negar que a visão neo-utilitarista capta importantes aspectos do funcionamento da maioria dos Estados, talvez mesmo o aspecto principal do funcionamento de alguns Estados". Estão entre eles alguns dos Estados do Terceiro-Mundo: o Zaire é apontado como "um caso exemplar de voragem" (*idem:* 149). Mas outros casos (Japão, Taiwan e Coreia) servem para mostrar como actuam os "Estados desenvolvimentistas", aqueles que promovem o desenvolvimento ao usar o excedente social criando perspectivas empresariais entre elites privadas e sugerindo o risco e a inovação.

o Estado existente como intrinsecamente perverso, isto é, corruptível. Os passos das duas demonstrações estarão já minimamente ilustrados, mas há um interessante aspecto da discussão que surge quando J. Buchanan (1984b: 159-173) discute a tradição pigouviana, por um lado, e o famoso teorema da neutralidade da afectação de R. Coase[81], por outro lado.

Estas duas contribuições, de natureza essencialmente diversa, podem ser consideradas duas pré-teorias económicas do Estado, no sentido em que não o tomando explicitamente como objecto, constroem, contudo, as premissas necessárias a uma dedução da sua lógica e natureza.

É sabido que a influência de Pigou na economia ("o mundo pós-pigouviano da política micro-económica") é dominado pela possível divergência entre custo (ou produto) privado e custo (ou produto) social. Trata-se de um raciocínio que, como também já vimos, é rejeitado pela economia constitucional. O sentido pigouviano do Estado é, através da fiscalidade, repor em termos socialmente correctos a comparação entre custos e rendimentos. O que quer significar que a intervenção estatal nas decisões micro-económicas tende a corrigir distorções e a contribuir para resultados que satisfaçam critérios de eficiência. A bondade desta acção resulta da capacidade para medir adequadamente custos sociais e benefícios sociais e para satisfazer as regras que, em função disso, foram estabelecidas. O agente estatal não é, portanto, um agente que maximize a situação de rentista potencial que a escola da escolha pública lhe atribui. Coisa que muito perturba J. Buchanan (1984b: 168-169), visto que este Estado é um Estado eunuco, não utilizador do "valor de renda dos direitos de decisão que lhe são conferidos": o burocrata, ou seja, o agente do governo é simultaneamente informado e incorruptível.

O teorema da neutralidade da afectação de R. Coase diz que em determinadas situações, quando os custos de transacção são nulos e os reflexos dos efeitos de rendimento são irrelevantes, os resultados da afectação derivam de acordos voluntariamente negociados e são invariantes perante diferentes situações de direitos de propriedade entre as partes. A maior parte da discussão sobre este teorema tem a ver, compreensivelmente, com os seus limites, isto é, com o que acontece no mundo real, que o próprio R. Coase entende como um mundo de custos de transacção positivos (é a explicitação

[81] Basicamente explicitado em Coase (1960).

desse facto que este Prémio Nobel diz ter sido a tarefa da sua vida).[82] Mas o caminho de J. Buchanan para discutir o teorema é, justamente, o inverso. O que lhe importa é que R. Coase reconhece explicitamente que, em certas circunstâncias, as duas partes de qualquer interdependência económica potencial tendem para acordos voluntários e livremente negociados. Daqui decorre imediatamente que, nas condições expostas, qualquer intervenção colectiva ou estatal conduz, ao contrário da pigouviana, a um afastamento da solução de eficiência. Para que esta seja a norma, e não a excepção, J. Buchanan propõe-se alargar a pertinência do teorema. O que, no caso, quer dizer que se deve demonstrar a sua aplicabilidade à escolha entre diferentes contextos institucionais. O problema põe-se assim porque a existência de limites institucionais dados era outra (poderemos dizer, a terceira) das condições do teorema. Ora, como não seria de supor que R. Coase, homem reverencial a A. Smith, não quisesse discutir a questão das reformas institucionais – entendidas como alterações dos direitos de propriedade (*property rights*) –, haveria então que demonstrar que o pressuposto de acordos voluntários e livres entre indivíduos e a neutralidade do teorema também se devem manter quando há lugar a escolhas institucionais, isto é, a decisões constitucionais. Para que essas decisões sejam tomadas por decisão governamental é necessário, na lógica da teoria, que se abandone o pressuposto da unanimidade dos cidadãos perante a decisão, visto que ela procura melhorar a posição de um grupo de membros da comunidade que é menor do que a totalidade (relembre-se que, no contratualismo, a participação unânime numa decisão colectiva implica a presunção por todos os membros de que os custos da acção colectiva são, para si, menores que os benefícios). O que J. Buchanan quer demonstrar é que mesmo nesta situação o teorema da neutralidade mantém a sua validade, isto é, tendem a emergir resultados eficientes desde que a nova estrutura de direitos de propriedade seja reconhecida e as negociações livres se mantenham possíveis. Esta demonstração é, contudo, mortal para a concepção de Estado atribuída a R. Coase. Porque "mesmo quando a pessoa que toma a decisão é escolhida no exterior, o teorema sugere que, depois da entrada do novo membro, qualquer alteração na atribuição de direitos entre os membros produz resultados de afectação idênticos" (Buchanan, 1984b: 168), então o Estado coaseano também não é um maximizador de renda, ao

[82] Veja-se Coase (1994: 3-10). A propósito do percurso da obra de R. Coase, cf. Williamson e Winter, orgs. (1993).

contrário, ele age em nome do grupo social, separado dele, mas capaz de o beneficiar, isto é, de manter soluções de eficiência. Ora estas são duas conclusões insuportáveis para o contratualismo, como já verificámos repetidamente.

5. Conclusão

A natureza deste texto, que é essencialmente a apresentação dos resultados de uma incursão num domínio da teoria económica, não impede que apresente algumas conclusões pessoais. Vou ordená-las tomando por referência o problema da minha própria investigação que indiquei no início: a questão do Estado e das lógicas da sua acção na economia.

A economia constitucional (mais esta do que a escolha pública, mantendo a distinção que introduzi anteriormente) oferece evidentes contributos para quem queira afirmar a importância das instituições no funcionamento da economia e, mais amplamente, para quem queira defender uma noção institucional do processo económico. Neste sentido, ela é mesmo um argumento de autoridade útil numa retórica de persuasão perante aqueles economistas que limitem a visão económica a uma mecânica técnica abstractamente formalizada. A propensão crítica e iconoclasta que antes sublinhei evidencia que estamos perante uma abordagem sofisticada e não perante tecnicidades vulgares.

Mas, além disso, encontramos na economia constitucional temáticas substantivas importantes. Quero sublinhar duas: a temática da incerteza e do contrato, por um lado, e a ideia de que há nas economias um intrincado institucional para entender. Esta última questão representa mesmo uma definição do objecto da economia política e, sobretudo, representa a convicção de que a ordem económica é construída por sujeitos activos e instituições actuantes.

Apontar a incerteza como problema inicial da vida económica e da construção de uma armadura institucional é revelar os limites das acções individuais, a necessidade de mecanismos supletivos e, portanto, a impossibilidade de uma economia seca, falha de soluções de irrigação colectiva.

É claro, contudo, que não se pode pôr a teoria a dizer mais do que aquilo que ela quer dizer. Ora, a frase anterior já denuncia uma visão que não cabe dentro da perspectiva constitucionalista. Do meu ponto de vista, isso é o resultado dos seus próprios defeitos. Julgo que eles são essencialmente três: o preconceito básico da perversidade das instituições que resultam de delegações constitucionais; a procura de renda como categoria fundamental para entender as motivações da acção estatal; a total negação de raciocínios colectivos ou sociais, reduzindo tudo a cálculos individuais.

No caso concreto do Estado, a economia constitucional e a escolha pública julgam-no capaz para o "mal", mas totalmente incapaz para o "bem". É isto que nos cria um problema e nos atribui uma tarefa: ousar uma avaliação, sem preconceitos e pela positiva, da acção do Estado nas suas relações com a economia.

SEGUNDA PARTE

Evolução e Processo: Europa, Portugal, densidades e relações

CAPÍTULO 5

EUROPA E CIDADES: GOVERNAÇÃO E DENSIDADES POLÍTICO-INSTITUCIONAIS

Há uma discussão que "paira" sobre este capítulo. É a discussão sobre a globalização. Num outro texto (Reis, 2001a) manifestei a minha opinião de que o recurso recorrente a este termo no vocabulário contemporâneo exprime, sobretudo, a dificuldade das ciências sociais perante as transformações contemporâneas. Achei mesmo que a palavra globalização é, antes de mais, uma "metáfora da perplexidade" e o meu criticismo face às perspectivas "globalistas" não tem cessado de aumentar. A ânsia de explicar tudo através de um paradigma da globalidade, segundo o qual uma lógica imanente, exterior aos processos concretos, determina de forma heterónima os fenómenos com que lidamos, parece-me cada vez mais uma atitude frágil. Desde logo porque, nestes termos, se institui um funcionalismo social relativamente insuportável: cada coisa só existe porque presta um serviço útil às forças alheias que a comandam. Mas também porque a desatenção à capacidade constitutiva de dinâmicas diferenciadas é enorme, reduzindo-se a possibilidade de valorizar a diversidade, as autonomias, a geração de densidades a partir do que constitui a materialidade própria de um espaço social ou económico particular. Consequentemente, as alternativas são, elas mesmas, bipolares: a uma globalização contrapõe-se outra, e apenas outra, segundo uma mesma ânsia unificadora.

Ora, há outras formas de pensar: deve haver outras formas de pensar, sob pena de o universo conceptual e, até, político, ficar demasiado estreito. A ideia que aqui defendo é que, em vez de buscar princípios gerais mono-causais e homogeneizadores, interessa interpretar a constituição de processos relevantes através de relações e interacções concretas e próprias. Chamo a isso formação de densidades e vou procurar encará-la através de dois fenómenos específicos: os sistemas de governação na Europa e a geração de dinâmicas urbanas.

1. Globalização: qual é o tamanho e o alcance?

Só tenho encontrado na vasta bibliografia sobre a globalização uma evidência indiscutível: este fenómeno obsessivamente perturbador assenta essencialmente em dois aspectos, a vertigem das transacções financeiras – que ocorrem instantaneamente, à escala planetária, acompanhando diariamente a luz do sol – e o uso de novos instrumentos comunicacionais, que dotam as pessoas de uma intensidade relacional verdadeiramente original. Para além destas duas dimensões nucleares, não é nada claro que o pensamento mais influente registe outras tendências e comportamentos com a mesma carga estrutural. Contudo, há matéria de sobra para justificar a ideia de que são múltiplas as margens de manobra do funcionamento social capazes de originarem processos colectivos de raiz e natureza distintos mas também com elevado significado organizacional. E eles até têm sido estudados. O que acontece é que a percepção dominante sobre a fenomenologia contemporânea não parece ter lugar para mais fenómenos de incidência estrutural, para além daquele que concede à globalização financeira e às novas tecnologias da comunicação e da informação. Ora, como já alguém disse a outro propósito, "há mais vida para além disto".

Claro que eu aceito, como muitos outros, o pressuposto de que aquelas duas dimensões comportam um significado e produzem efeitos que ultrapassam em larga medida o seu próprio âmbito. Obviamente que ultrapassam e, pela sua originalidade, é evidente que as consequências societais de tais fenómenos são fortes, como todos vemos pelo nosso quotidiano. Já se sabe que as atitudes dos indivíduos, os desempenhos das instituições e os comportamentos dos agentes económicos se alteraram profundamente na última década e até é defensável dizer-se que não é fácil definir os padrões que os caracterizam. A este propósito, vale a pena recordar que, ao contrário do que aconteceu com os trinta anos que mediaram entre 1945 e a primeira crise do petróleo, em que foi relativamente fácil descrever, através de meia dúzia de ideias fortes, o que se passou nos vários domínios da vida, não encontrámos ainda igual facilidade para descrever o que se tem passado nos mesmos trinta anos que separam a crise dos anos setenta dos dias de hoje. A ideia de globalização parece ser, neste contexto, o instrumental descritivo com que se pretende superar esta perplexidade e satisfazer a necessidade de entender o que é pouco firme, eventualmente caótico, seguramente instável e transitório. É uma *démarche* compreensível, mas muito insuficiente.

O problema não consiste, contudo, em discutir se a globalização é apenas um fenómeno limitado, como alguns defendem (Petrella, 1996, por exemplo), ou se é um fenómeno mais velho do que se supõe, como asseguram outros (Hirst e Thompson, 1996), ou até se se trata de um fenómeno passageiro: o problema consiste em saber que outros fenómenos, de "igual dignidade", são hoje salientes na estruturação das sociedades, para além dos que configuram a globalização.

Há uma atitude epistemológica prévia a este debate: a de saber se os fenómenos que queremos analisar são simples *derivados* dos dois anteriores ou se têm *espessura* própria, sendo parte integrante da genealogia fundadora dos processos sociais contemporâneos. As visões correntes sobre a globalização (de pendor essencialmente funcionalista) tendem a vê-los como derivados (o outro lado de uma mesma moeda). Eu penso que não, e acho que fenómenos como a formação de economias de aglomeração e de densidades territoriais, a consolidação de determinados sistemas de governação e o desenvolvimento de dinâmicas urbanas são processos sociais tão estruturados, tão dotados de *espessura* própria e tão estruturantes como a já citada globalização financeira e comunicacional.

E, quando a questão é procurar fontes de inovação, parece claro que não podemos ficar limitados pelas evidências mais repetidas. É legítimo supor que são vários os processos sociais inovadores que concorrem para o reordenamento do mundo e do nosso contexto de vida. Trata-se de processos que certamente se articulam com os dois que comecei por citar, mas é útil supor que as suas raízes e natureza os ultrapassam substancialmente.

2. O que está para além da metáfora da globalização: uma perspectiva institucionalista da governação

Em alternativa ao paradigma globalista proponho, para uma interpretação inquieta sobre as sociedades contemporâneas, uma visão institucionalista assente em quatro pilares essenciais.

O primeiro é o que reconheça que, em vez de uma concentração excessiva na ideia de mobilidade (a globalização é tida como o acesso rápido e instantâneo a tudo: lugares, saberes, relações...) assentemos na ideia de que a *tensão entre mobilidades e territorializações* subsiste e que tal tensão é tão constituinte dos mundos de hoje como o tem sido até aqui. Quer dizer, se é verdade que dominação e hierarquia existem na ordem social e estimulam deslocações e sujeição a dinâmicas de poder muito diferenciadas, é também verdade (e é este sublinhado que pretendo fazer) que os processos desenvolvidos *in situ*, assentes em processos contextuais e capazes de "refractar" a dependência ou a influência exógenas, existem igualmente e necessitamos deles para interpretar o que se passa à nossa volta.

O segundo pilar é o do reconhecimento dos *limites da racionalidade e da organização*. Sabemos que as mobilidades e os "redesenhos" do mundo têm sempre por trás a ideia de que há superactores sociais, clarividentes e plenamente informados, que agem com grande intencionalidade e total racionalidade. Contudo, a hipótese da absoluta racionalidade e intencionalidade das acções humanas tem sido sempre confrontada com limites, restrições morais, dependências relacionais e capacidades apenas parciais de processamento de informação. Veja-se Herbert Simon (1982) e Kenneth Arrow (1974a), como exemplo de economistas sofisticados que baseiam a sua obra em pressupostos deste tipo.

Por isso mesmo – terceiro pilar – a *incerteza* e a *contingência* têm um lugar nos processos inovadores muito maior e mais central do que o que lhes é dado pelos modelos racionalistas, visto que estes reconhecem apenas as práticas rotinizadas dominantes. É na medida em que se valorize este pilar que se recuperam as dimensões morais e humanas da vida. E é este pressuposto que nos permite entender que, nos processos de desenvolvimento e de inovação, as trajectórias inesperadas são coisa certa.

O último pilar é o que acolhe a diversidade dos processos sócio-económicos e entende as *instituições* como a expressão da complexidade. É com as instituições que se reduz a incerteza e se contextualizam as práticas. As instituições são a *espessura* do território.

Estes quatro factores que acabo de referir têm, evidentemente, uma leitura territorial. Parece-me que ela se situa no domínio das economias de aglomeração. A noção de economias de aglomeração assenta, à partida, na relação entre dinâmicas "exógenas" e dinâmicas "endógenas" e supõe uma articulação de escalas. Mas também supõe valorização da co-presença e da proximidade, partilha cooperativa da informação, adensamentos não transferíveis para outros lugares.

É sabido que o problema mais geral que enforma o que estamos aqui a discutir é o de saber como se assegura a coordenação dos actores sociais que intervêm na formação das dinâmicas contemporâneas (quando há coordenação e quando há dinâmicas, bem entendido...). Geralmente, este problema remete muito rapidamente para o pressuposto de que tal ocorre dentro de sistemas sociais de produção concretos. Fica, por isso, dado o primeiro passo, que é o que consiste em dizer que a coordenação não ocorre de forma *foot-loose*, no etéreo de uma lógica global que nunca ninguém viu mas que alguns asseguram que existe. São estes últimos, os que propõem as visões globalistas, que acham que, para encarar a coordenação, é passo de monta identificar as decisões financeiras e as propensões para a mobilidade por parte dos actores que têm essa capacidade. Trata-se, de facto, de tomar o mercado (ainda que um mercado limitado e parcial) como o mecanismo suficiente de ajustamento das decisões e dos comportamentos. O mercado torna-se, assim, tanto na referência reverenciada quanto na referência criticada.

Ora, uma visão mais complexa das coisas obriga-nos a integrar nos nossos mecanismos de análise a noção, que todos admitimos, de que há vários motivos para a acção, assim como há formas de distribuição de poderes diferenciados e níveis de actuação diversos. Os mecanismos reguladores e de coordenação hão-de exprimir esta complexidade e hão-de saber interpretar a governação das sociedades contemporâneas de um modo que nos afaste da estreiteza das teses globalistas que tenho estado a criticar.

Partilho, como já sublinhei anteriormente[83], uma noção de governação social que parte de uma taxonomia dos arranjos institucionais (Hollingsworth e Boyer, 1997) e inclui vários modos de coordenação da acção colectiva: mercados e hierarquias empresariais (que exprimem o auto-interesse e assentam, os primeiros, em formas de poder horizontal e, as segundas, numa forma de poder vertical); comunidades e Estado (que exprimem normas sociais compulsórias, assentando as primeiras em formas de poder horizontal e o Estado em forma de poder vertical); associações e redes (em que se regista uma combinatória de formas de poder e de motivos para a acção). Ora, o que me parece claro é que esta coordenação não só não ocorre de forma indiferenciada, como as diferentes combinatórias (mais Estado, menos mercado; mais comunidade, menos redes, etc.) têm concretização em territórios concretos. Isto é, a governação define territórios e define-se através dos territórios.

Não vem ao caso descrever aqui cada um destes mecanismos. O que interessa sublinhar é que a coordenação apela para escalas diversas, actores variados e articulações diferenciadas. E sublinhar, também, que este é, basicamente, um modo de concretizar uma visão plural e diferenciada dos problemas. Um bom exercício é pensar uma tipologia das formas de governação urbana: pensar o modo como o mercado se apropria da cidade e da sua estruturação física a partir da renda dos solos e do imobiliário ou da sua estruturação sócio-económica através das externalidades que viabiliza ou impede; pensar as políticas urbanas e o Estado-urbano dos nossos dias.

[83] Recorde-se o que comecei a dizer, a este propósito, no Capítulo 1.

Mas é porque a cidade é comunidade e é rede que esta percepção das coisas me parece particularmente útil, visto que é nestes dois mecanismos de coordenação que se inscreve muito do que tenho estado a tratar.

Concluo, por isso, dizendo que vejo o papel inovador das cidades num espaço de intersecção de três mecanismos de coordenação principais: Estado (as políticas públicas), mercado, comunidade (a cidade como centro de vida) e rede (a cidade como nó de um sistema).

3. Densidades e proximidades: cidades e inovação urbana

Entendo por *territorializações*, no sentido que lhe quero dar neste texto, contextualizações do funcionamento económico e social em que a *proximidade* é especialmente valorizada e em que se aproveitam iniciativas e margens de manobra de raiz local e subsistémica, tendo os resultados alcançados capacidade de reconhecimento e valorização externos. Assim sendo, as proximidades, uma vez postas em relação, geram *densidades* e estas assentam em *intensidades relacionais* muito fortes. É a formação e o uso do capital relacional gerado territorialmente que evidencia as escalas em presença e esclarece qual é a natureza do sistema urbano e o seu papel nos contextos mais vastos que o rodeiam (se é apenas local, infranacional, nacional ou transnacional).

Não é necessário sublinhar aqui que as cidades são, por excelência, lugares de máxima intensidade relacional. São expressão de co-presença, lugares de *trouvaille*, de criação do novo, de cosmopolitismo e de refracção dos estímulos externos. São o lugar exacto das capacidades incontornáveis do inesperado. As cidades são formas de "preservar os factores de diferenciação espacial, de territorialização" (Baptista, 2001: 228). É neste sentido que me parece útil invocar a noção de economias de aglomeração e vê-las como promotoras de densidades territoriais que são factores relevantes das dinâmicas que organizam o mundo.

As cidades representam-se em instituições e projectos e significam capacidade de estruturação sistémica. Mais do que o espaço físico, são as suas instituições próprias – e as normas, *habitus*, cultura e contextualidades que delas resultam – que fazem uma cidade. Uma cidade é "o processo da vida" que ela acolhe, diria eu usando uma expressão de um velho institucionalista, Veblen.

A relação entre cidades e inovação está exactamente no processo da vida que cada cidade, na sua singularidade e na sua capacidade relacional, constitui. O que é que faz de Lisboa uma capital e pode fazer dela uma parte significativa do sistema urbano ibérico? Ou o que é que faz de Barcelona um lugar de liderança de uma autonomia e de localização de um forte capital imaterial? E o que é que faz de Londres o vértice do sistema urbano europeu? Não são certamente, nos dias de hoje, a sua geografia ou a sua dimensão. São projectos e capacidade relacional. Ora, tais projectos e tal capacidade estão "encastrados", "embutidos" em lugares relevantes como as cidades. Como todos bem sabemos, estas "economias-territórios" (Veltz, 2002) não são entendíveis apelando para a oposição entre "dinâmicas endógenas" e "dinâmicas exógenas" mas à relação entre ambas. E o que está aqui em causa é identificar os lugares que estabelecem essa relação. É disto, evidentemente, que falamos quando falamos de cidades e de inovação urbana.

É aqui que surge uma questão interessante. Tornou-se vulgar dizer que as cidades garantem um papel essencial na globalização, que é o de "assegurar a comutação do conhecimento e da informação à escala mundial" (Baptista, 2001, p. 228). É certo. Mas há um problema prévio, que é o de saber como se produz e desenvolve esse conhecimento "comutado". É conhecimento e informação livre? Paira no ar? Ora, parece-me que, antes da difusão, interessa perguntarmo-nos sobre o processo de produção desse conhecimento. Que ele não é estritamente local, nem se fecha em segmentos estanques, parece evidente. A dimensão translocal do processo de produção de conhecimento é muito relevante. Mas não me parece que haja inovação sem haver territorialização desse processo. Quer dizer, se as cidades forem apenas dispositivos de regulação de relações que se estabelecem a uma escala global dificilmente são lugares de inovação, visto que o seu papel de "comutador" faz delas apenas lugares de passagem. Identificamos a circulação, mas não interpretamos a produção.

É este conjunto de razões que me faz propor a ideia de que o lugar das cidades, e dos processos que originam economias de aglomeração das quais resultam densidades, se situa no mesmo plano da globalização financeira e comunicacional, enquanto mecanismo estrutural relevante da organização contemporânea.

A "compressão espácio-temporal" dos dias de hoje não tem de ser identificada só à escala planetária (o que, aliás, nos levaria depressa à conclusão de que a globalização ocupa uma parte bem pequena do planeta...). Identificá-la nos lugares físicos que estruturam a inovação é tão relevante como darmo-nos conta da vertigem comunicacional do nosso computador.

4. Sistemas de governação e territórios na Europa: geografia e culturas institucionais

Esta discussão sobre as densidades urbanas pode ser alargada. Um bom exemplo parece-me ser a organização do espaço europeu. Não é necessário sublinhar a originalidade do processo de integração europeu. Pouco tempo depois da Segunda Guerra Mundial, um 'clube de ricos' formado por seis países de características sócio-económicas muito semelhantes foi constituído para sarar as feridas do conflito que os tinha oposto, mal se apagavam ainda os últimos sinais de fogo. Nesse momento, o que ligava os fundadores da Comunidade Europeia era a semelhança e a *proximidade*.

Sabemos agora, ao olharmos para trás, que a reconstrução da economia e a coordenação de políticas que então se ambicionavam acompanharam o início de um fabuloso ciclo de criação e de redistribuição de riqueza que marcou várias décadas até que, dos anos setenta para cá, as economias entrassem de novo em ciclos irregulares de crescimento mais lento e mais inseguro.

O alargamento ibérico, ao somar-se ao que incluiu a Irlanda e a Grécia, caracterizou definitivamente a União como um espaço de forte heterogeneidade social, económica e política e, cinquenta anos passados sobre o Tratado de Roma, a dimensão do projecto alargou-se de uma forma espectacular e difícil de imaginar, passando a assumir uma tal dimensão e uma tal diversidade geográfica que estas são hoje um dos seus principais traços constituintes. A partir de então, a *semelhança* dos objectivos de integração somou-se a um evidente mapa de *diferenças*.

A Europa foi sempre a Europa dos seus territórios: um território próximo e semelhante quando era formada pelos seis iniciais; um território de territórios à medida que os alargamentos iam tendo lugar e países de níveis de riqueza muito inferiores se iam integrando. Territórios entre os quais se estabelecem *distâncias* (porque uns ficam inexoravelmente afastados de outros:[84] é esta a dimensão física da distância, embora a distância não se exprima apenas desta maneira, visto que ela é também económica, social, cultural e política) e *proximidades* (porque cada território é a expressão de contiguidades e identidades imediatas, que lhe dão *espessura* própria).

Num espaço tão largo, os territórios são a expressão física da própria 'divisibilidade' e segmentação do conjunto que os integra – são 'partes' que permitem formar e até explicar o 'todo'. Mas os territórios são também a

[84] Na União Europeia a 15, Atenas fica a 2.400 km de Helsínquia, o Cabo Norte fica a 4.000 km de Gibraltar, da Irlanda à Grécia são 3.700 km. A extensão do litoral da União Europeia a 15 são 60.000 km (quase tanto como o dos Estados Unidos, do Japão e do Mercosul). Sublinho que não estou aqui a sugerir nenhum determinismo geográfico estou apenas a pôr 'cores' no mapa físico da Europa.

expressão da diferenciação institucional, e não apenas da física – correspondem-lhes diferentes sistemas e culturas de governação. Por *sistemas e culturas de governação* entendo o modo como se manifestam e organizam os interesses colectivos (como se formam *actores* sociais), como se estabelecem entendimentos entre os actores que intervêm na esfera pública (como se consolidam *convenções* sociais), como se regula a sociedade e a economia através de políticas públicas (qual é o papel do *Estado* e quais são os domínios estratégicos e prioritários da sua intervenção), como a sociedade se dota de organizações (qual é o desenvolvimento da sua *superestrutura organizacional*), como se criam padrões, rotinas e modos de fazer (quais são os *habitus*, o capital informal e o conhecimento tácito de que uma sociedade dispõe) – em suma, que *ordem constitucional* prevalece (o termo constitucional não é aqui usado em sentido jurídico, embora também o inclua, mas sim para significar a matriz das relações materiais e simbólicas que definem a esfera pública e orientam a trajectória da sociedade, no seu con-junto).[85]

Esta Europa hoje com 27 países, esta Europa que toca vários mares e integra várias culturas e sistemas, é uma Europa rica pelo que a constitui e rica pela lógica de alargamento e inclusão que a fez percorrer as décadas que já leva. Tudo isto nos esclarece sobre o que ela é, como se formou, como ganhou características constituintes insuspeitas, como possui uma originalidade marcada pela integração de diferenciações territoriais. Mas é também necessário que nos interroguemos como se governa, como se vai governar, esta Europa agora definitivamente larga e ampla. Conhecemos a sua geografia actual – a sua estrutural diversidade. Importa que conheçamos também como vai ser a sua configuração macropolítica. E importa que nos interroguemos sobre a relação entre as duas coisas.

Proponho-me, pois, observar a Europa através dos territórios e das formas de governação. Proponho-me juntar geografia e instituições e olhar a Europa desta maneira. A minha noção de base é esta: tanto a geografia como as instituições são especialmente relevantes para criar *proximidade*, a qual representa acesso a culturas comuns e a formas também comuns de entender e resolver

[85] Numa visão institucionalista da economia como aquela que defendo (cf. Capítulo 2), um dos problemas mais centrais é o da própria definição 'operacional' do que constitui e rege uma economia institucional. Uma boa tentativa é a que R. Boyer (2004) sintetiza num livro recente.

os problemas. Esta é uma aproximação *bottom-up*, pois parte dos territórios, das culturas e dos modos pelos quais se institui a diversidade.

Não é uma leitura das assimetrias que aqui está em causa: é uma leitura das fontes de dinamismo e dos processos de consolidação sócio-económica. Os territórios comportam-se de modo variado (crescem e inovam mais uns do que outros; acentuam ou deprimem as suas qualificações diferenciadamente) e isso conduz a uma lógica de aglomeração dos recursos e a dinâmicas de desenvolvimento estimuladas pelas *densidades* existentes – que assim se reforçam – e pelas facilidades de acesso que elas criam. Em geral, quer as causas, quer os resultados de processos desta natureza evidenciam que as relações de *proximidade* são uma dimensão relevante da organização económica. Veja-se, por exemplo, o que aconteceu com o que chamo a *iberização* da economia e da sociedade portuguesas, depois da integração, em 1986. A inserção num espaço económico transnacional – nesse momento a 12, depois a 15 e a 25, agora a 27 – deu afinal origem a uma intensa e até inesperada integração a 2, entre vizinhos. Onde se julgava encontrar a transterritorialidade e a mobilidade intensa, encontrou-se a proximidade e a vizinhança. De facto, a alteração das relações económicas com Espanha foi o resultado mais original da adesão de Portugal, pois, do ponto de vista comercial, o nosso país já era plenamente 'europeu', visto que a larga maioria das exportações e das importações que realizávamos (assim como o investimento directo estrangeiro) era com os países que já constituíam a Comunidade. Com a Espanha é que as relações económicas eram quase nulas (cerca de 4% das exportações e importações totais). Hoje, o vizinho do lado é um dos nossos principais parceiros económicos.

Para observarmos como se fixam os territórios, comecemos pela geografia. Para desenhar o mapa da Europa por onde é que se deve começar? Pelos mares ou pelas cidades? Ou pelos grandes espaços que fixam e ligam os povos? Atraídos pela necessidade de fixar o que constitui a Europa e de sabermos como ela se governa, como é que a devemos 'desenhar'? A minha opção vai ser começar pelos vértices, pelos centros reguladores, que são os grandes sistemas urbanos. É óbvio que vamos encontrar, por junto, geografia e instituições.

Estes centros afirmam o seu poder através de um conjunto de indicadores muito relevantes: *massa* (são centros de dimensão significativa, seja do ponto de vista populacional, seja do ponto de vista da produção e da criação de riqueza), *conectividade* (são nós de relações ágeis com outros centros), *competitividade* (são localizações relevantes de factores que os capacitam diferenciadamente) e *dinâmica de evolução* (são centros cuja posição no sistema global beneficia da conjugação dos factores que os qualificam).[86]

Julgo que o meu pressuposto de que estes são os lugares onde se localizam as grandes dinâmicas de governação e da 'vida concreta' dos povos e dos recursos europeus não carece de grande demonstração. Não se duvida que a sede principal das dinâmicas contemporâneas é urbana e que é neste ambiente que se concentram as grandes capacidades que determinam a qualificação e o poder. O que pode carecer de demonstração são duas coisas (de que procuro tratar mais adiante): (1) que estes centros são produtores de densidades crescentes e, portanto, estruturam territórios mais amplos de que o próprio espaço urbano que lhes corresponde; (2) que, quando está em causa a União, o poder destes territórios carece de um equilíbrio com outras sedes de poder e de 'projecto', o que, na circunstância, nos obriga a discutir a natureza 'federal' da Europa e o modo como este domínio da vida comunitária se está ou não a consolidar.

Os grandes sistemas macro-reguladores: A Europa perante o mundo

Opto por começar pelos grandes *sistemas macro-reguladores*: Londres, Paris, Hamburgo, Munique e Milão (o pentágono). Pode, porventura, dizer-se que este é o território de regulação global da Europa, aquele através do qual ela se situa perante o espaço que está fora de si. Isto é, trata-se do sistema que a articula e posiciona no sistema global, na economia-mundo. Evidentemente que estes centros macro-reguladores são o vértice de uma hierarquia: agregam e integram a Europa que se projecta no mundo e sujeitam-na às dinâmicas mais globais. É Nova Iorque, Tóquio e Pequim ou mesmo Sidney, o Cabo ou São Paulo que estão na outra ponta das linhas que representam as relações principais em que estes centros intervêm.

Para além de estarmos perante lugares de grande peso demográfico, é neste espaço que se concentra o conjunto de centros relativamente aos quais uma enorme parte da população da União está acessível em menos de

[86] Passo a partilhar os critérios usados no *Study on the Construction of a Polycentric and Balanced Development Model for the European Territory*, da Conferência das Regiões Periféricas Marítimas (CRPM, 2002), que identificou 41 sistemas urbanos dos 9 países que constituem esta Conferência e que se situam na periferia marítima da Europa. Para uma síntese das iniciativas europeias destinadas a equacionar estratégias de ordenamento transnacional do espaço comunitário, cf. Ferrão (2003).

3 horas, por um sistema combinado de transportes, que inclui a estrada, o caminho de ferro e o avião.[87]

Os sistemas macro-regionais europeus: os primeiros contornos da diversidade

Mas a Europa não é, por debaixo deste vértice, um espaço-chão que com ele se articule apenas linearmente. São vários os sistemas macro-regionais cuja função predominante é infra-europeia, isto é, são centros que organizam os grandes espaços regionais da Europa. Falemos, por exemplo, de Madrid, Roma, Manchester/Liverpool, Oslo/Estocolmo/Helsínquia/Copenhaga, Berlim ou Viena... À volta destas cidades o que é que se estabelece? Estabelece-se uma outra hierarquia, agora essencialmente intra-europeia, a partir da qual podemos começar a esboçar o segundo nível dos territórios europeus. Os centros que constituem o núcleo de cada território são, evidentemente, diferenciados entre si, pois não só a geografia os separa como eles são também exemplos de realidades político-institucionais diferentes e ancoradas em *ordens constitucionais* próprias. Este mapa é o das culturas europeias, tanto como o da multi-espacialidade europeia.

Os sistemas de ligação: nós da rede intra-europeia

Não são apenas as funções de inserção na rede macroglobal, à escala do mundo, nem as de organização intra-europeia através dos restantes macro-centros, que se baseiam em sistemas urbanos marcados pela densidade e por grandes dinâmicas de acesso (entendendo por acesso muito mais do que a sua expressão física, pois tão importante como esse é o acesso relacional a funções, competências e qualificação). Também outras funções de ligação – internas e externas – assentam nas capacidades simultaneamente agregadoras e difusoras dos sistemas territoriais de sede urbana. Em cada país ou em cada região europeia, sistemas urbanos de peso diferente, mas significativo no contexto dos respectivos espaços, asseguram massa (dimensão e poder) e conectividade (capacidade relacional física, económica e social). Alguns deles são "portas" do sistema europeu (é o caso das cidades escandinavas, ou de Roma, Manchester/Liverpool e Madrid), porque representam "corredores" de desenvolvimento transnacional; outros são *relais*, pontos de ligação em menor âmbito territorial (como é o caso de Lisboa, ou Barcelona, ou Génova); outros ainda são "estrelas emergentes" (como Lisboa?), porque

[87] *Schéma de Développement de l'Éspace Communautaire* (Comissão Europeia, 1999).

reforçam a capacidade de integração perante os centros de maior significado; outro porque, finalmente, permitem encarar vias para superar a condição periférica de regiões mais fracas.[88] Este é agora o mapa que nos permite identificar a malha mais fina da rede metropolitana europeia.

Dos sistemas urbanos aos espaços da territorialidade europeia

Os factores que contribuem para a densificação dos sistemas territoriais à volta de centros urbanos (unipolares ou multipolares) são também os que permitem olhar para os grandes espaços que constituem a territorialidade europeia. Esses espaços tornam-se relevantes porque são expressão da capacidade de integração através da proximidade: eles instituem formas de acesso diferenciado para os que estão na sua 'zona de influência' e geram, dessa maneira, densidades marcantes. São núcleos de integração de pessoas e recursos. É por este conjunto de razões (quer dizer, porque estamos perante uma ossatura urbana estruturadora, a qual é, por definição, fortemente ancorada no território e porque os seus efeitos são centrípetos) que a relevância dos grandes espaços infra-europeus tende a tornar-se cada vez mais notória. Uma Europa do Báltico, da Escandinávia, do Mar do Norte, uma Europa Ibérica, Mediterrânica ou da influência alemã aparece cada vez mais como uma Europa cujo mapa não dispensa cores e diferenciações.

Acesso e densidade como questões centrais da organização territorial europeia

Todos estes centros e todos estes territórios são *agentes criadores de proximidade*. Integram os espaços, formam densidades e consolidam o sistema de relações que lhe é próprio: estabelecem uma coerência interna que resulta da contiguidade, da conectividade interna e da partilha de funções. Dado que o conjunto de características que os define é indiciador de capacidade e de geração de efeitos de riqueza, estes centros tendem a ser atractivos, isto é, a incluir na sua proximidade limiares cada vez maiores de recursos e de população. *Acesso e densidade* (encaradas de um ponto de vista não estritamente físico, mas sim relacional) são duas qualidades inerentes a estes sistemas. Para além de agentes criadores de proximidade, estes centros são também *agentes de mobilidade e de inserção em redes*, o que lhes dá capacidade dinâmica e poder relacional. É

[88] Continuo a usar classificações do estudo da CRPM referido anteriormente. Combinei tipologias de classificação, dados os fins meramente ilustrativos do registo que estou a seguir.

nisto, aliás, que consiste o que me parece ser a necessidade de compreensão dos fenómenos de territorialização, no sentido que lhe dei acima (ponto 3).

Junto com a geografia (que é, ao mesmo tempo, distância e proximidade) está a realidade institucional e política. Por *configurações político-institucionais* entendo os modos adoptados para regular a vida pública, estabelecer acordos políticos, arbitrar as relações Estado/mercado, organizar o sistema produtivo e tecnológico, promover o conhecimento e a inovação.

Michel Albert (1991) foi o portador de uma intuição rapidamente popularizada com a qual quis dar operacionalidade à noção comum de que os capitalismos europeus não são todos iguais: na sua classificação, eles diferenciam-se, pelo menos, em *renanos* e *alpinos*, por um lado, e em *anglo-saxónicos*, por outro. A qualificação é, simultaneamente, geográfica e cultural. O que diferencia cada um deles é o tipo de respostas que dão à imigração, à pobreza, à segurança social, à hierarquia de salários, à fiscalidade, à regulamentação, ao papel das finanças e da bolsa, ao poder prevalecente na empresa, à função da empresa na educação e na formação profissional, ao uso dos mercados para encontrar respostas para certos problemas sociais.

Numa acepção mais ampla, é possível distinguir na Europa três configurações político-institucionais, tal como o fazem Bruno Amable e Robert Boyer (1997): o sistema *mercantil* (aquele que o Reino Unido simboliza), o *social-democrata* (representado pelos países escandinavos) e o da *integração pública* (que acolhe a França, a Alemanha, a Itália ou os Países Baixos).

Nós, os que vemos a Europa a partir da periferia, teremos de dizer que há ainda um outro sistema, que não é representável em nenhum destes, e que tem traços de especificidade própria. Chamarei sistema *semiperiférico*[89] ao que inclui a península ibérica e a Grécia e encararei a Irlanda como um exemplo de *upgrading* a partir deste contexto.

O que está em causa nesta classificação é, designadamente, captar os diferentes contornos da qualificação profissional na determinação da competitividade, conhecer o papel do sector público e das empresas na investigação e desenvolvimento, definir a importância das tecnologias e a natureza da especialização produtiva, avaliar o peso da despesa pública, a natureza do sistema de ensino e a organização do mercado de trabalho.

---

[89] Sobre as particularidades de cada mecanismo de coordenação, designadamente as relações entre Estado, mercado e comunidade, cf. o ponto 3 do capítulo 6.

As configurações político-institucionais são modos de governação económica e social e servem também para fixar territórios, visto que elas agem, tal como a geografia, através de formas de *proximidade* (integram pelo acesso que proporcionam e pelas qualidades que fazem partilhar) e de *distância* (distinguem-se dos demais e traduzem-se em diferenciação do poder e da competitividade).

A propósito do fenómeno da globalização, hoje em dia tornado tema obrigatório de todos os discursos, a economia, assim como outras ciências sociais, tem insistido sempre no pressuposto da mobilidade (os capitais, tal como as pessoas e as empresas, escolhem localizações, em vez de se encararem como produtos de genealogias concretas e territorializadas). Contudo, uma visão ampla dos modos como a governação sócio-económica ocorre e a atenção a fenómenos como, por exemplo, o da formação dos sistemas urbanos, obrigam a que se reconheça que, em vez de uma concentração excessiva na ideia de mobilidade, importa dar atenção à formas densas de organização, obviamente assentes na proximidade e na co-presença.

Estamos assim perante a hipótese que quero sublinhar: os blocos regionais europeus, os territórios infra-europeus, definem-se e mapeiam-se através da geografia e das instituições. A minha ideia é que as cores desta mapa europeu tendem a reforçar-se, quer dizer, numa Europa a 27 o território fortalece-se devido a um enraizamento cada vez mais acentuado das dinâmicas económicas, sociais e políticas à volta dos grandes sistemas, cuja sede são os sistemas urbanos e cuja capacidade dinâmica é a sua espessura político-institucional. Os argumentos que apresentei pretendem sugerir a ideia de que, para além de serem lugares que se caracterizam por uma *massa* importante, estes territórios são também dotados de cada vez maior capacidade institucional de sustentação, expressa na densidade de relações que polarizam, e de que um bom indicador é a sua *conectividade*.[90]

5. A agenda europeia: federalismo fragmentário ou um território federal?

Tratados os aspectos da governação territorial, ocupar-me-ei agora de discutir a relação deste tema com o do que constitui a essência da dimensão transnacional europeia, isto é, aquele que é caracteristicamente o seu espaço

---

[90] De Paris saem 214 ligações diárias por caminho-de-ferro, com menos de 3:30 horas de duração, a uma velocidade superior a 90Km/hora (CRPM).

aterritorial. Refiro-me, evidentemente, aos processos pelos quais se produz o federalismo europeu, sabendo-se que ele varia entre *zero* (quando todas as políticas e todas as dinâmicas são geradas numa base nacional) e *cem* (quando o nível comunitário dita integralmente a governação da União).

Saliento desde já que não é da discussão jurídico-institucional[91] sobre a Constituição Europeia que me irei ocupar. De facto, não é da composição e natureza das chamadas instituições europeias, nem das relações entre elas, nem tão pouco dos métodos de tomada de decisão que cuidarei. O meu argumento é (como suponho que já se tornou claro) o da governação económica e social, assunto para o qual as estruturas materiais do espaço europeu, os comportamentos e a acção dos actores sociais (desde os Estados até às empresas e às comunidades regionais e locais) e as culturas práticas dos territórios são a matéria principal.

Definido o problema nestes termos, a questão central é agora esta: o caminho de uma Europa encarada como propus é o da fragmentação ou o da pujança? A resposta é, evidentemente, política e depende de opções de diversa natureza. Mas, para os fins da discussão que proponho neste texto, o problema pode ser equacionado do seguinte modo: como vai governar-se a Europa destes territórios? Como vai a Europa governar os seus territórios?

Num quadro deste tipo, o problema consiste em saber qual é a natureza do nexo que faz a ligação da diversidade europeia. Parto da seguinte ideia: numa Europa a 25 (em que, por causa da geografia e das instituições, a dimensão geográfica se torna num factor relevante e em que a ancoragem territorial do funcionamento da economia e da sociedade é tão significativa como a que aqui pressuponho) a evolução da governação europeia há-de ser sempre de tipo federal. De facto, o federalismo é justamente o espaço de regulação que transcende cada realidade infra-europeia e as coordena para além do que cada uma representa e dos factores que a estruturam. Mas a solução escolhida pode ir no sentido de um federalismo fraco ou de um federalismo forte.

Ao federalismo fraco chamo *subfederalismo* ou *federalismo fragmentário* e consiste na redução da agenda europeia ao estabelecimento de simples nexos de ligação entre as partes que a geografia e as instituições consolidaram e que são, por sua vez, a arena real de agregação de interesses e objectivos. Nestas circunstâncias, acentuam-se o papel e o significado das particularidades e as

---

[91] Sem, contudo, esquecer a enorme importância desta discussão.

diferenciações que existem entre elas. As relações de proximidade e as dinâmicas de aglomeração à volta de centros de carácter infra-europeu, embora de natureza plurinacional (o bloco alemão, o inglês, o mediterrâneo e outros de menor escala, como o ibérico...) predominarão. A geografia prevalecerá sobre o projecto. A distância entre blocos acentuará a proximidade que os dinamiza. Trata-se do resultado natural da ausência de um forte projecto Europeu (Dellors renascido ou um projecto federalista assente no espírito de Lisboa). A organização política e territorial europeia assentará apenas numa parte das virtudes europeias, a diversidade, mas esquecerá a unidade e a resultante é menor do que poderia ser. Num cenário desta natureza, o Báltico ficará muito longe da Ibéria e a Escandinávia muito afastada do Mediterrâneo.

A Europa é também isto tudo. Mas as relações de aglomeração política, social e económica infra-europeias não servirão, como podiam e deviam, de propulsor a uma Europa mais forte no plano mundial nem à projecção do modelo social Europeu. Estaremos perante uma Europa que se alarga mas tem dificuldades em aprovar uma regra constitucional[92] e em assumir um federalismo que projecte o seu modelo social, com a consciência de que ele é diferenciado mas são muitas as suas bases comuns e que é a política que as torna fortes e dinâmicas.

A hipótese alternativa está já equacionada. Baseia-se num *projecto* de coesão política e social. Na minha perspectiva, os territórios (quer dizer, a capacidade dos sistemas territoriais existentes, fazendo valer a proximidade em nome da qualificação de todo o espaço da União) têm igualmente uma importância essencial. Mas acontece que a diversidade e a densificação territorial têm usos diferentes consoante o *projecto* que os mobiliza.

Este rol de questões não dispensa um alargamento da discussão para dois outros planos: o do papel da Europa na economia-mundo e o da crítica às noções correntes (e vulgares) sobre a globalização. Relativamente a este último ponto, a ideia de partida é simples: as visões predominantes sobre a globalização têm de ser substituídas por perspectivas que compreendam três pontos importantes. Eles são os seguintes: as dinâmicas das sociedades e das economias estão fortemente enquadradas por ambientes institucionais que as influenciam e determinam e estes contextos são

[92] Cf. o que disse anteriormente sobre ordem constitucional e a distinção que faço relativamente às noções jurídicas do termo constitucional.

tão poderosos como diversos (ora, a Europa, como um todo é um dos mais fortes sistemas institucionais da economia-mundo); as capacidades competitivas das economias, quer no plano regional, quer no transnacional, não são apenas as que derivam dos custos do trabalho (o que conduziria a uma permanente opção pela desregulamentação, por parte das nações, e a uma permanente mobilidade, guiada pelos diferenciais de salários, por parte das empresas), sendo também muito importante aquilo que pode ser designado por *vantagem institucional comparada* das nações e dos territórios da economia-mundo; por ultimo, a cada território cabe uma espécie de *arbitragem institucional* (Hall e Soskice, 2003), pela qual 'escolhe' o lugar que quer ocupar nas relações competitivas à escala mundial e os factores que estruturam o seu modelo económico e social, o seu sistema de inovação e a sua forma de especialização.

Ora, é este último aspecto que me conduz ao tópico final desta reflexão, o do papel da Europa na economia-mundo. É com ele que regresso ao federalismo enquanto projecto europeu. De facto, a noção voluntarista que acabo de exprimir sobre as oportunidades de afirmação no plano global que cabe, nos dias de hoje, a cada economia e cada sociedade particular, seja ela regional ou transnacional, não me impede de sublinhar que tais capacidades são mais fortes se houver actores relevantes na ordem internacional que ajam como equilibradores e detentores de projectos de qualificação. Ora, a União Europeia é, na governação global, um agente de regulação da máxima importância.[93] Mas parece-me que esse papel só pode ser cabalmente cumprido se a posição europeia não for fragmentária, coisa que, na lógica do que acabo de propor, só pode realizar-se através de uma União federalmente forte.

6. Conclusão

As considerações anteriores valem, como conclusão, para pensarmos o nosso país. Portugal é um país com um sistema urbano incipiente e escassamente articulado. A evidência da sua necessidade é tão forte como as suas insuficiências. É incipiente perante os contextos externos: não é clara nem segura a sua

[93] Stiglitz (2003: 24) recorre a uma inventariação das fraquezas e das decepções das perspectivas globalistas para tornar evidente o papel da Europa na governação mundial. Mostra que na Europa se compreende que há mais de uma forma de capitalismo e de economia de mercado e que os esforços europeus para tornar a globalização mais equitativa "podem servir de modelo de referência ao resto do mundo".

inserção em sistemas peninsulares, mesmo os de escala regional. É escassa a sua articulação interna, quer à escala nacional, quer à escala infranacional. É certo que há bons exemplos de promoção de esquemas de qualificação do sistema urbano nacional. Eles são, sobretudo, bons exercícios de planeamento, mas estão longe de terem alcançado lugar nas políticas e mesmo nas visões dos actores regionais e nacionais. Penso nas reflexões já longas sobre a estruturação de sistemas urbanos regionais não-metropolitanos (no interior Norte e Centro, no litoral Centro, no Vale do Tejo ou no Algarve), que têm tido como finalidade "inventar" cidades médias num país de cidades pequenas. Penso mesmo nas discussões sobre o papel de Lisboa: não temos uma capital que nos respalde na Península e na Europa, mas nem a pequena capital que temos parece beneficiar de uma disposição do país para a fazer maior, isto é, para ser uma capital de um país que se qualifique através de uma prioridade política ao urbano, encarado de forma sistémica e inovadora.

Por isso, parece-me que ao governo das cidades em Portugal falta Estado (não há políticas urbanas e muito menos há políticas para o sistema urbano), não há redes (a não ser exemplar e intersticialmente), o mercado habita quase sozinho o palco que os outros actores lhe abandonam (e, portanto, ocupa de forma medíocre um palco medíocre) e a comunidade (elemento essencial de práticas urbanas qualificadas) confina-se sobre si própria, na ausência da vitalidade que alcança quando as políticas existem, as redes são desafiantes e o mercado é sofisticado; a comunidade sofre, pois, de uma hipertrofia solitária (que é a base do localismo, do regionalismo e do nivelamento por baixo).

O dilema é, contudo, este: nunca, como hoje, a cidade e os recursos urbanos foram tão centrais para um país como o nosso (por causa da 'globalização', dirão os que recorrem à explicação trivial; por causa de nos qualificarmos, dirão outros...) e nunca a matéria de trabalho esteve tão caoticamente apresentada. Contudo, permanece válido que "uma região é a(s) sua(s) cidade(s)" e cada vez é mais verdade que há-de ser uma cidade inovadora e consciente dos seus territórios...

CAPÍTULO 6

ESTADO, MERCADO E COMUNIDADE: A ECONOMIA PORTUGUESA E A GOVERNAÇÃO CONTEMPORÂNEA

Este capítulo tem dois objectivos principais. O primeiro é ensaiar um quadro de análise sobre a governação económica e, com isso, proceder a uma apresentação das características estruturais e das dinâmicas de uma economia nacional, a portuguesa. O segundo é sublinhar a intuição, por mim partilhada, de que tratar de um caso singular em economia é lidar com originalidades, contingências, trajectórias inesperadas.

O primeiro propósito – o estudo da governação – é uma tarefa ampla, necessariamente atenta a muitas dimensões. Para a finalidade deste artigo, vou, contudo, olhar para a governação apenas através de uma tentativa de operacionalização analítica das acções do *Estado* e do *mercado*. Adicionalmente, trato da *comunidade*, mas apenas para sublinhar, circunstancialmente, que aí reside um elemento-chave dos desempenhos económicos e de alguns dos seus equilíbrios. Por comunidade entendo as estruturas materiais internas da sociedade e as culturas práticas dos actores sociais. Isto é, refiro-me, em concreto, às fontes de heterogeneidade estrutural da sociedade portuguesa. Trata-se de aspectos largamente relacionados com o facto de Portugal ser um exemplo de capitalismo intermédio, dificilmente estruturado em termos modernos e articulado com a economia mundial de um modo limitado e tardio.

1. Governação, contingência e complexidade

Captar os mecanismos da governação para dar um sentido operativo às acções do Estado e do mercado significa que se privilegia o estudo das dinâmicas relacionais. A fenomenologia económica – onde certamente se encontra o incerto, o imprevisto e o original – é, nesta perspectiva, um campo de análise mais rico do que as visões deterministas e funcionalistas. Assim ganha sentido a ideia de que os mecanismos que governam e coordenam as economias e as sociedades contemporâneas são vários e que a sua acção é plural. De facto, as explicações monocausais raramente são satisfatórias. Acho, em especial, que a mais recente hegemonia das visões globalistas e a crítica que elas merecem acentuaram a necessidade de afinar um dispositivo de análise que dê muito mais atenção à complexidade das relações económicas. É isso que é apontado pelo que chamo a alternativa institucionalista ao funcionalismo globalista. Faz parte dessa alternativa a ideia de que a organização das economias continua a basear-se numa *tensão entre mobilidades e territorializações*. Contraria-se, assim, a exclusiva lógica de fluxos em que assenta o pressuposto globalista do privilégio da mobilidade, da deslocalização e do acesso rápido e instantâneo a tudo: mercados, factores de produção etc. De igual modo, entende-se também que a expressão da complexidade se encontra no papel das *instituições*[94], que são a *espessura* do território, contrariando o pressuposto da auto-suficiência da regulação mercantil. Por isto mesmo, o quadro preciso de funcionamento de uma economia apresenta-se frequentemente delimitado por relações institucionais complexas e por um jogo de forças e de dinâmicas de evolução que resultam, designadamente, da tensão, acima referida, entre mobilidades e territorializações.

2. A economia portuguesa: trajectórias, originalidades, imprevistos

Ao longo das décadas mais recentes, Portugal, enquanto economia, registou muitas mudanças e originalidades assinaláveis. Por exemplo: passou, subitamente, a assentar a sua integração europeia numa integração ibérica de proximidade; tornou-se num investidor líquido no estrangeiro; o investimento directo estrangeiro no país, que nunca foi elevado, deixou de ser significativo;

---

[94] A *tensão entre mobilidades e territorializações* e as *instituições* são dois dos quatro pilares em que baseio uma alternativa institucionalista para a análise das dinâmicas e das formas de organização das economias contemporâneas (vejam-se os Capítulos 2 e 5). Outro pilar é o do reconhecimento dos *limites da racionalidade e da organização*. Sabemos que o pressuposto da mobilidade e os grandes "desenhos" do mundo têm sempre por trás a ideia de que há superactores sociais, clarividentes e plenamente informados, que agem com grande intencionalidade e total racionalidade. Contudo, a hipótese da absoluta racionalidade e intencionalidade das acções humanas tem sido sempre confrontada com limites, restrições morais, dependências relacionais e capacidades apenas parciais de processamento de informação. Veja-se Herbert Simon (1982) e Kenneth Arrow (1974a), como exemplo de economistas sofisticados que baseiam as suas obras em pressupostos deste tipo.

Por isso mesmo este é mais um dos quatro pilares a *incerteza* e a *contingência* são elementos dos processos inovadores, com um lugar muito mais central do que o que lhes é dado pelos modelos racionalistas, visto que estes reconhecem apenas as práticas rotinizadas dominantes. É na medida em que se valorize este pilar que se recuperam as dimensões morais e humanas da vida. E é este pressuposto que nos permite entender que, nos processos de desenvolvimento e de inovação, as trajectórias inesperadas são coisa certa.

as suas exportações industriais já não se baseiam especialmente no têxtil e vestuário; passou a atrair um número elevado de imigrantes; utiliza fortemente poupança externa para as novas estratégias de consumo das famílias; as relações financeiras tornaram-se centrais no seu envolvimento externo. Dir-se-ia que tudo isto (mesmo o imprevisto) é natural numa fase de globalização da economia e de uma grande centralidade do mercado.

A verdade, porém, é que são muitos os sinais de que uma explicação deste tipo é demasiado limitada e aponta frequentemente em sentidos opostos. Dou três exemplos. Primeiro, é natural esperar-se que o papel do mercado e a influência da globalização conduzam ao alargamento das relações de troca, numa escala espacial sempre mais ampla e tendencialmente igual à do mundo. Contudo, acontece que o espaço geográfico em que a economia portuguesa assenta as suas trocas é cada vez menor. Segundo, se consideramos a terciarização das economias um processo determinado pela preponderância crescente dos serviços económicos e do mercado, sucede que, diferentemente, a predominância terciária da economia portuguesa resulta de um papel central do Estado e dos serviços que ele fornece. Terceiro, se acharmos que a integração europeia acelera a circulação de capitais produtivos numa pequena economia, verifica-se, pelo contrário, que a economia portuguesa está a receber pouco investimento, ao mesmo tempo que tende a assumir o papel de investidor em países não-europeus.

Como é que damos sentido a estes processos? Um pequeno exercício teórico retrospectivo permite situar melhor as minhas proposições. Portugal é uma economia europeia de desenvolvimento intermédio. Esta velha hipótese de trabalho, que se filiava na visão da economia-mundo de Immanuel Wallerstein (1974), pressupunha que a sociedade portuguesa conjuga características do centro e da periferia (o que lhe dá o seu carácter intermédio) e, adicionalmente, desempenha funções de intermediação no interior do próprio sistema-mundo. Tal hipótese, que levou a qualificar a economia portuguesa como semiperiférica, originou um amplo programa de pesquisa.[95] Esse programa conteve sempre elementos críticos assinaláveis, os quais convocavam tensões criativas com a visão original. Saliento uma dessas críticas. Duvidava-se que, para captar as especificidades da economia portuguesa, a

---

[95] Tomo como exemplo o programa de investigação desenvolvido pelo Centro de Estudos Sociais. As principais conclusões estão publicadas em Santos (1993b). Dei o meu contributo em Reis (1993).

função de intermediação fosse relevante ou, pelo menos, tão relevante como as suas características estruturais intermédias. Por isso, defendia-se que a determinação das suas dinâmicas pela sua inserção estrutural, isto é pelo seu papel funcional dentro do sistema mundial, devia ser severamente sujeita a um confronto com outras hipóteses, designadamente a de que a proximidade e as territorialidades são particularmente significativas nas trajectórias seguidas pela economia. É a presença de relações institucionais complexas, de oportunidades desencadeadas pela proximidade física ou cultural, de articulações entre modos plurais de governação económica que nos ajuda a reconstruir o sentido destes processos. Tais relações formam redes – bem mais amplas do que as que resultam das relações mercantis – que mobilizam especificidades e capacidades inesperadas da sociedade. E isso dá lugar a uma diversidade de modos de governação, tornando-se, assim, compreensível que a determinação estrutural não é o único factor explicativo com que temos de lidar.

Recuemos um pouco na história económica. No início do século XIX, por volta de 1830, a economia portuguesa registava um nível de criação de riqueza por habitante (medido pelo produto *per capita*) comparável aos de outros dez países europeus desenvolvidos, fossem eles de grande ou de pequena dimensão.[96] Portugal detivera uma posição importante no capitalismo comercial em que se baseou a economia-mundo subsequente ao século XV. Contudo, o processo de crescimento moderno, representado sobretudo pela disseminação da revolução industrial, fez entrar a economia portuguesa numa trajectória de empobrecimento relativo, em que a dominação informal da Inglaterra, uma pauta alfandegária liberal e a ausência dos recursos necessários à chamada primeira industrialização ocuparam lugar de relevo.

É certo que os anos 20 e 30 do século XX trouxeram os primeiros vislumbres de industrialização, com crescimento económico assinalável, em termos relativos, e o lançamento de uma política de substituição de importações. Eram os primeiros passos de uma nova indústria, já ligada à exportação. No pós-guerra, um processo industrialista relativamente intenso, baseado na hidroelectricidade e nas indústrias de base (química, siderurgia, cimentos), desenvolveu o mercado interno e consolidou uma matriz industrial com inter-relações produtivas modernizantes, alheias à ideia clássica e errada

[96] Sigo a análise e os dados de Gonçalves (1998).

de que Portugal tem sido sempre um simples país agrícola. Contudo, os resultados alcançados acentuaram a natureza autárcica, administrativa e não concorrencial da trajectória económica, fechando a economia portuguesa num quadro em que a ausência de modernização social e política era gritante (Reis, 2003b: 33-35).

Estes acontecimentos têm lugar durante o período em que uma ditadura retrógrada, colonial e isolacionista submeteu o país (1926-1974). É este o tempo em que outras economias europeias haveriam de entrar no círculo virtuoso fordista, isto é, na modernização intensiva e no crescimento sustentado dos "trinta anos gloriosos" entre o pós-guerra e a crise do petróleo de 1973. Em Portugal, foi um período em que "nação e império [eram] categorias fundamentais na estratégia política e económica" (Murteira, 1997: 93). Entretanto, acontecimentos como a participação na criação da Associação Europeia de Comércio Livre, EFTA (Convenção de Estocolmo, em 1960) e o acordo com a Comunidade Económica Europeia, CEE, de 1972, foram relevantes. Mas só excepcionalmente a economia deixa de funcionar num ambiente protegido, condicionado e administrativamente regulado.[97] Trata-se de um contexto em que é sempre saliente a intervenção do Estado e em que as iniciativas para gerar um adensamento da capacidade de organização interna da indústria foram sempre frustradas. As indústrias mecânicas e eléctricas consolidaram-se ao lado dos sectores do têxtil, do vestuário e do calçado, que representavam o "excesso de especialização" da nossa estrutura produtiva, mas o seu desenvolvimento foi débil. A abertura ao envolvimento externo, enquanto "tendência de longo prazo dominante na trajectória portuguesa" (Murteira, 1997: 94) não se fez, pois, sem grandes dificuldades. Essa abertura, possibilitada pelo aprofundamento da integração no espaço europeu, foi "relutante" e esteve marcada por fortes particularidades. Afinal, estávamos em presença de uma economia "duradouramente periférica", sujeita a uma "regulação condicionada", cujo traço mais saliente foi um crescimento sem qualificação do conjunto da sociedade.

Por isso, um factor-chave da compreensão das incapacidades de endogeneização do crescimento industrial dos anos 50 e 60 é a emigração, que foi a forma mais intensa de inserção internacional da economia portuguesa. De

---

[97] A excepção mais notória, porventura a única, é o desenvolvimento de um sector de construção e reparação naval, em 1961, dirigido ao mercado internacional. A crise do petróleo haveria de fazer deste processo um acontecimento transitório.

facto, nas décadas de maior abertura da economia, "a principal exportação para os mercados europeus foi uma mercadoria muito particular, a mão-de-obra" (Reis, 2003b: 41) – uma integração "por via da 'economia do trabalho'", como sublinha Mário Murteira (1997: 96), que assinala devidamente o facto de o "económico" e o "humano" terem em Portugal um alinhamento inverso do que se registou noutras economias semelhantes, visto que, no caminho português, o desenvolvimento dos recursos humanos vai atrás do crescimento. Vários aspectos estarão com isso relacionados. Por exemplo, o facto de só a partir da adesão à CEE as exportações portuguesas aumentarem mais do que as exportações mundiais, pois até aí, e apesar da abertura da economia, Portugal não beneficiou da expansão do comércio internacional. Só a partir de meados da década de oitenta é que as exportações portuguesas alcançaram um patamar, de que ainda hoje não saíram, correspondente a cerca de 20% do PIB.

É também relevante a circunstância de, ao lado da emigração, do desenvolvimento de uma matriz de indústrias básicas e de uma tendência para a extroversão, a formação social portuguesa ter sempre um "recurso à mão", usado como bem "livre": a plasticidade das suas estruturas internas. Refiro-me, por exemplo, ao meio rural e às pequenas estruturas urbanas, de carácter não-metropolitano, aos territórios onde se combinavam actividades de diferente natureza, espécie de reserva do desenvolvimento, ao sector informal e às estratégias familiares flexíveis. Foi assim que se geraram dinâmicas ou efeitos de compensação de vária ordem. Alguns têm características "defensivas", como as relações entre uma agricultura de natureza complementar e informal e mercados de trabalho dinamizados pela indústria ou pelos serviços de pequena e média dimensão e baixos salários. Outros são mais "activos", como acontece quando a multidimensionalidade das economias familiares gera formas de reprodução social mais avançadas do que os indicadores formais deixariam supor. Outros ainda são portadores de capacidade inovadora, como os sistemas produtivos locais onde se adensam capacidades produtivas relevantes para o conjunto da economia (em várias especializações locais conhecidas).[98]

Em resumo, estamos, portanto, perante uma economia que gerou autarcicamente uma industrialização periférica, que se inseriu nos mercados

---

[98] Para uma análise centrada em perspectivas territorialistas cf. Reis e Négrier (1998) e Reis (2000).

internacionais de mercadorias de forma difícil (visto que a exportação de mão-de-obra representou uma inserção mais intensa do que a de produtos), que convocou repetidamente as especificidades internas para calibrar a sua organização e atingir alguns equilíbrios. É esta mesma economia que hoje conhece novos processos de mudança.

3. Estado, mercado e comunidade: a coordenação da economia

Portugal é uma economia periférica na Europa, o que a distingue radicalmente da perificidade absoluta que ocorre no quadro do sistema mundial. Olhemos, contudo, para a sua estrutura interna. O mercado, o Estado e as hierarquias empresariais não têm a mesma robustez e capacidade de auto-sustentação – a mesma força e a mesma autonomia – que encontramos nos sistemas de governação predominantes na Europa. Pelo contrário, dependem mais fortemente uns dos outros e registam, cada um, debilidades assinaláveis. A dependência do Estado perante grupos de interesse é forte. Contudo, é o próprio Estado que desenha os aspectos principais das relações económicas, visto que a capacidade empresarial e da sociedade civil para desencadearem iniciativas activas, independentes e suficientemente estruturadas é fraca. Um Estado fraco é, pois, um actor público central perante agentes civis ainda mais fracos. O papel estatal é crucial no estabelecimento de consensos e de opções, na definição de regras de concorrência, na integração em regimes internacionais ou no que diz respeito aos custos da força de trabalho e do bem-estar da população. Da mesma forma, as condições infra-estruturais da economia e da sociedade, devidas em muito às contribuições dos fundos estruturais da União Europeia, tornaram-se elementos-chave do desempenho económico e são poderosos elementos de geração de economias externas, designadamente em sectores como os da engenharia.

A comunidade, por seu lado, sendo também fraca quando se trata de se exprimir autonomamente, é forte em situações defensivas, isto é, quando se apresenta como factor de compensação das debilidades de outros mecanismos de coordenação da vida colectiva ou quando se trata de desenvolver iniciativas intersticiais, associadas à vida local, à iniciativa de pequena dimensão, às relações salariais ou até a formas de inovação social. Em sociedades deste tipo, a urbanização é mais difusa, os contextos de ruralidade transformam-se através mecanismos diferentes dos que marcaram a modernização agrícola na Europa – em que prevaleceu a chamada "industrialização" da agricultura , as estruturas produtivas industriais baseiam-se em modelos de especialização e de qualificação que, na ausência de transformações espectaculares, revelam *gaps* muito fortes relativamente aos outros sistemas, sendo também notória a sua dependência face a processos e sectores ditos "tradicionais".[99]

O exercício que se segue parte do pressuposto de que a economia é formada por um conjunto de dispositivos institucionais que agem como mecanismos de coordenação dos actores económicos e sociais. Pretendo, através desta análise, captar as formas, os processos materiais que melhor representam e caracterizam cada um deles. No mesmo passo, procuro mostrar os limites da governação mercantil e a interligação estreita entre os vários mecanismos de coordenação da economia e da sociedade.

3.1. O mercado: um lugar de governação cada vez mais estreito?

O que é o mercado? Esta é, porventura, a pergunta menos respondida pela teoria económica. Não tratando agora das dimensões teóricas do problema, uma questão elementar e muito prática é a de saber como podem representar-se, de um ponto de vista empírico, as relações mercantis que caracterizam globalmente uma economia nacional. Consideremos os planos interno e externo. As relações mercantis externas indicam a dimensão e as características dos mercados internacionais e podem observar-se nas trocas comerciais externas, nas relações financeiras (incluindo aí o investimento nacional no estrangeiro e o que o país recebe proveniente do exterior) e na mobilidade das pessoas (procurando serviços, como o turismo, ou procurando trabalho). As relações mercantis internas podem representar-se na organização da produção e do emprego, na especialização internacional, na estrutura empresarial e no mercado do trabalho.

Numa análise deste tipo, não tardará a verificar-se que muitos dos aspectos que compõem esta realidade empírica não se limitam a exprimir relações mercantis. Certamente que aí encontraremos também o Estado e a comunidade. Quer dizer, a regulação mercantil não existe separada da regulação institucional nem das relações societais, sejam elas formais ou informais. Ao mesmo tempo, tão difícil como responder à pergunta sobre o que é o mercado é definir materialmente o Estado. Se não se tratar apenas de delimitar o aparelho estatal ou, por exemplo, avaliar o peso da despesa pública na economia, e se, mais ambiciosamente, quisermos definir a regulação pública e institucional, então é muito largo o conjunto de questões que se abre, apontando

---

[99] Por exemplo, a indústria portuguesa que, nas últimas duas décadas, mais reduziu as diferenças de produtividade foi a que é classificada como de baixa intensidade tecnológica.

para a ordem relacional e para a contratualidade política e social. Qual é, por exemplo, a forma de conceber a integração europeia? Sabe-se que ela resulta de uma decisão pública e política e desencadeia a criação de novas regras e novas normas. É um assunto da acção estatal e não um simples processo de integração ou alargamento de mercados.

Neste sentido, procuro agora mostrar[100] que o mercado internacional em que a economia portuguesa se envolve é geograficamente estreito, que a transformação da especialização produtiva é o resultado de relações internacionais limitadas, que a emergência de uma economia terciária deve mais ao Estado do que às dinâmicas do mercado, que a produção interna é insuficiente para financiar a economia nacional e que a presença mais impressiva nas relações internacionais é o resultado de processos inesperados.[101]

As trocas com o exterior: o 'fechamento' europeu e ibérico da economia portuguesa

Nas décadas recentes, a característica mais marcante da articulação da economia portuguesa com os mercados internacionais de bens e serviços foi o estreitamento da sua geografia relacional. Duas imagens claras exemplificam do que se trata: em 1970, a estrutura do comércio externo de Portugal mostrava que os 15 países que constituíam a União Europeia no início de 2004 eram destino para apenas 52% das mercadorias exportadas por Portugal (65% em 1980). Hoje, eles representam cerca de 80%, sendo este valor praticamente estável desde a adesão, em 1986. A Espanha, que recebia 1,6% das exportações portuguesas em 1970, 3,6% em 1980 e 10,8% no período 1986-1990, foi em 2003 o destino de 22,7% das mercadorias portuguesas enviadas para o exterior. Em suma, encarada a partir das trocas internacionais de mercadorias, a posição de Portugal na economia mundial é sobretudo um lugar na Europa e a posição de Portugal na Europa é sobretudo um lugar na economia ibérica.

Estes dados não são apenas aritmética do comércio externo português. Para além de evidenciarem uma geografia limitada, eles revelam que esse comércio resulta de uma forte realidade institucional, mais do que económica. É o quadro institucional da integração europeia que estrutura e deter-

---

[100] Salvo indicação em contrário, a informação quantitativa que uso neste ponto 3.1. resulta dos dados disponibilizados pelo Banco de Portugal no seu *site*.

[101] No capítulo seguinte analiso mais em detalhe as novas dinâmicas da economia portuguesa, dando particular atenção à sua "iberização" e ao papel dos movimentos de capitais.

mina em grande parte o relacionamento externo da economia portuguesa. A importância crescente das relações infra-europeias baseadas na proximidade – criando uma espécie de integração sub-regional dentro da Europa – é também clara. Adicionalmente, revela-se a condição específica da vizinhança entre dois países que nunca tinham sido parceiros económicos de relevo e que reinventaram a proximidade num contexto de integração num espaço institucional e político mais largo. Ou seja, a ideia abstracta de mercado (espaço geonómico, livre, universal e aterritorial) é aqui confrontada com os mecanismos das relações territoriais, das redes, da diminuição dos custos de transacção, da governação institucional.

A economia portuguesa é, pois, crescentemente a economia de um espaço intra-europeu e a de um dos sistemas da macro-regulação europeia, neste caso o ibérico.[102] Nos dias de hoje predomina um discurso sobre a globalização em que o mundo é visto como se fosse apenas a economia e a economia é vista como se fosse o mundo. Ora, tem de nos causar alguma perplexidade que a geografia de uma economia aberta europeia seja um pequeno espaço do mundo, e que se trate de um espaço protegido e institucionalmente construído.

A especialização internacional: o fim da mono-especialização

Estas mudanças da geografia do comércio externo foram acompanhadas de mudanças na estrutura produtiva interna. Na indústria, considerando a criação de riqueza, predomina hoje a produção de bens da fileira "metálica e electrónica" (máquinas e equipamentos metálicos, material de transporte e componentes metálicas, eléctricas e electrónicas). O "têxtil, vestuário e calçado" já não é o sector que representava uma espécie de mono-especialização internacional da economia portuguesa. De facto, a fileira metálica representa hoje 23,4% do valor acrescentado industrial, enquanto a fileira têxtil constitui 20,9%.[103] Nas exportações, os valores respectivos são 35,5% e 23,6%.

Esta bi-especialização distingue a economia portuguesa de outras com que é possível compará-la. Por exemplo, a economia espanhola acentuou a

---

[102] Dediquei-me a uma apreciação da governação territorial na Europa no capítulo anterior deste livro.

[103] No emprego, a fileira têxtil representa 33,3% e a fileira metálica 20,9%, o que indica a grande diferença de produtividade entre ambas (a produtividade da segunda é 1,8 vezes a da primeira).

sua especialização na fileira metálica e electrónica (41,2% das suas exportações *vs.* 35,9% em Portugal) e é muito menos dependente da fileira têxtil, vestuário e calçado (6,6% *vs.* 23,6%). Por outro lado, as exportações de Espanha assentam mais do que as portuguesas em produtos alimentares (11,9% *vs.* 4,2%) e nos produtos químicos (10,4% *vs.* 5,7%), o que nos dá ideia de que a economia espanhola tem uma estrutura de relacionamento com o mercado internacional mais densa e sofisticada que a portuguesa. É na comparação com a Grécia que a estrutura das exportações portuguesas se revela mais favorável, pois aquela é menos robusta na fileira metálica e electrónica, assemelha-se à portuguesa no têxtil, vestuário e calçado e não revela mais nenhum sector de especial significado. Outro tanto não se passa com a Irlanda (um país periférico e em rápida transformação estrutural), pois neste caso a indústria química e as máquinas e o material de transporte representam só por si 74,3% das exportações deste país, tendo perdido significado os sectores considerados tradicionais.

A mudança ocorrida em Portugal nestes domínios deveu-se ao papel exercido pelo investimento estrangeiro. Sucede, porém, que estamos perante uma pequena fracção de capital, de volume limitado, e agindo apenas num segmento da indústria nacional, embora num segmento importante. Os efeitos que produziu na especialização produtiva e na estrutura das exportações foram, contudo, muito significativos. As diferenças internacionais de salários e a presença de subcontratados potenciais de fácil acesso nos sectores tradicionais foram, certamente, factores explicativos importantes do que aconteceu. Tratou-se, pois, do aproveitamento de uma oportunidade oferecida por condições internacionais desiguais no plano salarial. Foi, contudo, uma oportunidade insuficiente para qualificar significativamente a estrutura industrial, pelo menos em termos comparáveis aos da Espanha e da Irlanda.

A emergência de uma economia terciária: uma economia de serviços pública

A emergência de uma economia de serviços é geralmente considerada um sinal de novos desempenhos económicos. O crescimento terciário dinamiza os mercados em novas áreas (serviços às empresas, desenho organizacional, processos de inovação). Ele é também um indicador da presença de processos não-materiais e intelectuais que alteram a composição do valor criado.

A economia portuguesa há muito que deixou de ser uma economia agrícola, já se disse. De 2000 para cá, a agricultura origina menos de 4% da riqueza produzida, embora ainda represente quase 10% do emprego. Estamos, portanto, perante uma economia terciarizada, pois a própria indústria transformadora representa hoje em dia apenas 18% do produto e 19% do emprego. Trata-se, como se sabe, de traços comuns à generalidade das economias que se industrializaram e amadureceram as suas estruturas produtivas, os mercados de trabalho, as formas de consumo e de reprodução social.

Uma perspectiva comparada é, também aqui, bastante esclarecedora. A economia portuguesa compara-se com a da UE-15 do seguinte modo (considerando a estrutura da criação de riqueza, isto é, o produto): esta última é mais terciária (70,1% *vs.* 66,9%), um pouco mais industrial (19,3% *vs.* 18,2%) e menos agrícola (2,3% *vs.* 3,9%). As maiores disparidades absolutas registam-se no sector da construção (5,4% *vs.* 7,8%) e, especialmente, dentro do sector dos serviços. De facto, se decompusermos este sector em serviços não-mercantis (maioritariamente representados pelos serviços prestados pelas administrações públicas) e em serviços económicos, verifica-se que um nível global quase idêntico de terciarização da economia tem, contudo, um significado diferente para os dois subconjuntos: em Portugal a economia de serviços tem uma forte influência do desenvolvimento de serviços colectivos de natureza pública ou social (a relação UE-15/Portugal é 21,7% *vs.* 27,2%), enquanto na União Europeia o sector dos serviços é muito mais estruturado à volta do subsector dos serviços económicos (a relação UE-15/Portugal é 48,4% *vs.* 39,7%). De facto, o próprio crescimento dos serviços em Portugal desde o início da década de oitenta (23% contra 17% na UE-15) regista sobretudo o efeito dos serviços colectivos (que crescem 36% em Portugal e 5% na UE-15), enquanto os serviços económicos só crescem 15% no nosso país (24% na UE-15).

Este é um ponto onde se regista uma grande sobreposição entre Estado e mercado. Isto é, se considerarmos a terciarização das economias como um processo que ilustra bem as dinâmicas contemporâneas do mercado (pela inovação, diferenciação e qualificação que implica), então estamos perante um espaço de governação mercantil débil. O lugar deixado pelo mercado é preenchido pela terciarização pública, através dos serviços sociais não-transaccionáveis.[104] O Estado tende, pois, a ficar sozinho nas dinâmicas de

---

[104] Bens não-transaccionáveis são aqueles que não estão sujeitos à concorrência externa: são fundamentalmente serviços ou, por exemplo, transportes. Isto é, aqueles bens que, dada a natureza específica da sua oferta e do seu consumo, têm o seu mercado territorialmente delimitado.

terciarização. Não substitui o mercado, dado que não faz o que ele deixa de fazer, mas ganha a importância percentual que aquele deixa "livre".

As relações com o exterior e o investimento directo: novas e velhas questões

Em termos quantitativos, a economia portuguesa nunca recebeu montantes muito elevados de investimento directo por parte de empresas estrangeiras. Isso não significa, evidentemente, que não fossem significativos os efeitos modernizadores desse tipo de investimento. A seguir a 1986, data da adesão às comunidades europeias, registaram-se, como já vimos, fortes entradas de capitais, por esta via, na economia portuguesa. No período 1988-1992, o investimento directo exterior em Portugal terá sido, em média, da ordem dos 3% do PIB. Tratou-se, essencialmente, da entrada de capitais estrangeiros em sectores de exportação, designadamente no sector automóvel e electrónico, não sendo, portanto, alheio às alterações já referidas na especialização industrial e na estrutura das exportações. Contudo, a partir de meados da década de noventa o investimento directo passou a ter pouca importância nas necessidades de financiamento da economia, apesar de o *stock* mundial de investimentos no exterior ter crescido a uma média anual de cerca de 15% e de vários países europeus se destacarem entre os principais importadores de capital. Portugal representa apenas 0,5% do total captado pela Europa, sendo o Investimento Directo Estrangeiro (IDE) apenas 6% do investimento total realizado no país, quando esta relação é 18% na UE, 11% em Espanha e 48% na Irlanda (DPP, 2003).

Ao mesmo tempo que isto acontecia, registou-se um fenómeno absolutamente novo: a economia portuguesa tornava-se investidora líquida no estrangeiro. Isso aconteceu de 1998 até 2002. O Brasil foi o principal mercado de destino do investimento português, pois captou 39% do investimento português no exterior no período 1996-2001. Na União Europeia, não é de estranhar, pelo que já se disse, que Espanha tenha sido o principal destino (22%). É significativo que o sector dos serviços e, dentro dele, as actividades imobiliárias e os serviços às empresas, os bancos e as empresas de distribuição se destaquem tanto no investimento estrangeiro recebido como no que o país realiza no exterior (*idem*).

As relações de financiamento da economia: o défice perante o exterior

Portugal é uma economia constantemente deficitária. Importa mais mercadorias do que exporta (em 2001-2003, o saldo negativo foi de cerca de 10% do PIB). Gera excedente na prestação de serviços (através do turismo), mas esta vantagem (cerca de 3% do PIB) fica longe de compensar a desvantagem anterior. Quer dizer, o turismo é uma função significativa da inserção de Portugal na economia internacional e nas mobilidades que a caracterizam (neste caso, a mobilidade de pessoas na procura de serviços), mas o seu efeito económico é limitado. Limitado é também o efeito das remessas dos emigrantes (que tendem a situar-se entre 2% e 3% do produto, depois de terem atingido 12,6% em 1979). A balança de capital, onde se incluem as transferências da União Europeia sob a forma de fundos estruturais (e cujo saldo, em velocidade-cruzeiro, se situa em níveis idênticos ao das remessas dos emigrantes), é habitualmente excedentária. Contudo, é um dado estrutural que a economia portuguesa necessita de obter financiamento no exterior, isto é, necessita de usar poupança exterior, expressa em movimentos financeiros. O saldo dos movimentos de investimento do estrangeiro e no estrangeiro, os saldos do investimento de carteira e as operações de financiamento bancário constituem o essencial das relações financeiras (registadas na balança financeira) com que a economia portuguesa supre as necessidades resultantes das balanças correntes e de capital. Em 2001-2003, a economia portuguesa usou poupança externa em níveis que equivalem a quase 6% do PIB. O investimento directo tem sido, neste período, um meio de saída de poupança, pois, como já vimos, a economia portuguesa tornou-se investidora líquida no estrangeiro. Mas o traço essencial do funcionamento da economia portuguesa contemporânea está neste consumo recorrente da poupança dos outros.

A entrada de poupança exterior na economia portuguesa é assegurada principalmente através dos bancos comerciais, que se financiam junto de entidades exteriores, procurando meios para prosseguir a suas políticas de concessão de crédito. Estas têm sido, aliás, extraordinariamente activas, num contexto em que os padrões de consumo das famílias portuguesas se alteraram muito, passando a incluir explicitamente estratégias de endividamento (o endividamento dos particulares representava, em 2002, 103% do seu rendimento disponível).

O equilíbrio entre criação de riqueza e dispêndio de riqueza não é, portanto, garantido internamente. O mercado enquanto lugar de produção é fraco. Ele é, contudo, activo enquanto lugar consumo. O equilíbrio só se restabelece através do recurso a poupança externa e usando as margens de manobra oferecidas pelo modo com as famílias organizam a gestão do seu endividamento.

O mercado do trabalho e a mobilidade internacional de trabalhadores: a imigração como fenómeno original

Portugal não é uma economia com uso escasso de mão-de-obra. Os seus cerca de 10,4 milhões de habitantes têm uma participação elevada no mercado de trabalho (51,8%, em 2003, no total). Isto acontece tanto para os homens como para as mulheres. Na faixa dos 15 aos 64 anos, 78,5% dos homens são activos no mercado de trabalho. O mesmo acontece para 65,7% das mulheres: uma das taxas mais elevadas na Europa. A taxa de desemprego era, em 2003, cerca de 6,4%, mas o seu valor em anos anteriores situava-se na proximidade dos 4%. Contudo a eficiência do uso desta mão-de-obra não é elevada.

A grande novidade do mercado de trabalho nacional é a intensa imigração registada nos últimos anos. Contabiliza-se em quase 500 mil o número de imigrantes, vindos de África, do Brasil e do Leste europeu que hoje estão em Portugal. Devido à sua expressão quantitativa e a um conjunto de características originais (proveniência, dispersão no território, qualificação e traços culturais) esta é uma das mais impressivas marcas sociológicas do nosso país na passagem de século (só comparável, porventura, à vaga de retorno de nacionais na sequência da descolonização).

3.2. O Estado e as instituições: contratualidade e externalidades

Não são só as estruturas materiais e relacionais dos mercados, da produção e do consumo que formam a economia. As instituições, as culturas de decisão, os comportamentos, a governação e as atitudes relacionais dos actores económicos e sociais são também economia. É necessário um paradigma económico mais amplo do que o que assenta na racionalidade do mercado para observar o modo como se estabelece a coordenação dos actores económicos, como se constrói a *espessura* do mercado, do Estado, da comunidade.

Na análise que se segue, procura-se demonstrar em que consiste, no essencial, o papel do Estado enquanto agente de coordenação da vida colectiva interveniente na economia portuguesa. Vai insistir-se numa visão relacional e numa óptica de contratualidade. Procura-se demonstrar que o Estado "calibra" as debilidades do mercado e também lhe consagra o âmbito de actuação em que este é capaz de agir: por exemplo, vamos encontrar o Estado enquanto agente de delimitação da capacidade relacional do mercado, em termos geográficos, ao estabelecer um regime internacional assente na União Europeia.

O papel do Estado: a ordem relacional e as externalidades da economia

A centralidade do Estado na economia portuguesa é grande porque é grande o seu papel na estruturação dos comportamentos dos actores sociais e das relações que estes estabelecem. De facto, os intervenientes no processo económico colocam-se numa grande dependência dos papéis que o Estado assume para estabelecer contextos de acção, fixar significados, estabelecer consensos (Reis, 2001b).

Há, assim, uma contratualidade implícita nas relações entre o Estado e a economia. A este tipo de contratualidade chamo *ordem relacional*. A demonstração deste papel do Estado não se encontra nas estatísticas nem resulta de uma dedução aritmética. Está directamente ligada a uma interpretação das dinâmicas relacionais. Ora, se considerarmos a construção da ordem económica saída da democratização (na década posterior a 1974), o que encontramos é, numa primeira fase, um forte papel estabilizador exercido pelo Estado, em vista da necessidade de criar uma estrutura de direitos sociais até à época inexistente (direitos sindicais, laborais, salariais, direitos reguladores da segurança social, da saúde) e de qualificar as gerações futuras (com papel preponderante para a educação e para a formação profissional). Ainda nesta fase, a própria estabilização das variáveis macro-económicas é essencialmente um papel solitário do Estado, pois a regulação das relações monetárias externas, a condução da capacidade de troca, o desenvolvimento do crédito, o enquadramento da produção e do consumo, e até a salvaguarda da capacidade produtiva, tiveram lugar na ausência de parceiros sociais fortes e, sobretudo, autónomos e construtivos.

O quadro relacional da economia portuguesa na sua fase democrática teve, assim, o Estado no seu centro. Assim com o teve na fase da ditadura, com funções radicalmente diferentes. E o mesmo haveria de acontecer na fase que tem como epicentro a adesão à CEE (1986), em que o ambiente relacional da economia se estabilizou em novos termos. Tornaram-se então significativas as dinâmicas de urbanização, o planeamento, o financiamento das infra-estruturas básicas, o desenvolvimento dos transportes, dos serviços públicos sociais, o desenvolvimento da engenharia, entre muitos outros aspectos.

O Estado é, assim, um criador de externalidades.[105] A produção de capital fixo social, de infra-estruturas modernizadoras, de qualificação geral da

---

[105] Uma externalidade positiva, em economia, é uma criação de benefícios para o conjunto dos agentes.

sociedade é um grande domínio de concretização material da função estatal. É compreensível que seja assim num país que, na década de setenta, entrava num processo de democratização, não apenas política mas também social. Tanto os direitos sociais e a qualificação humana quanto a modernização infra-estrutural exigiam esse capital fixo. No primeiro domínio estavam as infra-estruturas de educação, saúde, formação profissional. No segundo estavam as estruturas de mobilidade, bem-estar urbano, bem-estar individual, assim como os contextos materiais de funcionamento das empresas. Pode imaginar-se como este papel do Estado foi impressionante.

A externalidade europeia: uma opção quasi-constitucional

Este papel do Estado haveria ainda de ser particularmente significativo quando foi tomada uma opção estrutural e *quasi-constitucional* para a ordem económica: a integração europeia. O Estado criador de externalidades tem, de facto, a sua actuação decisiva na criação do que aqui vou chamar a *externalidade europeia*, a qual foi um assunto eminentemente político e institucional. Nesta matéria, como noutras, o Estado e a política avançaram antes da sociedade.

O que estou a designar deste modo ("externalidade europeia") plasma-se num universo muito amplo de estruturas relacionais: no modelo social e político de referência, na lógica de regulação económica predominante (concorrência, modelo científico e tecnológico...), nas relações de mobilidade e, sobretudo, num contexto modernizador como aquele que a fase Delors instituiu na Comissão Europeia. A integração é, portanto, muito mais do que um processo de transferências monetárias, no âmbito da coesão social europeia. Para além dos aspectos político-institucionais e sociais, já vimos como, por exemplo, o contexto do comércio externo se redefiniu significativamente com a integração europeia. Mas é inquestionável que o processo de modernização infra-estrutural desencadeado pela integração dá ao Estado um papel material reforçado. Só a partir de 1992 (isto é, quando o II Quadro Comunitário de Apoio entra em velocidade-cruzeiro), é que o saldo das relações financeiras com a União Europeia atinge valores da ordem dos 3% do PIB, valor idêntico ao que as remessas dos emigrantes assumem depois de 1995. Trata-se de um volume financeiro relevante, mas trata-se, sobretudo, de um factor criador de uma grande centralidade da esfera pública e, portanto, do Estado, nas suas diferentes dimensões. O Estado é, neste ambiente, o gestor da estratégia e dos seus recursos e significados, o "Senhor do Tempo", para retomar o título de um livro de há anos (Delmas, 1993).

Num contexto mais amplo, a "opção pela integração", que constitui a trave-mestra da definição do contexto de funcionamento da economia portuguesa, é, afinal, uma ilustração muito clara daquele que é o principal papel dos Estados nas economias contemporâneas – a definição dos regimes de relacionamento internacional para a acção dos actores económicos e das capacidades produtivas nacionais. De facto, basta que admitamos que a questão do papel do Estado não fica resolvida pelos postulados simplistas das visões liberais, para que esta questão desde logo se nos afigure como muito relevante. Ora, em Portugal, questões próprias das políticas europeias, como as grandes infra-estruturas de transporte e mobilidade, o sistema científico e tecnológico, a política da concorrência – que são questões de economia pública – são exemplos cabais da centralidade do próprio Estado, como resultaria de uma avaliação empírica do que se passa em cada um destes domínios. A imagem seria ainda mais clara se se juntasse a isto tudo o papel das políticas de coesão económica e social, isto é, do desenvolvimento regional e urbano e das infra-estruturas de bem-estar pessoal.

A presença directa do Estado: modernização, terciarização da economia e despesa pública

A noção de que o Estado é um parceiro central da contratualidade que configura a economia, o agente da ordem relacional, não deve fazer esquecer que o Estado de hoje tem também uma espessura material concreta. A lógica da privatização do património económico do Estado predomina, mas isso apenas se aplica a alguns sectores anteriormente nacionalizados. Basta olhar para dois indicadores para termos uma aproximação a essa materialidade do Estado. Um é a despesa pública, o outro é o peso dos serviços sociais garantidos pelo Estado. Quanto a esta última actividade, já vimos o significado que lhe atribuí e o peso que tem na criação de riqueza e no emprego (27%, no período 2000-2003).

A despesa pública situa-se, em Portugal, em valores que equivalem a mais de 50% do PIB, como acontece na generalidade das economias semelhantes. Ela só assumiu valores relevantes (acima de 20% do PIB) depois de 1974, quando se tratou de construir um Estado democrático moderno.[106] Os outros

---

[106] Isto não significa que não tenha sido grande a centralidade do Estado no período não democrático. Ela não se media, porém, pela despesa pública e muito menos pelas medidas decorrentes das políticas socais.

patamares relevantes são os que correspondem ao processo de integração, quer na fase inicial (na segunda metade da década de oitenta, quando a despesa pública se situa à volta dos 40% do PIB), quer numa segunda fase, em que a modernização se acelera (nos anos noventa, quando este rácio ultrapassa os 50%).

Finalmente, o contexto da União Económica e Monetária renovou e revalorizou uma clássica função do Estado, a política orçamental. Estamos, de novo, perante o papel estatal de produção de normas, consensos e opções. A questão relevante é a de saber como é que ele é exercido num contexto em que a lógica privada se torna cada vez mais forte e desafia o próprio Estado.

4. Conclusão

Procurei demonstrar neste texto que, entre as muitas transformações que a economia portuguesa registou depois da revolução democrática de 1974 e da adesão à CEE em 1986, ocupam lugar de relevo a integração ibérica e o papel quase exclusivo do mercado interno europeu como espaço de relacionamento económico. Considerei que isto era muito significativo para um país cujo espaço relacional era anteriormente bastante mais amplo. Referi-me às mudanças na especialização, à emergência de uma economia terciária de influência pública, à nova condição de Portugal como investidor líquido no estrangeiro e como país de imigração e à sua natureza de consumidor de poupança externa. Estes pareceram-me os indicadores mais úteis para obter um retrato actual da economia portuguesa.

Os meus argumentos mais substanciais residiram, contudo, na ideia de que, para captar o essencial do que constitui uma economia, é importante concentrar a nossa atenção nos mecanismos que coordenam a acção colectiva e colocam os actores económicos e sociais numa trajectória em que as suas atitudes e decisões convirjam. Foi por isso que me referi ao Estado, ao mercado e à comunidade. Defendi um entendimento institucionalista da economia. Estes três mecanismos são cruciais em qualquer economia, evidentemente. Por isso, tentei sublinhar a ideia de que as suas particularidades revelam as particularidades da economia portuguesa. Uma análise concreta da acção do mercado conduz-nos rapidamente aos limites e fraquezas da esfera mercantil: a sua geografia, em termos relacionais, é cada vez menor; o mercado é escassamente um agente pró-activo (na criação de uma economia de serviços auto-sustentada, por exemplo); age principalmente em contextos institucionalmente construídos (e até institucionalmente protegidos); ganha margens de actuação graças a contributos assegurados por outros (a disponibilidade de poupança externa ou as oportunidades de exportação criadas pela integração europeia, por exemplo). Quer dizer, o mercado (entendendo-o como o universo das acções privadas de produção, troca e financiamento), gera frequentemente défices, em vez de excedentes sociais.

Estado e comunidade são complementos necessários do mercado. A condição semiperiférica de Portugal dá à comunidade um papel importante na governação social. É assim porque, em primeiro lugar, os processos informais continuam a ser relevantes e são instrumentos de flexibilidade social e, em segundo lugar, porque as estruturas internas – território, sistemas urbanos, contextos rurais transformados, sistemas locais inovadores – interferem frequentemente nas trajectórias económicas.

A centralidade do Estado foi um dos meus mais repetidos argumentos: porque mercado e sociedade civil revelam fraquezas; porque as instituições e as acções institucionais têm uma importância crescente nos processos económicos; porque considerei a integração europeia a principal externalidade da economia portuguesa e defendi que ela foi um assunto de gestão política e pública.

Os factos estudados e as perspectivas com que procurei interpretá-los reforçaram-me a convicção de que uma economia segue frequentemente trajectórias originais e inesperadas. Por isso, é útil dispormos de instrumentos que nos municiem para refazermos o sentido que lhes cabe e percebermos o que está em causa. O contributo que aqui fica é o que consiste em encarar a governação e os mecanismos de coordenação económica de um ponto de vista amplo e não determinista, fundado em indicadores que possam ajudar a reconstruir os processos mais relevantes.

CAPÍTULO 7

A ECONOMIA PORTUGUESA: ENTRE ESPANHA E AS FINANÇAS TRANSNACIONAIS

Os processos económicos contemporâneos são marcados por duas características muito fortes: mobilidades e territorializações. O que correntemente se chama globalização representa uma visão em que é central a noção de *liberdade territorial* dos agentes, pois o que está em causa é uma intensificação original das interacções sócio-económicas (seja nos planos interestatais, inter-regionais ou transnacionais, seja nos domínios económico, cultural, territorial ou simbólico). Assim sendo, a dependência face ao que é dotado de mobilidade e de capacidade de hierarquização sistémica tornar-se-ia geral, visto que estas são as qualidades dos agentes que têm poder de comando principal, os quais agem num plano aterritorial. O mundo estruturar-se-ia predominantemente a partir de relações de heteronomia. A convergência entre nações seria, nestes termos, a regra, já que quer as estruturas de produção, quer as relações entre economia, sociedade, política e Estado, são influenciadas decisivamente pela concorrência, pelo determinismo tecnológico, pela mobilidade de capital, pela difusão das práticas "vitoriosas", pela imitação.

Acontece, contudo, que ao lado deste modo de ver surgem outras hipóteses e realidades (não necessariamente rivais, embora o ecletismo não seja bom conselheiro). Uma delas é que as decisões dos agentes tanto se alimentam daquela característica geral, representada na *intensificação* das relações sociais, quanto do que poderíamos chamar uma profunda *dependência contextual,* no sentido em que não só é grande a variabilidade das expressões concretas dos fenómenos sócio-económicos, como ela radica em mecanismos diferenciados e plurais, de que fazem parte processos e dinâmicas de proximidade. Importará, então, ter em conta tudo o que diz respeito à criação de relações horizontais, de economias de aglomeração e de proximidade, e à formação de dinâmicas territorializadas e, portanto, diferenciadas, assentes na cooperação, em aprendizagens, em conhecimentos tácitos, em culturas técnicas específicas e em inter-relações sinérgicas. Este modo de ver está, evidentemente, dependente da "disponibilidade mental" para perceber que as realidades sócio-económicas concretas, para além de *espessura* própria, dispõem frequentemente de circunstâncias que as levam a percorrer trajectórias singulares.

Julga-se, pois, avisado que, na apreciação das dinâmicas económicas actuais, se mantenha uma linha de tensão permanente que contraponha *mobilidades* (ou desterritorializações) a *localizações* (diferenciações territoriais), porque é disso que as dinâmicas económicas são feitas (retomo aqui os termos da discussão que proponho desde o Capítulo 4). Bem se sabe que a discussão actual sobre a globalização das economias é, na sua maior parte, tributária do primeiro termo daquela tensão. Já se viu que, no centro do problema, estão relações geoeconómicas. O princípio da mobilidade (da não-distância e dos não-lugares) é o elemento tido mais em atenção. E nem o facto de ser hábito avançar-se com a asserção, já convencional, de que o binómio global/local (ou territorializações/desterritorializações) é um dos dados das relações económicas contemporâneas altera substancialmente o problema tal como ele é posto pelas visões "globalistas", visto que ele significa exactamente uma visão da diferença e dos territórios em que estes são apenas o resultado de uma relação tributária da dominação e da hierarquia estabelecidas por oportunidades oferecidas verticalmente, do exterior.

A introdução das hipóteses da diferenciação das economias, a insistência na importância das relações de proximidade (que exprimem territórios concretos, em vez dos territórios "abstractos e ilimitados" das relações geoeconómicas), a própria convicção radical de que o mundo evolui por trajectórias inesperadas, querem significar que as agendas de investigação contemporâneas, tão ocupadas pela temática da globalização, não devem deixar de dar o devido espaço ao "processo da vida", como bem aconselha uma preocupação institucionalista, e não devem também deixar de dar lugar à dimensão necessariamente conflitual das dinâmicas contemporâneas, e que se expressam tanto na globalização quanto na localização, tanto na convergência dos sistemas quanto na diversidade, tanto nas influências hegemónicas quanto na incerteza e nas singularidades.

O reconhecimento de que as interacções transnacionais são muito mais fortes do que nalgum outro período da história do capitalismo serve-nos para que, numa aproximação geral, nos detenhamos sobre evoluções recentes das circunstâncias supranacionais que influenciam as economias dos países. Mas também aqui há duas dimensões distintas da evolução da organização da economia mundial que podemos associar, com propriedade, à intensificação das interacções económicas e societais que caracterizam o período que atravessamos. Trata-se, por um lado, da tendência para a formação de *blocos regionais* muito integrados (de facto, o mundo representa-se melhor na geografia económica de uma *tríade* que se debruça intensamente sobre o interior de cada um dos seus pilares do que na ideia de globalização) e trata-se, por outro lado, das *inovações financeiras* (cuja velocidade é o grande facto novo dos nossos dias, sem comparação com as dimensões tecnológicas e industriais, onde não há grandes motivos para espanto). Se o primeiro fenómeno representa bem a influência da proximidade e das relações territoriais, o segundo é o exemplo da dominância aterritorial e da impessoalidade das interacções. Estes dois aspectos – que em si mesmos mostram como a intensificação das relações internacionais geram efeitos de natureza muito diversa – são particularmente significativos para a apreciação das dinâmicas de uma economia nacional e, com especial relevo, de uma pequena economia europeia de natureza intermédia, integrante do espaço do euro, como é a portuguesa, e por isso lhes dedicarei atenção mais adiante.

1. A regionalização do mundo: dinâmicas de proximidade na globalização

A consolidação de blocos regionais exprime-se através de uma aceleração das relações económicas entre os países que os constituem. São relações mais intensas do que as que ocorrem no espaço mundial propriamente dito e desenvolvem-se através de significativas lógicas de *proximidade* e contiguidade territorial entre economias.

Este facto, conjugado com o da chamada triadização da economia mundial, leva-me a admitir que estamos perante uma espécie de *dupla regionalização* do mundo. Na tríade, os três grandes espaços económicos mais ricos[107] delimitam, praticamente, o tamanho do mundo "globalizado". Falar de triadização significa que "o mundo encolheu" à medida que a integração económica e cultural se acentuou, de tal forma que é nas três regiões do planeta acabadas de referir que a grande parte das transacções económicas (e simbólicas) tende a efectuar-se – é *dentro de* cada uma delas e *entre* elas que se efectuam 3/4 das trocas mundiais (em 1970, o valor correspondente era apenas de 60%).[108] A este indicador acresce a particularidade de que, em 1970, as trocas intracontinentais eram 1/3 daquele valor global, enquanto hoje só

---

[107] O espaço europeu, constituído pela União Europeia e pelos seus alargamentos potenciais; o do continente americano, sob a liderança dos EUA e representado no Acordo de Comércio Livre da América do Norte, NAFTA, e no Mercado Comum da América do Sul, MERCOSUL; o Japão e as economias industrializadas do Pacífico.

[108] Quando, em vez de países, analisamos o comércio entre blocos económicos fará sentido continuar a considerar as trocas do mesmo modo, como se de comércio entre

essas trocas são 2/3 do total do comércio dentro da tríade (Petrella, 1996: 79-80). Quer isto dizer que o comércio se concentrou em três pólos e que cada um dos pólos aprofunda as trocas dentro do seu próprio espaço muito mais rapidamente do que acontece com as relações estabelecidas por cada um com o resto do mundo e mesmo com os dois restantes blocos.

Em resultado da triadização, os 102 países mais pobres só representam cerca de 1% das exportações mundiais e 5% das importações (os 148 países em desenvolvimento representam pouco mais de 1/4 desses indicadores). Na medida em que as dinâmicas mais fortes são as que se confinam àqueles três grandes espaços, os perdedores são excluídos da economia globalizada e abandonados à sua sorte, desfazendo gradualmente as suas ligações com os países e regiões mais desenvolvidos e em maior crescimento. Aparece, assim, uma nova divisão no mundo, coincidindo com a emergência da globalização. Infelizmente, este – e só este – é o grande domínio de confirmação das hipóteses da convergência dos sistemas: exclusão dos perdedores. O erro de quem toma as hipóteses da convergência como gerais e de validade universal (cf. Berger e Dore, eds, 1996) torna opaco o facto de que ela ocorre não do ponto de vista sistémico mas apenas numa parte, e só numa parte, de um sistema.

A outra regionalização, a que resulta do aprofundamento das relações económicas em subespaços transnacionais contíguos, dentro dos blocos, tem nas dinâmicas de proximidade fronteiriça o seu elemento essencial. Importa não esquecer, neste contexto, que os Estados-nação são ainda (e provavelmente sê-lo-ão duradouramente) o nível principal de ancoragem das dinâmicas transnacionais e que Estados-nação os há cada vez mais, visto que o seu número aumentou, não apenas com as descolonizações, mas também com a fragmentação de entidades estaduais ou federais. É certo, no entanto, que o fenómeno do reforço das relações de proximidade entre países é contemporâneo do facto de a integração económica se ter realizado e intensificado através da constituição dos blocos acima referidos, os quais assumem uma importância cada vez maior nas regulações supranacionais. Isto quer dizer que a erosão das bases nacionais do funcionamento do Estado e da economia, sendo grande e indiscutível, não implica que elas deixem de ser referenciais importantes para novos processos de organização da vida material, de que faz parte um movimento no sentido de adensar relações de nível *infraglobal*

---

países se tratasse? No caso da União Europeia, estamos num mercado único e numa união económica e monetária.

dentro de blocos económicos regionais (e a que também não são alheios fenómenos geradores de economias de aglomeração e de capacidades de autosustentação fortes, como acontece nas grandes metrópoles e em várias regiões infra-estatais). Ora, qualquer destes processos representa modos de "localização" dos factores de organização, facto que nos obriga a olhar com atenção para as complexidades da globalização.

2. Inovação financeira: a dimensão *aterritorial* da globalização

A segunda dimensão que aqui me interessa representa um dos aspectos mais emblemáticos da visão globalista e diz respeito à liberalização dos movimentos financeiros, que assumem uma grande volatilidade e uma óbvia aterritorialidade, oferecendo-se como fonte de liquidez para o financiamento de dinâmicas económicas que surjam algures. Este é, de facto, um dos dados mais originais da fase da economia mundial que atravessamos, e que nos obriga a distinguir, mais abertamente do que nunca, entre mercados financeiros e mercados "reais", tornando-se claro que há uma nova "superestrutura" de circulação de activos que "paira" sobre a economia, influenciando os seus diferentes espaços "reais". É este o grande passo que distingue radicalmente a lógica de regulação das economias nacionais no pós-guerra da que hoje prevalece. É este passo, e não qualquer determinismo tecnológico ou a anulação das singularidades institucionais de cada espaço económico[109], que me leva a considerar que é sempre possível inventar e percorrer trajectórias singulares, capazes de se apresentarem como rivais de outras que visam igualmente alcançar a eficiência e a inovação.

Como se sabe, o compromisso que predominou nas economias desenvolvidas entre os anos cinquenta e oitenta do século passado tinha essencialmente a ver com a inserção dos cidadãos perante o trabalho. Por isso, as questões principais que deviam ser objecto de regulação – e em que assentavam as dinâmicas económicas, sociais e políticas – eram as que dizem respeito ao salário directo (que se formava antecipando os ganhos de produtividade de um sistema económico com forte crescimento), ao acesso às carreiras profissionais e ao reconhecimento de qualificações, ao salário indirecto e às políticas sociais, à repartição social dos benefícios do crescimento. Regulação condizia, pois, com relação salarial. O bem-estar era essencialmente uma

[109] Não discuto agora se o que melhor define um espaço económico são agregações de países ou regiões ou modelos de regulação semelhantes.

garantia que apelava para o Estado (onde a reprodução social dependia mais das políticas de protecção) ou para o Estado e a sociedade (onde a reprodução social assentava também em mecanismos de informalidade, de proximidade e de pertença local, como acontece no caso português). As políticas do Estado-Providência e actuações de natureza keynesiana simbolizavam bem este acordo e este modo de regulação, coisa que nos países semiperiféricos era acompanhada de papéis inclusivos relevantes atribuídos implicitamente às estruturas geradoras de sociabilidades de proximidade (família, vizinhança, relações de paternalismo, actividades informais), decorrendo daí um lugar importante para as economias locais (como acontece em Portugal, em que foram sempre importantes certos dinamismos locais e uma heterogeneidade territorial significativa, ligada às formas de urbanização difusa, aos sistemas de pequenas e médias empresas, à pequena agricultura).

Ora, o acordo que hoje tende a predominar dentro de cada economia nacional é o que reconhece e estimula um forte papel para a inserção no sistema mundial (o qual é apresentado tanto como restrição quanto como possibilidade), ao mesmo tempo que se desloca para o campo das relações financeiras (cujos fluxos servem para dotar as economias de maiores margens de financiamento, com consequência no prolongamento dos ciclos económicos expansivos e nas formas de crédito e de consumo dos particulares). As questões da inserção nos fluxos financeiros internacionais e nos fluxos de financiamento do consumo substituem a anterior centralidade da inserção salarial, mesmo numa economia como a portuguesa. Este é, pois, um campo de análise que justifica o interesse crescente daqueles que têm como prioridade o conhecimento dos modos de regulação e das formas de enquadramento institucional das economias.

3. De onde vem a economia portuguesa

Analisarei adiante estas duas dimensões acabadas de referir, decorrentes da globalização, e considerá-las-ei espelhos particularmente impressivos de novíssimas dinâmicas da economia portuguesa: evidenciarei os resultados da emergência de uma lógica económica de proximidade no quadro da integração transnacional, a que chamarei iberização, por um lado, e, por outro, apontarei uma significativa alteração das relações da economia portuguesa com o resto do mundo através das questões estritamente financeiras.

Antes de me deter nessa matéria, parece-me que o entendimento dos impactes na economia portuguesa resultantes da intensificação das relações económicas justifica que relembremos o que já se disse no capítulo anterior sobre alguns dos marcos assinaláveis do século XX português, anteriores ao surgimento de uma agenda de investigação sobre a globalização. Vimos que desses marcos fazem parte os vislumbres de industrialização nos anos 20 e 30 (com crescimento assinalável e o lançamento de uma política de substituição de importações), os primeiros passos de uma nova indústria já ligada à exportação, no final dos anos 30, e, sobretudo, o processo industrialista do pós-guerra, baseado na hidroelectricidade e nas indústrias de base (química, siderurgia, cimentos), que consolidou uma matriz industrial com inter-relações produtivas modernizantes, alheias à ideia clássica e errada de simples país agrícola, mas consonantes com a natureza autárcica da trajectória económica.

Sabe-se que se tratou-se de um período em que "nação e império [foram] categorias fundamentais na estratégia política e económica" (Murteira, 1997: 93). Num contexto em que são relevantes a participação na criação da Associação Europeia de Comércio Livre, EFTA, (Convenção de Estocolmo, em 1960) e o acordo com a Comunidade Económica Europeia, CEE, de 1972, a grande ruptura na industrialização do pós-guerra que é a criação da Lisnave, em 1961, a qual representa o surgimento de uma actividade que, com a transitoriedade conhecida, se dirige ao mercado internacional e aposta num sector não protegido. É a partir daí, num quadro em que é sempre saliente a intervenção do Estado e em que não faltaram iniciativas – geralmente bloqueadas – para ir gerando um adensamento da capacidade de organização interna da indústria (as indústrias mecânicas e eléctricas consolidaram-se ao lado dos sectores do têxtil, do vestuário e do calçado, que representam o "excesso de especialização" da nossa estrutura produtiva) – é a partir daí, dizia, que "a tendência de longo prazo dominante na trajectória portuguesa (...) é a crescente abertura ao envolvimento externo" (Murteira, 1997: 94). Essa abertura, traduzida no aprofundamento da integração no espaço europeu (ao qual haveria de quase se confinar, num processo de "regionalização" que, a partir de 1986, revelaria uma intensa feição de "iberização"), não deixou de ser uma abertura difícil, "relutante", e marcada por fortes particularidades. Afinal, estávamos em presença de uma economia "duradouramente periférica", sujeita a uma "regulação condicionada", cujo traço mais saliente foi um crescimento sem qualificação.

É aqui, aliás, que se abre o espaço para se introduzir o que chamámos "factor de compreensão das incapacidades de endogeneização do crescimento industrial" dos anos 50 e 60 e para assinalarmos que a emigração foi a "forma mais intensa de inserção internacional da economia portuguesa", facto que não apenas evidencia que, nas décadas de maior abertura da economia, a "principal exportação para os mercados europeus [foi] uma mercadoria muito particular, a mão-de-obra" – uma integração "por via da 'economia do trabalho'", como sublinha Mário Murteira (1997: 96), que também assinala devidamente o facto de o "económico" e o "humano" terem em Portugal um alinhamento inverso do que ocorreu noutras economias semelhantes, visto que, no caminho português, o desenvolvimento dos recursos humanos vai atrás do crescimento. Vários aspectos estarão com isso relacionados. Por exemplo, o facto de só a partir da adesão à CEE as exportações portuguesas aumentarem mais do que as exportações mundiais, pois até aí, e apesar da abertura da economia, Portugal não beneficiou da expansão do comércio internacional. E também a circunstância de, ao lado da emigração, do desenvolvimento de uma matriz de indústrias básicas e de uma tendência para a extroversão, a formação social portuguesa ter sempre um "recurso à mão": a plasticidade das suas estruturas internas, capaz de gerar dinâmicas ou efeitos de compensação de vária ordem, desde os mais defensivos (como as relações entre uma agricultura de natureza complementar e informal e mercados de trabalho dinamizados pela indústria ou os serviços; como a multidimensionalidade das economias familiares, capaz de gerar formas de reprodução social mais avançadas do que os indicadores formais deixariam supor), até aos portadores de maior capacidade inovadora (como os sistemas produtivos locais onde se adensam capacidades produtivas relevantes para o conjunto da economia).

Ora, esta economia que gerou autarcicamente uma industrialização, que se inseriu nos mercados internacionais de mercadorias de forma difícil (visto que a exportação de mão-de-obra representou uma inserção mais intensa do que a de produtos), que convocou repetidamente as especificidades internas para calibrar a sua organização, esta economia, está hoje sujeita a mecanismos novos e intensos de transnacionalização. A pergunta, mais uma vez, é esta: o resultado continuará a gerar diversidades ou promoverá homogeneização, num quadro de transnacionalização?

4. As novíssimas dinâmicas de mudança da economia portuguesa: da iberização à "volúpia" financeira

A economia portuguesa, dada a sua natureza semiperiférica, não conheceu, portanto, modos de regulação como os das economias avançadas e registou particularidades assinaláveis. Mas é totalmente razoável pensar que hoje em dia são mais fortes as influências que a nossa economia colherá do plano supranacional, e que determinarão as suas dinâmicas. Deseja-se que elas sejam tributárias de uma ordem internacional mais justa e mais equilibrada. Por agora, basta que nos detenhamos em tendências já consolidadas para avaliarmos o que de novo se está a passar. Os dois factos em que tenho vindo a insistir para encontrar inovações na configuração internacional das economias (aprofundamento dos blocos regionais e globalização financeira) representam traços fortes do enquadramento externo das economias nacionais e por isso são bons pontos de referência para uma análise das tendências. São exactamente esses dois factos que associarei às duas primeiras originalidades dos tempos recentes da economia portuguesa: a sua iberização e a intensificação das relações financeiras supranacionais.

4.1. As dinâmicas territoriais de proximidade: Portugal perante a Espanha

No que diz respeito à inserção da economia em espaços exteriores, o grande facto *novo* que a adesão de Portugal às comunidades europeias, em 1986, trouxe foi a alteração radical do relacionamento com Espanha. Nessa altura, a geografia do comércio externo já estava assente na Europa – os outros continentes tinham gradualmente perdido significado. Mas era de uma Europa transpirenaica que se tratava. E, mesmo assim, o nível de "europeização" do nosso comércio externo ainda cresceu de forma assinalável (como é particularmente notório na origem das importações).

Hoje, a União Europeia tem um peso de cerca de 80% de todo o comércio internacional do país, quer na entrada quer na saída de mercadorias. Mas insiste-se que o facto mais relevante trazido pelo aprofundamento da integração real e formal na União Europeia é exactamente a importância assumida das relações económicas de proximidade, isto é, a iberização da nossa integração europeia.

Quadro 1 – Espanha e União Europeia: pesos no comércio externo português

	1980	1985	1986	1992	1995	1999
% nas entradas						
14 países da União Europeia	48.6	48.5	61.9	76.5	75.1	78.1
Espanha	5.5	7.4	10.9	16.6	18.8	25.3
% nas saídas						
14 países da União Europeia	65.3	68.7	75.1	80.7	81.2	83.2
Taxa de cobertura (%)						
Com Espanha	31.9	41.4	45.6	54.1	49.6	43.9

Fonte: INE, Estatísticas do Comércio Internacional

Em 1980, por exemplo, a Espanha não representava mais do que 3,6% das nossas exportações e 5,5% das nossas importações. A partir de 1986, registou-se um rápido crescimento que coloca este país como o principal fornecedor (25% das importações portuguesas, em resultado da multiplicação do peso de Espanha na nossa quota de mercado de importações por um factor próximo de 5) e como um dos principais destinos das nossas exportações (18% do total, em resultado da multiplicação por um factor superior a 5). A taxa de cobertura das importações pelas exportações é hoje de 44%. O défice comercial com a Espanha representa 46% do défice comercial total. Por detrás destes números há todas as dimensões (económicas, culturais, simbólicas, políticas) que consolidam lógicas de proximidade. E esta é, porventura, uma trajectória inesperada: ver a integração europeia trazer-nos a proximidade e a transnacionalização trazer-nos o território de contiguidade não era, certamente, a mais óbvia das previsões há vinte anos atrás.

No que respeita ao investimento directo, é notório que a Espanha representou um destino significativo do esforço de aplicação de capitais no exterior por parte das empresas portuguesas ao longo da segunda metade da década de oitenta. Mas, no momento em que o investimento directo português no estrangeiro se tornou significativo, a partir de 1996, não é a Espanha, mas sim o Brasil o destino mais relevante. Contudo, neste mesmo período, a Espanha (juntamente com o Reino Unido e os Países Baixos) é inquestionavelmente um investidor principal.

QUADRO 2 – Investimento directo: Espanha como origem e como destino

	1989	1990	1991	1992	1996	1997	1998	1999	2000
Espanha como origem*	11.7	14.1	12.2	8.0	45.4	20.7	15.7	-38.5	6.3
Espanha como destino**	20.3	21.9	47	52.5	9.4	15.4	9.8	-20.9	6.3

* Investimento directo espanhol/IDE total em Portugal (%)
** Investimento directo português em Espanha/total do investimento português no exterior (%)

Pode assim dizer-se que, numa época em que o termo emblemático é globalização, o espaço económico do nosso relacionamento externo é cada vez mais europeu do que mundial e é cada vez mais ibérico do que europeu. Está em aberto a discussão. São claros os indícios de que a iberização constitui uma subintegração e é, portanto, uma integração dependente? Ou espaços e economias de proximidade são oportunidades e abrem oportunidades? Parecem muito mais fortes os sinais que levam a uma resposta positiva à primeira pergunta (Coelho, 1995). Poderá haver, também neste domínio, trajectórias inesperadas?

4.2. Os capitais do mundo: a intensificação das relações financeiras

Nos últimos anos, a intensificação da internacionalização dos fluxos financeiros entre as economias acelerou-se de maneira muito forte. Quanto ao nosso país assiste-se, como sublinha o Banco de Portugal, a uma "significativa alteração da economia portuguesa com o resto do mundo". A circunstância de estarmos perante uma pequena economia aberta que passou a estar integrada numa união monetária é, obviamente, um facto decisivo desta mudança.

QUADRO 3 – Balança de Pagamentos

	Saldos em percentagem do PIB		
	1998	**1999**	**2000**
Balança Corrente	-6.9	-8.3	-9.9
Mercadorias	-10.7	-11.9	-13-3
Serviços	1.7	1.5	1.7
Turismo	2.8	2.6	2.9
Rendimentos	-1.4	-1.3	-1.6
Transferências Correntes	1.7	1.5	1.7
Transferências privadas	2.9	2.9	3
Balança de Capital	2.2	2.1	1.4
Transferências públicas	2.2	2.1	1.4
Balança Financeira	5.6	7.4	9.6
Investimento directo de Portugal no exterior	-2.6	-2.9	-5.5
Investimento do exterior em Portugal	2.8	1	4
Investimento de carteira	-0.6	3.1	-1.8
Activos	-5.4	-5.6	-4.2
Passivos	4.8	8.7	2.5
Outro investimento	6.4	6.3	13.2
Activos	-6.2	0.4	-9.3
Passivos	12.6	5.9	22.5

Fonte: Relatórios do Banco de Portugal

A análise da Balança de Pagamentos mostra-nos como a Balança Financeira tem vindo a registar esta intensa relação com os movimentos de circulação de activos e passivos, quer sob a forma de investimento directo, quer sob a forma de operações bancárias.

No início está a produção... De facto, a questão que define a crescente inserção da economia portuguesa no sistema transnacional de fluxos de capitais é o diferencial crescente entre despesa e produto, entre investimento e poupança, coisa que origina uma necessidade de financiamento da economia através de recursos externos. O primeiro elemento marcante da relação da economia portuguesa com o contexto internacional é, com efeito, a deterioração do saldo negativo da balança de mercadorias, que atingiu 13,3% do PIB em 2000 e é crescente (nesse ano ele foi particularmente influenciado pelo deflator do comércio externo e pela evolução negativa dos termos de troca, com relevo para os preços do petróleo). É certo que o turismo e as transferências privadas internacionais (remessas de emigrantes) continuam a dar um contributo positivo para o nível do saldo da Balança Corrente, mas este foi negativo e correspondeu a 9,9% do PIB, pelo que o saldo negativo da Balança Corrente e da Balança de Capital (em que são relevantes os fluxos financeiros com a União Europeia) foi, em 2000, de 8,5% do PIB. Este valor, que corresponde ao endividamento externo da economia, é o resultado de uma tendência de crescimento (era 4,7% do PIB dois anos antes). A entrada de fundos que a balança financeira regista corresponde à necessidade de financiamento da economia depois dos movimentos correntes e de capital, e salda-se em 9,6% do PIB. Pode, pois, dizer-se que esta é a medida da importância na economia portuguesa da esfera estritamente financeira e assinala a sua dependência face a fluxos de capital globais e anónimos (a poupança interna e as transferências de capital da União Europeia são insuficientes para financiar o investimento dos sectores residentes).

Nesta avaliação dos movimentos, reais e financeiros, que evidenciam a natureza da inserção da nossa economia no contexto transnacional são dignos de registo três factos importantes:

- as remessas dos emigrantes continuam a registar valores significativos, estabilizados à volta de 3% do PIB;
- o saldo dos fluxos financeiros com a União Europeia representa um valor ligeiramente inferior ao das remessas dos emigrantes, na proximidade de 3% do PIB (o menor valor das transferências públicas de 2000, 1,4%, é circunstancial e deve-se ao início de um novo QCA);

– o investimento directo de Portugal no exterior (cf. Quadro 4), que começou a ser assinalável a partir de 1997 e colocou o nosso país na posição de investidor líquido, foi em 1999 e 2000 superior ao saldo dos fluxos financeiros com a União Europeia e em 2000 foi superior à soma das remessas dos emigrantes e dos financiamentos europeus.[110]

Quadro 4 – Investimento Exterior, Remessas de Emigrantes e Financiamentos Europeus

Em milhões de Euros

	1996	1997	1998	1999	2000
1. IDE de Portugal no exterior	604.1	1682.9	2659.2	3183.5	6365.6
2. IDE em Portugal	1145.0	2165.7	2824.0	1061.0	4609.0
2/1	1.9	1.3	1.1	0.3	0.7
1. Em % PIB	0.7	1.8	2.6	2.9	5.5
2. Em % do PIB	1.3	2.3	2.8	1.0	4.0
PIB pc	86736.5	93036.6	101639	108665	115263
Remessa de emigrantes em % do PIB	3.1	3.1	2.9	2.9	3.0
Saldo com EU em %	3	3.1	2.9	2.7	1.7

Fonte: Relatórios do Banco de Portugal

Neste contexto, o facto de Portugal ter aumentado de forma dramática a sua capacidade de investimento no estrangeiro, passando de 604 milhões de euros em 1996 para 6365,6 em 2000 é um dado substantivo que mais merece ser assinalado. Foi em 1997 que este fenómeno de internacionalização da economia se tornou notório, atingindo 1,8% do PIB. Em 1999 e 2000 Portugal passou de importador a exportador líquido de capitais. Nestes anos, o Investimento Directo Estrangeiro (IDE) no exterior representou, respectiva-

[110] É necessário que leiamos esta informação munidos da ideia de que o IDE não é regular e pode ser marcado por operações significativas, como foram as do investimento recente de empresas portuguesas no Brasil. É também assinalável o facto de o IDE em Portugal ter caído muito fortemente na primeira metade da década de noventa (era 4% do PIB em 1990 e foi 1,3% em 1996), invertendo a tendência a partir de 1996 e situando-se agora no mesmo patamar de 1990.

mente, 2,9% e 5,5% do PIB, mais do que o valor correspondente do saldo dos fluxos financeiros com a União Europeia, que foi de 2,7% e 1,7%.

Vistos os três grandes movimentos de pagamentos internacionais – (mercadorias e serviços, capitais e financeiros, correspondentes às três balanças convencionais) e assinaladas três questões que se salientam na discussão dos mecanismos de dependência da economia portuguesa (remessas de emigrantes, transferências da União Europeia e investimento directo) é agora o momento de nos interrogarmos sobre o que constitui o essencial dos movimentos da balança financeira e sobretudo do movimento "anónimo" de capitais com que se satisfazem as necessidades de financiamento da nossa economia, resultante do diferencial crescente entre investimento e poupança.

São dois os factos assinaláveis. O primeiro é o dos investimentos de carteira. Mas aqui o dado relevante (cf. Quadro 3) é o de os residentes adquirirem títulos no exterior segundo valores anuais que representaram entre 4 e 6% do PIB, e que em 1998 e 2000 significaram, comparados com as entradas (aquisições de títulos nacionais por não-residentes), uma saída líquida de capitais[111]. O segundo facto é o mais assinalável dos dois. Diz respeito aos movimentos de financiamento externo das instituições bancárias,[112] registados no item Outro Investimento, da Balança Financeira (cf., de novo, o quadro 3) e cuja aquisição de passivos equivale a 22,5% do PIB, em 2000, saldando-se a entrada de meios de financiamento da economia por esta via em 13,2% do PIB, no mesmo ano (e denotando uma tendência crescente muito forte, pois os valores correspondentes nos dois anos anteriores foram da ordem dos 6%). Esta captação de meios externos pelo sistema bancário destina-se, obviamente, ao desenvolvimento do sistema de crédito interno, designadamente à expansão do consumo.

Por detrás desta evolução está o que poderíamos chamar uma "privatização" das relações financeiras com o mundo, pois num país que deixou

---

[111] Os fluxos de investimento de não residentes em título e aplicações foram, em 2000, 2,5% do PIB (8,7% em 1999), enquanto o investimento de carteira de Portugal no exterior corresponde a uma saída líquida de fundos correspondente a 4,2% do PIB (5,6% em 1999). Em 2000 há, assim, uma aplicação líquida de capitais em investimento de carteira no exterior por parte dos residentes equivalente a 1,8% do PIB (em 1999 registou-se o inverso: 3,1% do PIB).

[112] Em 2000 a entrada de fundos na economia portuguesa resultante de operações dos bancos comerciais portugueses com bancos não residentes representou 10,5% do PIB (6,8% em 1999).

de ter moeda própria já não se trata de um fenómeno associável à falta de divisas ou à gestão cambial (caso em que se trataria de assunto do Estado e das políticas monetárias e cambiais e implicaria cenários recessivos), para passar a ser "uma acumulação de dívida privada dos particulares e empresas", com limites introduzidos pelos próprios agentes individuais, visto que "a restrição externa é agora a que decorre da simples agregação das restrições orçamentais intertemporais dos vários agentes económicos", como indica o Governador do Banco de Portugal no Relatório sobre a economia portuguesa em 2000.

Quadro 5 – Posição de Investimento Internacional – Posições em fim de período

	1996	**1997**	**1998**	**1999**	**2000**
Posição de Investimento Internacional	-9.6	-16.3	-21.4	-28.3	-35
Activos	80-1	100.5	108.1	115.1	130.5
Passivos	89.6	116.9	129.6	143.4	165.5
Por tipo de investimento:					
Investimento directo	-14.4	-13.6	-12.8	-10.5	-8.6
Investimento directo de Portugal no exterior	3.6	5.3	7.8	10.4	16.2
Investimento do exterior em Portugal	17.9	19	20.6	21	24.8
Investimento de carteira	-5.1	-16.6	-15.6	-10.5	-8.5
Activos	15.4	19.8	24	35.9	38.6
Passivos	20.5	36.4	39.6	46.4	47.1
Outro investimento	-10.1	-6.5	-11.5	-20.3	-31.4
Activos	41.1	55	57.9	55.7	62.3
Passivos	51.2	61.6	69.3	76	93.7

Fonte: Relatórios do Banco de Portugal.

E bem se vê que assim se passa, pois não só é visível a actividade dos mercados bancários que asseguram esta operação, como as famí-lias registam hoje um rácio entre a dívida e o rendimento disponível de 88,4% (era menos de 20% em 1990), sendo certo que agora os encargos com juros pesam 4,1% no rendimento disponível e então representavam 5%.

A chamada "Posição de Investimento Internacional", ao consolidar em *stock* os fluxos de entrada e saída de meios financeiros, mostra o grau em que os diferentes movimentos analisados colocam uma economia e evidenciam a sua posição devedora.

O resultado acumulado destes movimentos representa-se no facto de os activos e os passivos externos dos sectores residentes[113] representarem, respectivamente, 130,5% e 165,5% do PIB (uma posição devedora da economia nacional perante o resto do mundo equivalente a 35% do PIB; era 9,6% do PIB em 1996 e 28,3% em 1999). Este é hoje, sem dúvida, um facto central na posição da economia portuguesa no mundo e motivo de interrogação sobre as suas estruturas e formas de organização internas.

4.3. Uma internacionalização crescente: com que arbitragem?

Do meu ponto de vista, as questões do IDE de Portugal no exterior e a crescente dependência da economia relativamente a financiamentos exteriores, aqui sublinhadas, são – na sua radical novidade – matriciais para olharmos a economia portuguesa nesta fase. Ambas exprimem uma relação cada vez mais intensa com o ambiente internacional e a mobilidade dos capitais. A isto se juntam, aliás, outras tendências, que importa não desligar destas, e que reforçam a marca de internacionalização que rodeia a nossa economia.

Em primeiro lugar, o facto de Portugal se ter tornado também país de imigração e ser essa, porventura, a marca sociológica mais impressiva que influencia a sociedade portuguesa neste início de século, ao mesmo tempo que exemplifica bem o modo como o mercado de trabalho traz inovações à nossa vida colectiva, fazendo lembrar o que aconteceu no final dos anos setenta com os que retornaram das ex-colónias, num processo aliás de rápida

---

[113] O *stock* de títulos estrangeiros detidos por residentes é 38,6% do PIB (mais 2,7% que em 1999) e o *stock* de títulos nacionais detidos por não-residentes é 47,1% do PIB (mais 0,7% que em 1999). O conjunto das operações em que a mais significativa é o refinanciamento bancário salda-se em -31,4% do PIB.

absorção, que bem evidencia os elevados graus de flexibilidade da nossa economia e da nossa sociedade.

Finalmente, parece-me de sublinhar o facto de tudo isto ocorrer num contexto em que Portugal, enquanto Estado, é parte (não discuto agora com que estatuto real, sendo o estatuto formal conhecido) de uma arena onde mais claramente se exprime um dos principais papéis dos Estados contemporâneos e que é o de serem agentes das configurações internacionais da economia.

A pergunta que fica em aberto é a que se preocupa com o modo como se arbitrarão relações de proximidade e relações do estrito mundo financeiro. As primeiras são fruto do território e têm uma expressão mais facilmente identificável, as segundas são totalmente impessoais e caracterizam-se por uma forte volatilidade.

5. Conclusão

A análise aqui desenvolvida centrou-se na economia portuguesa e nos aspectos mais recentes da sua inserção internacional. Mas o meu ponto de partida foi a preocupação de detectar os traços que melhor possam caracterizar as dinâmicas económicas contemporâneas. Por isso, comecei por falar de globalização e de tensão entre mobilidades e territorializações. A essa luz, vimos que são dois os tópicos de análise que me pareceram úteis para observar a nossa economia num contexto assim caracterizado: Espanha e finanças transnacionais englobam as "novíssimas" dinâmicas da economia portuguesa. Ora, eu creio que estes dois aspectos, sendo específicos de Portugal, são-nos também úteis para pensarmos o mundo – o mesmo mundo com que a nossa economia está interligada, não apenas mais intensamente mas também de forma radicalmente nova. É por essa razão que vale a pena insistir na compreensão do que nos rodeia. Hoje, mais do que há pouco tempo atrás (quando a mecânica subentendida no modo de encarar a nossa vida colectiva parecia confinar-se a um pequeno conjunto de peças bem encaixadas: o mundo dos espaços ricos do planeta, constituído pelas três geografias económicas a que venho chamando a tríade), é claro que os capitalismos de início de século ainda não sabem como se regularão. A incerteza radical, que Keynes trouxe há mais de meio século para o centro do pensamento económico, é hoje mais pertinente do que nunca. Devia ser indiscutível que há uma ordem internacional a criar e que ela tem de assentar na regulação de um sistema de espaços económicos bem maior do que o que a globalização das últimas décadas tinha em mente, de forma tão irresponsável e egoísta. Para além da tríade há muito mais mundo: há periferias e há continentes inteiros, como África, há a América Latina, a Índia, todo o mundo árabe, e há dezenas de espaços subcontinentais, regiões da economia-mundo que hão-de reforçar as suas lógicas de proximidade e hão-de ganhar com isso... A analogia é simplista mas vale a pena usá-la: a regulação do sistema económico internacional do pós-guerra partiu do intenso e original crescimento alcançado por políticas keynesianas dentro dos Estados-nação e fez disso uma regra de convivência com que todos ganhámos. Importa agora, que os limites do Estado-nação estão abalados e as integrações entre países que formam regiões à escala da economia mundial são uma regra, que se faça para o mundo inteiro aquilo que então se fez apenas entre as economias ricas. Não basta, para isso, nem a finança nem a forma fácil de usar mão-de-obra barata por empresas transnacionais de tipo porta-aviões.

Tal como o fordismo fez para as economias industrializadas, é preciso, mais do que criar economias, desenvolver sociedades: regular mercados de trabalho e aprofundar qualificações, capacitar cidades e territórios, beneficiar de culturas que são tão cultas como a nossa... Não é possível continuar a ignorar que países de regiões subcontinentais aprofundarão as suas lógicas de proximidade e criarão sinergias positivas (é para isso que deve servir a ajuda, a qual não pode ser dada por benfeitores altivos, mais ansiosos em serem imitados do que interessados na emancipação dos que lá estão...). Para tudo isto é preciso meter na cabeça que o mundo é, de facto, multipolar.

Desde o compromisso que funcionou no interior das economias industrializadas no pós-guerra – com o qual se regularam as relações com o trabalho e o salário, se estabilizaram políticas sociais reconfortantes e se afinou um certo concerto entre nações, no quadro de uma ordem internacional perceptível – até ao mundo de hoje, produziram-se, de facto, grandes acelerações. Não só o cenário supranacional é diferente, como predomina uma volúpia financeira que intensificou fortemente os fluxos de financiamento das economias através de processos de natureza transnacional. A lógica da regulação alterou-se, passando da centralidade do que poderíamos chamar uma ética do trabalho e da inserção pela relação salarial para a centralidade de uma ética dos mercados e da inserção pelo consumo e pelo acesso ao dinheiro. Ao mesmo tempo, a geografia das relações comerciais e dos processos de integração abandonou as periferias, descartou continentes inteiros, omitiu espaços subcontinentais que certamente estão a reforçar as suas lógicas de proximidade e concentrou-se na trocas intracontinentais.

Uma forma de romper o eclectismo que caracteriza muitas das visões correntes sobre a globalização é identificar qual é a natureza precisa e diferenciadora dos processos em causa. Uma visão interaccionista, processual e contextualista é, porventura, o caminho mais acertado para entender como se estruturam os mecanismos de fun-cionamento da vida colectiva. No fim desse caminho está a possibilidade de identificarmos perante que níveis de *densidade* sócio-económica nos encontramos – que actores e agentes intervêm, que capacidades de regulação e inovação existem, que capital relacional se acumulou, que margens de iniciativa se formaram, que "acasos" são possíveis...

O mundo organiza-se mais de acordo com estes níveis de densidade do que através de uma mecânica fria de homogeneização e indiferenciação. Portugal é um caso relevante para desenvolvermos esta ideia. É uma sociedade geradora de muitas perplexidades – desde logo pelo seu nível intermédio de desenvolvimento e pelo tipo de processos geoeconómicos em que se tem inserido (país colonizador, país subdesenvolvido, país da integração europeia...), mas também pelas relações entre o Estado e a sociedade (sociedade fortemente corporativa e sociedade de tão grande necessidade do Estado). Portugal é um caso que se presta mal a que se lhe aplique o esquema normal como que se representa a globalização: por exemplo, tem capacidades de organização local que não cabem na forma vulgar de ver as relações entre global e local e muito menos na ideia de que este é o "pau mandado" daquele. É que os seus "locais" significativos são factores importantes da formação de densidades que caracterizam estruturalmente o país – e é nessa genealogia que está muito da sua história e do seu destino.

Claro que essa heterogeneidade estrutural da sociedade portuguesa não é estática nem permanente e tende a ser certamente muito diferente no momento em que as mobilidades do capital, do trabalho e do conhecimento se aceleram e transformam e que as relações com a economia mundial conhecem a presença de fenómenos como os que aqui apresentei: lógicas de proximidade como a que a iberização indicia e uma forte intensidade das relações financeiras com o "mundo". O ponto principal está no facto de nem as fragilidades nem os dinamismos terem hoje a mesma natureza. Mas o ponto principal não está no facto de essa capacidade diferenciadora, que é resultado de processos sócio-económicos geradores de densidades, ter desaparecido ou ter sido submetida a um modelo uniforme resultante da globalização. É esta, aliás, a razão porque importa continuar a ser positivo acerca de Portugal.

TERCEIRA PARTE

Contextos e Territórios: O processo da vida

CAPÍTULO 8

DIFERENCIAÇÃO E MUDANÇA: DO RURAL AO TERRITÓRIO

Há poucas décadas atrás, os problemas da diferenciação das estruturas materiais e sociais da economia apelavam essencialmente para que se concedesse atenção analítica à *agricultura* e ao mundo *rural*, tidos como os únicos elementos de variação relativamente à natureza urbana e industrial do capitalismo: o princípio e os fundamentos da heterogeneidade e da segmentação eram essencialmente de base sectorial, no plano produtivo, e cultural, no plano simbólico. De facto, não apenas o recurso teórico mais à mão era o que relevava da problemática marxista da articulação de modos (ou formas) de produção, como as referências empíricas principais eram também as que resultavam da questão camponesa, do problema da subsistência (ou resistência) da agricultura familiar, da dificuldade de alcançar a homogeneização dos modos de produzir através da integração mercantil e tecnológica.

Não tardou, contudo, que a análise dos processos de diferenciação da organização económica se afastasse desta concretização apenas sectorial e que o problema a interpretar fosse de outra natureza. O *território*, enquanto meio e contexto de vida e de organização material e simbólica e enquanto capital de possibilidades e de conhecimentos; a *iniciativa*, enquanto expressão das capacidades dos actores; a economia moral e ética dos comportamentos produtivos e institucionais que organizam *sistemas locais;* as *redes de proximidade* – tudo isto passou a estar presente, de forma transversal, na avaliação do modo como as economias se organizam.

A mudança, por sua vez, começava a ser vista como um processo substantivamente diferente do que se pressupunha que resultaria da simples superação de dualismos e segmentações e da generalização dos mesmos princípios de racionalidade e cálculo económico, como algumas das análises do desenvolvimento tinham popularizado.

1. Determinismo *vs.* heterogeneidade

Entretanto, a vulgarização das leituras sobre a globalização da economia fez diminuir consideravelmente as discussões sobre a qualidade intrínseca (a valia própria) das estruturas específicas e dos processos diferenciados que se identificam na economia. Por isso, passou a insistir-se sobretudo na sua natureza *derivada, sobredeterminada,* visto que a heterogeneidade da vida colectiva deixaria de ter conteúdo *estrutural* significativo, sendo antes uma heterogeneidade *funcional*, ao serviço daquela globalização. Neste sentido, a segmentação e a diferença pertinentes são apenas as que resultam da possibilidade de um determinado processo ser ou não funcionalmente integrado, "posto ao serviço", de lógicas de exploração exógenas e globais. A verdade, porém, é que são muitos os problemas analíticos que – na sequência do ponto de partida representado nas discussões sobre o rural e a pequena agricultura – exprimem os movimentos diferenciadores da economia. É por isso que vale a pena manter uma linha de tensão permanente que contraponha uma visão "determino-finalista" a uma visão "heterogénea" sobre a economia dos nossos dias. Com este texto pretende dar-se um contributo particular para esse objectivo, elegendo as questões do rural e do território.

2. A diferenciação das economias: um apanhado sobre os últimos 20 anos (do rural ao territorial)

No Portugal da segunda metade dos anos setenta, a investigação sócio-económica que se interessava pela heterogeneidade das estruturas da economia, especialmente a de raiz sociológica, dedicou-se, de facto, aos estudos rurais. Isso demonstra-se pela produção teórica levada a cabo por aqueles que não eram especializados no tema mas se interessavam por ele, valorizando-o como um elemento para perceber o funcionamento da sociedade e a forma como o capitalismo, enquanto modo de produção, se articulava com outras entidades mais ou menos estruturadas.

Por exemplo, a preocupação dos autores de *Modalidades de penetração do capitalismo na agricultura: estruturas agrárias em Portugal Continental (1950-1970)* (Freitas *et al.*, 1976) era avaliar as "combinações múltiplas existentes nas esferas comercial e industrial como formas de vida que a história tinha esperado que se tornassem iguais às demais mas que efectivamente continuaram diferentes".

Do mesmo modo, a matriz de referência do trabalho "O espaço social rural" (Pinto, 1982) tinha por certo em mente mostrar que tal espaço é dotado de uma "irredutível 'espessura' social" e que é a partir dela que se estabelecem as suas "funções externas", quer dizer o processo de funcionamento da economia que o envolve.

A ideia de *resistência* (dos produtores camponeses à generalização do trabalho assalariado); a de *submissão formal* (mas não real); a de *especificidades* da produção agrícola; a de *articulação* de modos de produção – tudo isto é tributário da preocupação de entender por que razão é que a sociedade não é homogénea e, por isso, tem de ser compreendida quer do ponto de vista das estruturas que a constituem, quer do ponto de vista da "lógica inclusiva" que tem de instituir para que todas as esferas de vida colectiva sejam, pelo menos no plano da produção e do consumo, integradas no processo económico.

A linha geral dos objectivos do *I Colóquio de Estudos Rurais – A Pequena Agricultura em Portugal*, organizado pela *Revista Crítica de Ciências Sociais* (e cujos resultados constituiriam o número 7/8 da Revista) e pela Faculdade de Economia da Universidade de Coimbra, em 1982, não era outra senão questionar o "princípio hegemónico do sistema social" e dar sentido a um "sector da realidade social portuguesa" presente no quotidiano das práticas correntes e capaz de esclarecer as complexidades da vida colectiva. Este tipo de preocupações reflectia-se numa visão comum partilhada pelos organizadores do colóquio e em problemas de investigação específicos, como os de Pedro Hespanha (1982), sobre a propriedade fundiária – "o controlo da terra [tem] uma importância decisiva na conservação da autonomia da família camponesa" – ou os que eu próprio desenvolvi (Reis, 1982), dado o interesse que tinha em questionar "dois vícios" da economia: "o de ignorar as diversas racionalidades que coexistem na produção e o de submeter a realidade a uma mesma bitola". No mesmo sentido pode ser interpretada a divulgação em Portugal, no período inicial da consolidação e desenvolvimento das ciências sociais, com a democracia, de obras como as de Amin e Vergoupolos (1978) ou Rey (1979).

Uma segunda geração de estudos, de que pode servir de exemplo o trabalho de A. Firmino da Costa (1984), mantinha esta ideia de que a influência do rural enquanto chave para a compreensão das diferenciações se projectava e reproduzia no próprio meio urbano – a cultura popular urbana de um bairro tão específico como Alfama só se torna perceptível quando se constata que ela é "em grande parte protagonizada por migrantes rurais" (Costa, 1984: 86).

Não tardou, por isso, que se interpretasse a própria modelação dos sistemas económicos e das respectivas economias regionais (por exemplo as de predominância industrial) como um processo cujo elemento distintivo passava pela presença ou não de elementos e influências do rural. Assim, é bastante ágil o processo que leva a pesquisa para fora da temática rural e camponesa e a situa nas questões dos tipos de urbanização e da industrialização, recorrendo a um crescente interesse pelos processos difusos, isto é, aqueles cujas características convidavam a ultrapassar a simples dicotomia rural-urbano. Os trabalhos de Gama (1987a) e a publicação na *Revista Crítica de Ciências Sociais* do texto de Mingione e Pugliese vão neste sentido. De facto, o número 22 da *Revista Crítica* (1987) mostra um conjunto de orientações de pesquisa que exprimiam bem o patamar de investigação alcançado nos estudos territoriais em Portugal. As "articulações espaciais da economia e as análises da diferenciação das dinâmicas espaciais", ao revelarem a relação intensiva da acumulação com o espaço (Reis, 1987: 14-15) apareciam, neste contexto, como o método adequado para superar a condição *utópica* (ou *atópica)* das teorias que omitiam as diferenças regionais e a sua "dimensão demasiado abstracta e generalizante, ocultando a variedade de situações concretas" (Ferrão, 1987: 55).

Quando se passa para este patamar, é o território (quer dizer, os espaços de vida colectiva diferenciados por características de natureza material e simbólica), e não os sectores diferenciados pelas relações de propriedade ou pelas características técnico-produtivas, que passa a ser o elemento central que serve para avaliar a heterogeneidade sócio-económica. Constituiu-se, deste modo, uma nova geração de estudos sobre a diversidade e a diferenciação das estruturas sócio-económicas nacionais que produziu resultados prolongados de que ainda hoje se alimenta a reflexão sobre o funcionamento do país. Foi assim que se entendeu (Reis, 1985: 225-226) que a evolução diferenciada das componentes territoriais da economia portuguesa era o resultado de combinações locais e regionais específicas entre a maneira como se organizam os sistemas de produção e a acumulação e os modos como se estruturam as economias das famílias e a reprodução das condições de vida e, designadamente, a reprodução da força de trabalho. O elemento estrutural decisivo, pela sua permanência e pela multiplicidade dos seus vínculos com o tecido económico, era a pequena agricultura – a sua natureza complementar relativamente aos processos de alargamento territorial da industrialização influenciava largamente as condições de funcionamento dos mercados de trabalho (quer dizer, influenciava a *relação salarial* e a natureza das dinâmicas industriais) e modelava os processos mais fortes de estruturação diferenciada do território (os tipos de industrialização e de urbanização, ambos de características difusas).

Claro que não tardou que, ao lado do território, outros temas se autonomizassem. O emprego, os sistemas de emprego e os mercados locais foram, porventura, os primeiros desses temas. Com efeito, as teorias da dualização e da segmentação dos mercados de trabalho, de grande expressão na teoria económica, abriram esse caminho. Os fenómenos de desconcentração produtiva, com uma forte alteração da geografia do emprego industrial ao longo das décadas de oitenta e noventa, ilustraram com clareza que a diferente plasticidade dos sistemas sociais locais foi amplamente "usada" pela economia na sua evolução organizacional.

Toda a conceptualização da sociedade portuguesa como sociedade semiperiférica[114] foi tributária da ideia de que ela é dotada de uma forte heterogeneidade estrutural (Reis, 1993: 143-151), razão pela qual a regulação assenta, essencialmente, em processos de integração multiforme. Isso ilustra-se com as relações entre a esfera da produção (onde predominam as formas típicas da organização industrial) e a da reprodução social (onde é muito significativa a presença de condições materiais e de formas de sociabilidade locais, *face-a-face* e, no limite, de origem rural, mas já não agrícola, visto que esta deixou de ser a actividade que organiza os modos de produzir). E ilustra-se também pela presença de formas de urbanização e de industrialização de natureza difusa – Portugal é uma sociedade com um forte predomínio urbano justamente porque uma boa parte da população está na proximidade de aglomerados urbanos e participa dos respectivos mercados de trabalho, modos de consumo e serviços colectivos, e não porque haja uma concentração urbana significativa.

Os temas mais recentes da inovação e do conhecimento têm igualmente como raiz uma enorme atenção à diferenciação e ao que emerge do território, dos actores, dos sistemas de organização particulares. De facto, um dos problemas que passou a estar na base da economia regional e da percepção das diferenciações territoriais é o que consiste em saber se os espaços locais são realidades determinadas por factores exógenos ou possuem uma capacidade endógena para promover dinâmicas inovadoras específicas. Por sua vez, a razão por que se liga diversidade a conhecimentos é que estes são utilizados pelos indivíduos e pelas organizações e institucionalizam-se em rotinas que constituem mecanismos reguladores das aprendizagens. Como mecanismos institucionais construídos colectivamente durante um processo histórico, estas rotinas tendem a reforçar-se no tempo, criando condições favoráveis para que os comportamentos do passado se reproduzam no futuro.

A existência destes condicionalismos não elimina a liberdade individual para pesquisar novos conhecimentos e promover dinâmicas organizacionais inovadoras. Porém, esta liberdade potencial exerce-se dentro de fronteiras

---

[114] Cf. a longa série de trabalhos do Centro de Estudos Sociais de que servem como exemplos as *Oficinas do CES* e *Portugal: Um retrato singular* (Santos, 1993b).

relacionadas, não só com a natureza limitada da racionalidade humana, mas também com a amplitude do menu de alternativas idiossincrático contido nas rotinas (Nelson e Winter, 1982: 134). Quer isto dizer que, como tem salientado uma das versões da economia institucional (ver Capítulo 2), o conhecimento é contextual.

A amplitude da base de conhecimentos de uma organização ou de qualquer outro meio de vida colectiva não se constrói apenas através do seu funcionamento interno. Pelas relações externas em que se participa tem-se acesso a conhecimentos que se podem endogeneizar, gerando-se complementaridades entre os diversos utilizadores desses conhecimentos. No plano das organizações, estas complementaridades favorecem a estandardização de conhecimentos e a institucionalização de um amplo consenso que permite estruturar a transferência de informações, uniformizar conhecimentos e estabilizar os modelos de interacção social (McKelvey, 1997: 204-206).

Estas redes interorganizacionais proporcionam o desenvolvimento de aprendizagens colectivas associadas a conhecimentos específicos e a práticas reguladoras próprias, gerando-se paradigmas tecnológicos que tendem a reproduzir-se no tempo e no espaço. A tendencial estabilização do modo de funcionamento de um paradigma tecnológico não elimina a possibilidade de se pesquisarem novos conhecimentos. Estas pesquisas estão na origem das novas combinações produtivas que, segundo Schumpeter (1934: 66), sustentam o desenvolvimento económico.

Assim sendo, o conhecimento, os mecanismos da aprendizagem, as complementaridades entre utilizadores e as redes que desse modo se criam são uma fonte essencial para criar trajectórias sócio-económicas ou tecnológicas distintas, diferenciadas e, portanto, caracterizadoras da estrutura dos sistemas sociais – a heterogeneidade é, enfim, um processo onde intervêm interacções complexas.

A aprendizagem de conhecimentos, ao constituir-se num *input* e num *output* fundamental da dinâmica de inovação, faz desta última um processo activo das reorganizações sociais. A diversidade de conhecimentos utilizados e das interacções entre as fontes internas e externas desses conhecimentos são os dois factores interdependentes que se confrontam sistematicamente. Estas lógicas de funcionamento evoluem através de trajectórias tecnológicas endógenas, assentes quer em relações de mercado, quer de cooperação, que permitem consolidar práticas de aprendizagem colectivas específicas. Os exemplos mais utilizados da dinâmica inovadora revelada por redes locais de PME nos anos setenta e oitenta são os distritos industriais italianos. Em

Portugal, o sistema produtivo local de Águeda (Reis, 1992: 203-233) e o da Marinha Grande constituem os casos de estudo mais recorrentemente referenciados. O que está em causa na análise destes processos é compreender como os resultados produzidos localmente dependem de mecanismos gerados endogenamente que têm sido sistematizados nos seguintes princípios: uma cultura técnica local; um sistema de relações interindustriais locais; uma articulação com o modo de reprodução social local, que é distinto dos de predominância metropolitana; um agente colectivo de representação e negociação com o exterior. Evidentemente que o interesse destes mecanismos sociais reside no facto de eles constituírem o sistema local antes que os processos de integração externa o integrem, valorizem ou desestruturem.

Assim sendo, o desenvolvimento das aprendizagens endógenas de um espaço local depende, fundamentalmente, da capacidade de integrar as solidariedades criadas, ao longo do tempo, nesse espaço, em redes organizacionais com uma base de conhecimentos suficientemente ampla para interpretar e controlar uma diversidade de fluxos de informação internacionais. Nestas circunstâncias, a constituição de uma economia regional da inovação (Tolda, 1995: 85) é um processo muito mais exigente, mas continua a ser um elemento central que evidencia o facto de os sistemas sociais serem heterogéneos e complexos e não apenas mecanicamente controlados a partir de um centro.

3. Mudança e conhecimento evolucionista: interpelar Portugal

As agendas de investigação que tenho estado a invocar, os recursos conceptuais e analíticos usados, a evolução dos debates nas matérias referidas, tudo isto, não pode deixar de ser associado a um objectivo preciso: interpelar a matriz sócio-económica, simbólica e material da nossa formação social, bem assim como alguns dos principais aspectos da sua natureza estrutural e da sua evolução. Interpelar Portugal, portanto. Procurar conhecê-lo nas suas dimensões concretas e constituintes.

Depois da digressão feita pelas temáticas que me pareceram mais relevantes, regresso ao tema do rural admitindo que, para além das questões substantivas que comporta, ele tem sido, por regra, uma boa chave para se pensar a evolução. E é particularmente significativo que assim seja, numa sociedade como a portuguesa, que manifesta tão frequentemente grandes dificuldades em reconhecer as suas estruturas internas. Talvez esta dificuldade se deva ao facto de as mais significativas das tendências pesadas que a têm marcado serem habitualmente tendências de extroversão ou de influência externa. Creio que não faltam exemplos: demos sempre mais atenção à viragem exportadora da nossa economia, nos anos sessenta, do que à industrialização de base endógena dos anos cinquenta; tivemos sempre mais sensibilidade para com o fenómeno emigratório do que para com a forma rápida e dúctil como uma percentagem elevada da população residente, regressada subitamente ao país em 1975, se inseriu social e economicamente, tornando-se depressa num não-problema (de tal forma que o termo "retornado" desapareceu do nosso vocabulário tão rapidamente quanto entrou, o que é um ganho cívico notável); compreensivelmente, insistimos mais nos olhares que deitamos à integração europeia enquanto fenómeno de transnacionalização do que enquanto fenómeno produtor de regionalização e de dinâmicas de proximidade no quadro da evolução do sistema europeu e mundial (vemos o Euro e esquecemos Espanha?); conhecemos pior o interior, o nosso sistema urbano e as grandes dinâmicas do território nos anos oitenta e noventa do que as periferias da metrópole lisboeta onde afluem populações em mobilidade; entendemos com mais facilidade os movimentos das empresas que entram e saem do que os sistemas produtivos localizados. Aliás, seria interessante que isto não viesse a passar-se com a mais impressiva novidade sociológica deste início de século, que é o acolhimento ao longo do país (e não apenas na Grande Lisboa) de imigrantes, como os que têm vindo dos países do leste europeu, cujo grau de interpelação da sociedade portuguesa me parece que será muito significativo.

Se o pressuposto que acabei de usar for certo, se de facto atendemos mais ao que representam as relações de alteridade do que as de identidade, o problema principal não estará apenas na desproporção relativa dos dois tipos de conhecimento (cuja distinção resulta de ter partido de uma dicotomia que tenho a consciência de ser arbitrária e, porventura, injustificada), mas no facto de não ficarmos municiados com um instrumento muito necessário – o conhecimento dos processos colectivos, do "processo da vida", daquilo que melhor caracteriza as sociedades e as suas dinâmicas sócio-económicas, e que se exprime na matriz estrutural interna.

E haverá uma segunda consequência: a desatenção para com o "processo da vida" comporta em si mesma a dificuldade de atribuirmos um papel relevante à incerteza e ao experimentalismo enquanto matéria essencial de que é feita a evolução social. Quer dizer, é seguro que só um caminho atento aos processos concretos que marcam as formações sociais, um caminho em que sejamos capazes de olhar para dentro, reduz o risco de fazermos do nosso trabalho um exercício de mecânica fria, apriorística e abstracta, um exercício ansioso de ser predictivo mas pouco capaz de se tornar cultural, colectivo, interdisciplinar, processual e evolucionista. Pretendo significar com isto que, na medida em que se geram dificuldades de reconhecimento das nossas estruturas internas, o conhecimento no meio do qual nos movemos tenderá a ser determinista, unilateral e excessivamente mecanicista. É, por isso, que em certos momentos (há anos sobre a pequena agricultura; hoje sobre a globalização) é forte a propensão de muitos para insistirem em trajectórias obrigatórias, modelos incontornáveis, tendências que não vale a pena contrariar. É nessas alturas que se torna particularmente importante contrapor hipóteses rivais e inquietações construtivas.

Os méritos de todos os que (depois de tantos outros) nos interessávamos pelos estudos rurais há vinte e tal anos estavam, pois, ligados à ideia de que valia a pena dar valor à diferenciação e acarinhar o que ilustra as complexidades da vida. Por isso, a agenda de investigação de finais de setenta princípios de oitenta sobre o rural revela uma preocupação mais metodológica e problemática do que disciplinar ou sectorial. Os seus efeitos (mais ou menos fracos, mais ou menos fortes) repercutiram-se tanto na leitura que queríamos fazer da sociedade portuguesa, quanto na que queríamos fazer dos meios rurais e das actividades agrícolas. E, com isso, quero chegar à conclusão de que – ao interessarmo-nos pelos processos, pelos agentes, pela fenomenologia e pela evolução, e ao rejeitarmos as trajectórias únicas e pré-determinadas e os modelos técnicos e sociais obrigatórios – estávamos em busca de uma visão institucionalista das nossas realidades sócio-económicas, se dessa visão tivermos o entendimento que ela representa uma preocupação com a percepção das racionalidades dos agentes, da contingência dos processos sociais, das dinâmicas contextuais, das capacidades geradas pela proximidade e pelos processos relacionais.

Os estudos rurais eram há vinte anos, tal como hoje, um excelente campo para estas finalidades mais gerais, quando a investigação sócio-económica estava a querer desenvolver-se e uma comunidade de cientistas sociais se instalava e procurava consolidar-se. Creio que nenhum de nós era ruralista, e muito menos o somos agora. Também não quero defender que os estudos rurais eram um simples pretexto, uma espécie de problema *à mão de semear* (é clara e óbvia a pertinência empírica do tema, a sua tradição nos estudos portugueses e a sua centralidade nas questões da economia, bem assim como a sua autonomia disciplinar). Mas parece-me certo que nos estudos rurais se concentraram preocupações e interesses cujo significado e amplitude ultrapassavam em muito a própria matéria empírica.

De facto, foi neste campo de estudo que se condensaram muitos dos interesses que outros temas haveriam de ajudar a desenvolver a seguir. Diversidade e diferenciação, comportamentos relacionais e processos contextuais, economia moral, conhecimento tácito – eis algumas das questões que não sou capaz de desligar das motivações, dos métodos, da retórica de persuasão, que usámos e que eu suponho poder associar a, pelo menos, uma parte das preocupações que moviam quem se interessou pelos estudos rurais.

4. Evolução e mudança: a persistência da diversidade

O que mais pode dar razão às considerações anteriores é um facto simples: as sociedades não percorrem trajectórias pré-definidas. A única trajectória certa é a do inesperado. É dessa incerteza certa que nascem o experimentalismo, a riqueza da evolução, as vantagens da diversidade. É por esta razão que têm razão os que não confiam em modelos obrigatórios ou soluções técnicas incontornáveis. A sociedade portuguesa, décadas passadas sobre as visões "modernistas", é um bom exemplo disto mesmo e o que se passou no mundo rural e nos seus territórios "interiores" só o sublinha.

Hoje quando falamos de mudança estamos, em grande medida, a falar de urbanização (das ocupações profissionais, dos modos de vida e de consumo, das formas de locomoção...); de espaços da indústria; de espaços de lazer; de produção de valores simbólicos.

De resto, parece-me claro que, devido à sua expressão territorial, os meios rurais e de organização difusa são, em Portugal, expressão cimeira de muitas das mais profundas transformações que a nossa sociedade tem registado. Quais são essas transformações? Seria exagerado procurar traçar aqui as características sócio-económicas mais marcantes da trajectória percorrida pela sociedade portuguesa nas últimas décadas. Mas quero seleccionar quatro factos relevantes que distinguem o Portugal de hoje do de há duas décadas: uma maior urbanização, um maior cosmopolitismo dos comportamentos, uma mais intensa relação com os mercados de trabalho e uma maior territorialização das práticas quotidianas. Cada um destes indicadores resulta de o ângulo de observação que privilegio ser a intensificação das inter-relações sociais.

A maior urbanização. Em Portugal, 3/5 da população reside num espaço de características urbanas, quer se trate das duas áreas metropolitanas, de um centro urbano ou de freguesias situadas a menos de 5 quilómetros de um centro de mais de 10 mil habitantes. Na Região Centro, 3/4 da população reside a menos de meia hora dos centros que estruturam os cinco eixos ou constelações urbanas que asseguram o travejamento regional. A questão principal não está, contudo, na maior ou menor distância a que os lugares se situam, mas no facto de a meia hora de distância que separa uma aldeia da sua sede de concelho servir hoje para estabelecer uma relação de proximidade, quando antes, em vista da natureza e dos ritmos das ocupações e dos níveis de consumo e de fruição da provisão de bens-públicos, era uma relação de distância que predominava.

O maior cosmopolitismo dos comportamentos. A televisão, o acesso a comunicações instantâneas, a publicidade, o turismo e a imitação são, como todos sabemos, poderosos instrumentos de transformação das atitudes e das acções individuais, em qualquer meio. Daí resulta um crescente cosmopolitismo, no estrito sentido em que se geram comportamentos abertos, sujeitos à influência da imitação. O que me parece essencial é a ideia de que, nos meios rurais e de urbanização difusa, essa mudança não é entendível sem a associarmos às relações de proximidade dinamizadas pela cidade ou vila que polariza a vida local, pelo comércio, pelos serviços acessíveis.

A mais intensa relação com os mercados de trabalho. Recorde-se que Portugal tem uma taxa de actividade elevada, superior à da União Europeia e bastante superior à dos países periféricos; que a taxa de actividade feminina é também muito elevada[115]; que os níveis de assalariamento são mais baixos que a média europeia e, esses sim, comparáveis aos dos outros países periféricos; e que tudo isto ocorre num contexto de reduzida mobilidade do emprego, com forte diversidade regional dos sistemas de emprego. De facto, tal como acontece com os comportamentos de consumo, de lazer, de sociabilidade, também com os mercados de trabalho estamos perante relações territorialmente construídas. Se o indicador do emprego industrial for significativo (e é, na parte que lhe cabe), são muito interessantes, do ponto de vista que estou a propor, as conclusões do trabalho de Artur Furtado e João Fermisson (2001). De facto, entre 1982 e 1998, o emprego industrial em Portugal sofreu uma muito acentuada desconcentração regional, pois enquanto as Áreas Metropolitanas de Lisboa e do Porto (que em 1982 representavam 48% do total) perderam, respectivamente, 42% e 24% desse emprego, registaram-se crescimentos ao longo de grande parte dos territórios regionais, em geral

[115] Nos serviços situa-se em valores semelhantes aos dos países mais avançados, no secundário equivale-se a países do terceiro mundo e a países europeus menos desenvolvidos, na agricultura é, em termos absolutos, muito elevada (Ferreira, 1999).

caracterizados por formas de organização difusa.[116] Quer se trate de uma "migração" do emprego industrial, quer da criação *in situ*, numa base local, o que parece certo é que a relação dos indivíduos e das famílias com mercados de trabalho com as características que a oferta de emprego industrial lhes traz representa um sinal muito significativo da variação registada na intensidade das interacções locais que os envolvem.

A maior territorialização das relações sociais. É este conjunto de processos que associo à maior territorialização das relações sociais. Com efeito, a urbanização é, na sua grande parte, o resultado da intensificação das relações quotidianas de proximidade (pelo trabalho, pelo consumo, pelo uso dos serviços públicos) com centros e eixos urbanos, mais do que processos de mobilidade acentuada e de deslocação definitiva. Ora, esses meios atractivos são a espinha dorsal dos diferentes territórios regionais e sub-regionais que compõem o nosso sistema nacional: as áreas metropolitanas de Lisboa e Porto com os seus prolongamentos periféricos directos e as suas cidades complementares, respectivamente Setúbal e Braga; Coimbra, como único centro urbano de mais de cem mil habitantes que estrutura autonomamente um território; os eixos criados pelas cidades médias do litoral ou pelas do interior, onde sobressaem os casos de Vila Real - Régua ou Guarda - Castelo Branco).

É, aliás, nessa interacção intensa dentro dos territórios regionais que se originaram as mais profundas aberturas das economias familiares e as mais significativas transformações dos comportamentos. Como já referi, entendo que mesmo aquilo a que chamei o cosmopolitismo dos comportamentos tem uma primeira dimensão que se exerce localmente: pelos consumos, pelo lazer, pela imitação e pela moda, pelo trabalho. A influência da cidade próxima, o uso do supermercado das compras habituais, a disponibilidade dos serviços públicos (saúde, escola), segundo uma lógica de proximidade transformada pelos transportes, encerrou definitivamente a autarcia local e rural e colocou as relações entre os pequenos lugares e os centros regionais numa dimensão radicalmente diferente.

Ora, nesta profunda territorialização das estruturas internas da nossa economia, a interpretação do significado do rural e das relações com o espaço continua a ser um tema essencial. Fernando Oliveira Baptista (2001) já nos

---

[116] Para além das NUTSIII do Alentejo Litoral e do Baixo Alentejo, as perdas registam-se em NUTSIII com expressão urbana e emprego nos serviços (Algarve e Baixo Mondego) e na Beira Interior Sul e na Serra da Estrela.

recordou muito bem que "a hegemonia da agricultura sobre o território" não persiste como noutras fases do desenvolvimento sócio-económico, assim como sublinhou a "independência entre a geografia e as relações sociais". Por isso, o rural que se identifica no território português – e a identificação faz-se literalmente para todo o território português – é sempre um sujeito relacional: ou é *rural urbano*, porque é intersticial, situando-se em zonas de grande densidade demográfica, de emprego secundário e terciário largamente predominante, de urbanização acentuada; ou é *rural assente na indústria e nos serviços*, porque se articula com a indústria e os serviços em contextos de urbanização difusa; ou é *rural de baixa densidade*, porque exprime a presença significativa da agricultura enquanto actividade mas também exprime a rarefacção territorial; ou é – por último – *rural agrícola* porque evidencia a situação em que a hegemonia da agricultura sobre o território ainda tem significado.

O interesse pelo rural resultou do interesse pelas pessoas, pelos territórios, pelas sociabilidades, pela proximidade relacional, pelas capacidades que originam ancoragens qualificantes dos processos de desenvolvimento. E é também porque nos interessamos por uma forma de produzir que associamos a modos de vida que queremos ver como recursos para a reinvenção social. Estes são hoje temas que extravasaram as fronteiras sectoriais e influenciam as concepções do desenvolvimento, no seu sentido mais geral.

Hoje, as estatísticas mostram-nos que o número de explorações agrícolas em Portugal já decresceu espectacularmente e são só cerca de 380 mil, em vez daquele "arreliador" número de cerca de 800 mil há pouco tempo atrás (somos até o país europeu onde a década de noventa mais saneou as estruturas agrícolas, visto que "desapareceram" 30% das explorações de menos de 5 ha.). A população agrícola familiar representa 12% da população residente total, a percentagem da população das famílias com explorações agrícolas é 37% da população rural e esta é 51% da população residente. Só 33% das explorações familiares são fonte exclusiva ou principal do rendimento doméstico. O tempo de trabalho dedicado à exploração e a parte do rendimento que daí provém é, para a larga maioria das famílias, uma parte menor, mas estão longe de ser marginais. Afinal, o retrato conhecido da afirmação das lógicas pluriactivas.

Ao mesmo tempo que tudo isto se passa – isto é, que os indicadores regridem sem que simultaneamente seja fácil caracterizar os territórios que compõem o país deixando de avaliar a sua matriz rural e que esta, por sua vez, conhece metamorfoses muito rápidas –; ao mesmo tempo que estes são sinais de uma evolução significativa que contraria os pressupostos de imobilismo;

ao mesmo tempo que isto acontece, parece também claro que as mudanças do meio rural e a maior territorialização das práticas sócio-económicas comportam uma mais intensa relação quer com as políticas públicas, quer com agentes externos (que seguem essas políticas). Esta dupla abertura do espaço rural (a que lhe é trazida por agentes externos que o procuram segundo novos interesses e novas lucratividades e a que resulta da própria metamorfose dos agentes originariamente locais) é certamente o grande traço de novidade para o que aí vem. Resta, pois, continuar a observar de que modo abertura e mudança geram novas mudanças.

Já sabemos que a discussão sobre diferenciação das economias está hoje profundamente limitada por uma ideia acerca da globalização que é tributária do princípio da tendencial homogeneização dos sistemas económicos e pela noção de que a diferença só existe como recurso instrumental da integração. Parece-me, contudo, que não tardará que se reavaliem as capacidades de iniciativa e as margens de manobra de que os diferentes sistemas dispõem e que lhes servem, não para se tornarem autárcicos ou "independentes", mas para revelarem poder de influência na estruturação dos contextos (de maior ou menor proximidade) em que funcionam. Creio que, nesse caso, continuaremos a revisitar o rural, independentemente do modo como o designarmos ou das articulações que lhe atribuamos.

De um processo deste tipo hão-de fazer parte três elementos essenciais que definem os territórios: a capacidade institucional; os mecanismos de aprendizagem e de produção de conhecimentos; o seu conteúdo urbano, entendido não como simples lógica de consolidação de cidades mas como uma forma de fixação de recursos capacitantes.[117] Creio que esses serão elementos para continuarmos a pensar as sociedades como entidades estruturalmente assentes na diferenciação e na diversidade. E essa é uma razão positiva para algum optimismo.

5. Conclusão: uma visão prospectiva sobre a diferenciação das economias

As questões da diferenciação da economia estão hoje balizadas e, provavelmente, a sua discussão está profundamente limitada por uma discussão acerca da globalização que é tributária do princípio da tendencial homoge-

[117] Uma visão estimulante para discutirmos de que modo os espaços diferenciados e habitualmente considerados como marginais podem constituir-se em agentes de desenvolvimento é a que é feita por A. J. Mendes Baptista (1999), a propósito do interior.

neização dos sistemas económicos e da ideia que a diferença só existe como recurso instrumental da integração.

Não é necessário lembrar que a teoria social nunca previu os "milagres" económicos (e por isso se lhes chama assim) e que os casos que em certos momento, aliás fugidios, concentram atenções são mais resultado do inesperado, e portanto das suas qualidades próprias, do que de evoluções orgânicas, programadas ou determinadas do seu exterior.

Os processos que diferenciam os territórios continuam, pois, a ser essenciais para compreender a vida e a organização colectivas. Porventura, a fase seguinte do debate sobre a globalização, na sua radical originalidade e historicidade, há-de ter um equivalente na discussão que, a seu tempo, foi feita sobre a natureza estruturalmente diferenciada do funcionamento dos capitalismos nacionais.

CAPÍTULO 9

OS LUGARES E OS CONTEXTOS: TEMPO, ESPAÇO E MEDIAÇÕES NA ORGANIZAÇÃO DAS ECONOMIAS CONTEMPORÂNEAS

O conhecimento dos modos de organização das economias contemporâneas coloca-nos perante um grande número de questões em aberto e exige múltiplas contribuições. Sendo ponto de consenso que é crescente a complexidade das interacções económicas, é grande, no entanto, a variedade dos temas que convidam à reflexão e ao debate no âmbito das ciências sociais. Um deles, que representa o contexto problemático das considerações que sintetizarei neste capítulo, tem sido objecto de aturadas análises e é exemplarmente significativo da vocação convergente de várias perspectivas. Refiro-me a um quadro de análise que possibilite a percepção dos processos de mediação espacial em que se baseiam muitos fenómenos económicos relevantes, tais como, por exemplo, os que se relacionam com a geração de dinâmicas localizadas de natureza territorial e com a emergência de fenómenos aglomerativos dotados de autonomias significativas.[118]

Na actual agenda de investigação, este tema foi-se tornando relevante porque, em consequência da crise ou apesar dela, as economias têm sido

[118] As reflexões acerca do espaço, do tempo e dos contextos de iniciativa dos agentes económicos de micro-escala, de que aqui me ocupo, foram parte da minha dissertação de doutoramento (Reis, 1992). Nesse trabalho discuto a natureza da regulação de uma economia semiperiférica como a portuguesa, em que os processos de mediação local são muito relevantes. Elegi como campo de análise principal as relações espaço/indústria e, para além de uma análise dos mecanismos globais de estruturação económica e do que designo por espaços estruturais de funcionamento da economia portuguesa (com a qual procurei avaliar as dinâmicas regionais da indústria durante as últimas três décadas, tomando em conta a sua articulação com os contextos de reprodução social dos meios onde se localiza), baseei as minhas reflexões no estudo de dois casos de industrialização local bastante diferentes, com relevo para o de Águeda, que encarei como um sistema produtivo local cuja forte especialização no sector metalomecânico esteve muito ligada à existência de inter-relações produtivas bastante densas das empresas locais e à consolidação de uma cultura técnica industrial. Retomo aqui este texto porque ele se liga singularmente à discussão que tenho prosseguido sobre as interacções organizativas das economias contemporâneas e a sua complexidade. Mantive a discussão nos termos em que ela se colocava naquele momento.

atravessadas por processos locais que se caracterizam fundamentalmente por contextos relacionais de sociabilidade, de organização produtiva e de mobilização dos recursos de meios territoriais específicos. São contextos de co-presença, que justificam a análise das articulações sócio-económicas que os estruturam, a identificação dos agentes colectivos envolvidos e a apreciação dos universos de sociabilidade e de comunicação em que se formam os *habitus* que caracterizam os sistemas locais.

A construção local destes processos não tem iludido que eles são parte de dinâmicas mais largas de reestruturação económica, relacionadas, umas, com a descentralização empresarial decidida em função dos custos do trabalho e, outras, com a valorização de condições industriais localizadas, dotadas de capacidade de acumulação de cultura técnica e de mecanismos de adensamento interindustrial. É a crescente importância de um grande número de agentes (com posições hierárquicas diversas), de um complexo de relações produtivas e organizacionais, também hierarquizadas, de modos diferenciados de sociabilidade e de estruturação da vida material que nos impõe a necessidade de incluir a análise do local nas preocupações disciplinares da economia e de procurar identificar os *processos constituintes* dos movimentos económicos globais.

Sendo certo que preocupações deste tipo estão presentes num grande conjunto de perspectivas recentes, que têm servido para a análise de sistemas locais baseados na pequena empresa e em fortes articulações com os meios em que se inscrevem, gostaria também de relembrar que com estes trabalhos se retoma uma "intuição" apresentada por Alfred Marshall em *Principles of Economics,* quando se interrogou sobre as origens, as vantagens e a lógica de estruturação das "indústrias localizadas" *(localized industries)* de um distrito industrial denso. Como é sabido, Marshall (1961: 271-276) atendeu simultaneamente *à qualidade* industrial (qualificação do trabalho em contextos onde se consolidaram culturas técnicas "transmissíveis", especialização, complementaridades produtivas no interior de um mesmo processo de produção) e às características sociais das "localidades" onde tal tipo de industrialização ocorre (expressas, segundo o seu ponto de vista, em formas de "cooperação das forças sociais com a economia" ou em processos locais de transformação da agricultura).[119]

---

[119] Para um maior desenvolvimento da perspectiva marshalliana, cf. Becattini (1987).

Este autor deixou-nos, pois, uma chamada de atenção para as entidades sócio-económicas, de área territorial circunscrita, em que os processos de organização assentam na co-presença activa de uma comunidade de empresas e de uma comunidade de pessoas em interpenetração recíproca. É por estas razões que a sua perspectiva se torna actual. De facto, se, em grande parte, a análise de Marshall é uma reflexão sobre o seu tempo, não deve esquecer-se que é hoje reconhecido que os processos de descentralização económica e as formas locais de desenvolvimento prefiguram algumas das mais significativas alterações dos processos actuais de organização das economias. Os modos diferenciados de organização que se vão redefinindo aconselham a que, com eles, reapreciemos as noções de espaço e de tempo.

Nas considerações que irei desenvolver assumo, naturalmente, algumas intuições derivadas de "evidências empíricas" que os nossos olhares reconstroem e, nesse plano, poderá dizer-se que fui motivado por duas grandes questões que julgo caracterizadoras da economia portuguesa dos finais dos anos oitenta do século XX. A primeira relaciona-se com o que qualificarei como a sua natureza "intermédia" e representa-se no facto de não ter sido visível em Portugal uma dinâmica tendencialmente uniformizadora dos processos produtivos e dos agentes económicos, o que permite admitir que no nosso país se consolidaram espaços estruturais de funcionamento da economia dotados de identidade específica superior às que se registam noutras situações de crescimento mais intensivo (cf., entre outros, Mateus, 1987). Daí derivam "margens de autonomia" através das quais se valorizam diferenciadamente a capacidade produtiva, a iniciativa empresarial ou os recursos colectivos mobilizados no âmbito local.

A segunda questão que me motivou articula-se com a primeira, pois procurei identificar as condições materiais (e, em muitos casos, também culturais e simbólicas) que tornam aquela natureza intermédia num problema relevante para a análise dos processos de decisão e de funcionamento das economias, bem como para a compreensão das formas de inscrição espacial dos dados económicos.[120]

[120] Estas condições relacionam-se com a produção (existência de áreas de especialização industrial e de grande densidade de pequenas e médias empresas, subsistência da pequena agricultura como actividade a que está ligada uma grande parte das economias familiares), com a reprodução social (natureza bastante compósita das economias familiares, caracterizada pela forte inserção nos mercados do trabalho não-agrícola e pela manutenção de estratégias de ligação complementar à agricultura) e com os agentes (grande significado da

Foi, pois, neste quadro que fui levado a estudar as relações entre a indústria e as estruturas constituintes dos espaços onde ela se inscreve, valorizando questões do âmbito da economia *espacial* e procurando atender ao modo como os processos locais, de âmbito territorial circunscrito, exercem um papel de *mediação* na configuração das transformações económicas, nas relações entre as formas de regulação macro-económica e os agentes locais da iniciativa produtiva, entre os processos de produção e os modos de reprodução social, entre as comunidades locais e as estratégias empresariais. E é neste âmbito que reencontro as questões das formas do tempo e dos espaços de sociabilidade que ajudam a interpretar a condição dos agentes que exercem as práticas económicas.

1. Tempo e espaço na organização das economias contemporâneas: contingência e necessidade

As análises das sociedades capitalistas ocidentais foram produzindo, apesar das diferenças paradigmáticas que as enformam, alguns consensos, algumas linhas de força principais, que remetem para a percepção de uma determinada lógica de organização.

Destas linhas de força faz parte a convicção de que o processo de organização crescente dessas sociedades representa o outro lado da sua *secularização*, isto é, uma tendência para a dissolução das restrições internas que emanam dos seus elementos constituintes originários e para uma progressiva normalização, individualização e ordenação em função de restrições externas. É o pressuposto de uma "natural" homogeneização dos processos sociais, ditada pela lógica "inclusiva" que deriva das formas de regulação central em que se baseia uma economia capitalista.

Esta convicção, é bom dizê-lo desde já, não parece ter sido desacertada. Pelo contrário, terá mesmo originado algumas das mais brilhantes apreciações sobre os processos económicos e sociais dos dois últimos séculos (é o caso da economia clássica, de Smith a Marx). Mas também será certo, por outro lado, que algumas das "visões" premonitórias sobre a transformação das formas de agir do capitalismo, como a que Joseph Schumpeter nos deixou há já mais de meio século, derivaram justamente da apreciação dos limites da

---

iniciativa empresarial de raiz local, de processos de mobilidade social e profissional interligados, de formas relacionais de organização produtiva e de formas de acção colectiva que possibilitam a mobilização, pelos meios locais, de recursos para a promoção do emprego).

matriz lógica que acompanhou a racionalização (excessiva racionalização, dirá) da decisão económica. Por isso, a sua prospectiva do capitalismo depende da avaliação dos efeitos de uma função de iniciativa (a função empresarial) sobre a "sobrevivência da ordem capitalista", a estrutura social e a organização do processo produtivo (Schumpeter, 1987: 131-132 e ss.).

Reconhecer as tendências principais e os seus limites significará, afinal, que em vez de se postular a estabilidade dos sistemas sociais se deve admitir que cada forma de estruturação das economias tem o seu *tempo* e o seu *espaço*. O tempo que as caracteriza não é apenas um tempo cronológico, uniforme, exterior, expressão sintética e essencial daquele processo de "secularização", no qual a ordenação dos indivíduos assenta em restrições normalizadoras e taxonómicas. Se assim fosse, tratar-se-ia apenas de um tempo abstracto, estranho às pessoas e aos processos vividos: um tempo da organização das economias que se caracterizaria pela uniformidade e que seria garantia da plena sobreposição de regras institucionais e tecnologias de criação de poder, cuja consolidação e generalização se pressupõem asseguradas.

Ora, há um tempo dos indivíduos e dos grupos, prévio a este tempo histórico, que, ao contrário, é um tempo cíclico, poli-ritmado, pluridimensional, feito da "sobreposição de várias relações articuladas entre si, pois o ritmo não é somente um fenómeno ondulatório, uma sucessão de ciclos" (Rosier e Dockés, 1983: 8). Como Anthony Giddens sublinha muito bem, o que está em causa, quanto ao tempo, "não são só diferentes meios de o calcular, mas formas divergentes de estruturação das actividades diárias" (Giddens, 1985: 284).

Considerar estes dois tempos – o individual, vivido, feito de recorrências, que representa mais precisamente as *formas do tempo*, e o secular, linear, exterior aos indivíduos – leva-nos até duas ordens principais de apreciações: trata-se, por um lado, da questão da iniciativa dos agentes e, por outro, da compreensão da dialéctica entre as condições necessárias e as condições contingentes da organização económica, isto é, da lógica dos seus processos de estruturação.

No tempo que vivemos, uma das questões que com mais actualidade se tem colocado aos economistas é, exactamente, a da intensa transformação dos processos estruturais de organização económica. São questões relacionadas com as tecnologias e a escala da produção, com as formas de integração produtiva, com as condições do mercado e os modos de consumo, com a natureza da contratualidade na base da qual se organiza o mercado de trabalho, com as formas de ocupação do espaço residencial, com os padrões locativos da indústria e dos serviços, com os processos mais gerais de organização espacial.

Não pode dizer-se, em boa verdade, que a economia, como disciplina, não tenha proposto perspectivas que asseguram uma razoável identificação de muitos dos fenómenos em causa. A grande vitalidade da economia regional – ponto de convergência de muitas correntes relacionadas com a análise do desenvolvimento – constitui um argumento para ilustrar esta ideia. Daí, também, a importância das correntes teóricas que sublinham a necessidade de avaliar as relações económicas e sociais tomando em conta a influência das estruturas espaciais como factores constituintes das dinâmicas económicas.[121]

O que provavelmente tem constituído o maior defeito da economia é a falta de uma percepção rigorosa dos contextos em que se origina a diversidade e, bem assim, da materialidade que os constitui, dos agentes que os dinamizam e da natureza (contingente ou necessária) da inclusão de tais contextos nos processos actuais de organização económica.

A história tem mostrado que a natureza permanente das condições essenciais que caracterizam as relações sociais do capitalismo é compaginável com a estabilização de diferentes *soluções* de funcionamento. A noção de *modelo de desenvolvimento* decorre exactamente da mutabilidade das *soluções sociais*. Só apressadamente se poderá supor que cada uma das formas encontradas se deduz de uma lógica "inevitável" que ordene a história e cada espaço como sequência "fixa" de dados pré-determinados.

Provavelmente, como muito bem tem sido sublinhado por A. Lipietz, um dado regime de acumulação – resultado macro-económico do funcionamento de um modo de regulação na base de um modelo de industrialização – é, ele próprio, um *"produto involuntário"*, uma *trouvaille*, que deriva do confronto de estratégias ideológicas e sociais (Lipietz, 1985, Lipietz e Leborgne, 1988). Isto significará, portanto, que os modos de concretização histórica dos *processos essenciais, necessários* a um determinado sistema social, admitem diferentes lógicas (sequenciais ou sincrónicas) de integração de factores *contingentes.*

Esta perspectiva é particularmente significativa quando estão em causa as estruturas espaciais do capitalismo. Daí que valha a pena partilhar um argumento geral proposto por Lash e Urry (1987) segundo o qual há no

---

[121] Para além das referências incluídas no texto, cf. também Massey (1984), Duncan e Goodwin (1988) e Urry (1987).

âmbito espacial um aspecto de relação social que tem sido inadequadamente explorado, e um argumento específico que considera haver padrões espaciais particularmente associados a cada fase do capitalismo.

Na configuração das estruturas espaciais espelham-se muitos dos factores que representam uma dualidade entre "necessidade" (isto é, características obrigatórias) e "contingência" (isto é, características diferenciadas e eventuais) da organização das economias. Tem pleno sentido afirmar-se que é inerente ao capital uma tendência para se deslocar na procura de vantagens locativas. Tal mobilidade é produto de uma lógica *interna, necessária,* que se representa no facto de à produção presidir uma relação social "inevitável" – a relação capital/trabalho – cuja existência estará a tornar-se cada vez mais *indiferente* a variáveis como a disponibilidade de matérias-primas, os mercados, as fontes de energia, etc. Neste sentido, a concretização de uma relação necessária ao capitalismo vem sendo associada a um princípio de *indiferença espacial.*

Mas, por outro lado, as formas contemporâneas de organização da produção têm mostrado a importância crescente, nas estratégias locativas do capital, de características ligadas às condições locais de reprodução da força de trabalho, ao conhecimento ou às externalidades tecnológicas ou organizacionais. Dado que se trata de características que não são produzidas e reproduzidas do mesmo modo que o capital usa para se auto-organizar, elas não estão sujeitas ao mesmo processo de homogeneização espacial que identificámos acima. Isto significa que, ao lado de relações *necessárias* formadas pelo capital, se pressupõe também a contribuição de outros *agentes* que, contingentemente, intervêm em certas funções. Se, num primeiro momento, é possível identificar estas últimas como condições materiais ligadas aos custos salariais ou às capacidades produtivas instaladas, num segundo momento deve reconhecer-se que o problema é mais vasto, relacionando-se com as formas de iniciativa, com processos relacionais que prefiguram modos de sociabilidade, ou com atitudes subjectivas. "As práticas particulares da sociedade civil nas quais tais subjectividades são constituídas e reproduzidas são, até certo ponto, *contingentes* e dependem em parte da organização colectiva e dos contextos que protejam ou ampliem tais práticas" (Urry, 1985: 37).

Contudo, a análise da intervenção da "contingência" nos processos de organização produtiva não depende apenas das relações com a "sociedade civil" ou, mais especificamente, com a esfera da reprodução social e, muito particularmente, da reprodução da força de trabalho. A interdependência espacial tem também a ver com relações entre uma pluralidade de entidades com diferentes "poderes causais". Por exemplo, no que se refere às formas de organização da produção industrial, é cada vez mais manifesta a intervenção de uma pluralidade de agentes com capacidade de iniciativa. A circunstância, óbvia, de não lhes corresponderem idênticas posições de poder (as relações são hierárquicas e isso manifesta-se no âmbito espacial atingido pelas suas *acções produtivas)* não deve iludir o facto de estarmos perante relações múltiplas e perante diferentes níveis de *capacidade causal,* isto é, de capacidade de iniciativa.

2. Agentes e iniciativa

Uma das razões para que o domínio da contingência seja mais amplo nas ciências sociais do que nas ciências naturais está no facto de existir uma relação de *compreensão* (mesmo que imperfeita e ilimitada) entre os actores sociais e as condições, materiais e sociais, em que as acções se exercem (Sayer, 1985: 19).[122]

Anthony Giddens é um dos autores que assume a ambição de chegar a uma "teoria geral viável, capaz de colocar e resolver o problema das influências da iniciativa *(agency)* humana e da contingência histórica na constituição e na reprodução das estruturas sociais". Neste sentido, o ponto de partida é a rejeição dos princípios funcionalistas de causalidade, e os meios são uma aproximação "hermenêutica-interaccionista" aos fenómenos de estruturação social. Para isso entendem-se os sistemas como "conjuntos de práticas sociais que são ao mesmo tempo meios e resultados de estruturas sociais, porque estas são compostas de práticas sociais embutidas" (Storper, 1985: 407-408). Giddens (1983: 79) refere explicitamente que "se há uma ideia que é essencial à teoria da estruturação, essa é a da dualidade da estrutura". Apesar da sua saudável atitude de reserva para as analogias excessivas com os raciocínios das ciências naturais (o *ecological approach*), Giddens chama a atenção para o conceito de "autopoiesis" da biologia: "a produção das propriedades dos sistemas celulares participa recorrentemente numa rede de relações que torna aquela produção possível".

---

[122] Por esta mesma razão atribui-se um carácter hermenêutico à descrição da conduta dos agentes sociais. Neste sentido se definem, aliás, algumas condições do trabalho empírico que procurei valorizar com a investigação que realizei, pois parece claro que os questionários e as estatísticas não podem substituir o *mutual knowledge.* Para uma reflexão mais desenvolvida sobre as condições da investigação económica no "nível local de análise" cf. Reis (1986).

Por isso, as estruturas são encaradas como essencialmente contingentes e susceptíveis de modificação pela iniciativa humana. Isto é, as estruturas têm apenas existência virtual, porque "existem no tempo e no espaço como momentos recorrentemente envolvidos na produção e reprodução dos sistemas de práticas sociais" (Storper, 1985: 408-409). De facto, segundo tal perspectiva, um sistema altera-se devido às acções intencionais dos indivíduos, os *knowledgeable actors,* que asseguram a reprodução sistémica. As estruturas não exercem, assim, controlo funcional sobre os indivíduos.

Naturalmente que há uma contrapartida para esta 'injecção' de um novo humanismo na teoria social. É que, apesar de tal tentativa ser feita reconhecendo a existência de poder, estrutura e direcção na história, subsistem bastantes tensões nesta dialéctica iniciativa/estrutura. Como sublinha Storper (1985: 419), em Giddens a interacção, o conhecimento prático e o poder são todos consequência do mesmo conjunto de rotinas, dentro de um mesmo sistema social. Tornam-se em estruturas apenas na medida em que possuem propriedades de reprodução. São estruturas não-reais, momentâneas e apenas auto-construídas, que não têm referentes externos relativamente às práticas sociais nem se caracterizam por diferenças ou rupturas importantes entre as suas propriedades.

Esta relação endógena entre práticas e estruturas, estabelecida no âmbito de campos problemáticos de igual amplitude, limita formal e substancialmente a apreensão do próprio princípio da diversidade e da complexidade dos fenómenos económicos e sociais. O que é *tudo* também é *nada.* Deste modo, a completa auto-relação entre prática e estrutura, interacção e conhecimento, torna a topografia das possibilidades da acção humana num imenso conjunto, formalmente idêntico, de sistemas diferenciados por regras de acção que, no fundo, não são discerníveis entre si. Importa saber o que cria a diversidade e que significado se lhe deve atribuir.

Para atender a isto deve contrapor-se, como problema teórico e como perspectiva de avaliação empírica, a ideia de que há uma "topografia diferenciada (e por isso limitada) para o exercício da iniciativa, mais do que um plano recursivo e sem fim" (Storper: 1985: 419). É uma topografia definida por estruturas materiais cujo poder para condicionar as acções e para delimitar possibilidades é maior do que o pressentido por Giddens. Por isso, há um passo prévio à análise das formas locais de estruturação económica que consiste, exactamente, em reconhecer as estruturas materiais que as rodeiam. É assim, para dar um exemplo, que por vezes se torna necessário combinar a análise local com a regional. Ou que, de forma mais ampla, se apreciam os modos como os meios locais exercem *a mediação da presença.*

Na perspectiva de vários autores (cf., por exemplo, Urry, 1985), a questão da intervenção dos factores contingentes é apenas apresentada nos termos de uma dicotomia capital/sociedade civil. Mas é forçoso reconhecer que o problema é mais complexo. Não só porque há razões de sobra para não admitir como muito pertinentes dicotomias deste tipo – tributárias de uma outra, mais corrente, que distingue Estado e sociedade civil (Santos 1984: 6-16) – como, sobretudo, porque podemos dispor de quadros analíticos que nos oferecem uma avaliação mais "operacional" dos lugares estruturais em que se baseia a organização social.

3. Contextualidades

O ponto de partida para o reconhecimento da necessidade de analisar os modos como os sistemas sociais se constituem no tempo e no espaço pode encontrar-se na afirmação de Giddens segundo a qual "muitos analistas sociais tratam o tempo e o espaço como meros ambientes *(environments)* da acção, aceitando também impensadamente uma concepção de tempo como o tempo mensurável do relógio que é característico da moderna cultura ocidental" (Giddens, 1985: 265).

No fundo, do que se trata é de reconhecer nos *meios* onde se desenvolve a acção social algo mais do que a condição de simples *suportes* de estratégias racionalizadoras de natureza geral e imanente.[123] Estratégias que, se fossem os únicos elementos de organização, reconduziriam os processos económicos e sociais a meros *efeitos* derivados das leis gerais em que tal racionalização se baseia.

Atender às práticas sociais e económicas não significa apenas, nem sequer principalmente, aderir a uma apreciação atomizada, individualista, das actividades rotinizadas do dia-a-dia. Significa, isso sim, valorizar as situações de

[123] De facto, a prática tem lugar em contextos altamente diferenciados, ligados às especificidades locais. Admitir esta ideia é, frequentemente, uma condição para que se avaliem devidamente as formas particulares tomadas pelas "respostas" locais às dinâmicas económicas globais. Por isso, A. Giddens (1985: 283) sublinha que "ao propor as ideias de local e de regionalização [procura] começar a formular um esquema conceptual que ajude a categorizar a contextualidade como processo inerente às conexões entre os sistemas sociais de maior e menor âmbito".

co-presença, isto é, os *contextos de associação* que integram os indivíduos.[124] Como significa, também, não nos descuidarmos na apreciação da natureza efémera da própria prática para, pelo contrário, atendermos aos seus resultados. Porque, de facto, uma perspectiva deste género só ganha sentido quando se trata de apreender, pelo que subsiste da acção rotinizada, os *padrões de interacção* que se estabelecem e, através dos seus impactos na experiência humana, a sua condição de "fundação para a motivação de práticas futuras" (Storper, 1985: 408).

A reconstrução da contextualidade da acção humana, questão substancial a que as considerações anteriores nos conduzem, implica que possamos dispor de uma noção estruturada (e não apenas ilustrativa) do espaço e dos lugares[125] onde se inscrevem as práticas económicas e que sejamos capazes de valorizar a importância da acção, reconstruindo, ao mesmo tempo, uma ideia "operacional" das estruturas que influenciam aquelas práticas.

Na distribuição espacial das condições económicas e sociais, os lugares e as regiões são vistos frequentemente como simples efeitos de "*assemblages* dos factos físicos e dos artefactos humanos ou como formas espaciais localizadas, pouco mais do que cenários cristalizados da actividade humana". Ora, são bastante mais do que isso: os lugares da acção "envolvem sempre uma apropriação do espaço e da natureza que é inseparável da reprodução e transformação da sociedade no espaço e no tempo" (Pred, 1986: 6).

O que permite revalorizar os contextos espaciais locais – os lugares – em que a acção humana se desenvolve é o facto de estes constituírem fluxos sequenciais de acontecimentos. Ou seja, há uma "continuidade material" que

---

[124] Do que se trata, no fundo, é de avaliar a complexidade das várias facetas da vida social (estruturação da produção, da reprodução da força de trabalho, das práticas de consumo) através da análise das interacções concretas que a produzem. Que tais interacções têm a ver com o espaço onde se inscrevem é bem evidenciado pelo facto de a vida quotidiana supor situações de *continuidade material* nas quais *se* produzem e reproduzem propriedades estruturais de nível micro e de nível macro. São processos derivados de situações de co-presença, ou seja, de contextos de associação cuja concretização não é apenas efémera: *cria* "padrões de interacção". O que leva, naturalmente, a que as 'trajectórias' quotidianas dos indivíduos se representem em "teias de interacções" condicionadas pelos eixos materiais da existência humana: os projectos individuais inscrevem-se em interacções locais, isto é, em relações entre entidades que, elas próprias, emanam dos cenários da interacção.

[125] Cf. também, sobre as noções de lugar e de espaço, Relph (1976), Tuan (1977) e ainda Pred (1983). Sobre territórios e territorialidade cf. Gama (1987b).

se associa às diversas formas de participação dos agentes na vida económica e se traduz em processos mais ou menos centrais de reprodução dos sistemas locais e de interferência na ordem macro-económica mais ampla.[126]

É aqui que surge o mais interessante dos problemas: o que consiste em saber através de quem ou de que meios se produz a mediação entre tais processos e, portanto, em apreender a continuidade material e os fluxos ininterruptos, no espaço e no tempo, dos processos de estruturação.

Em primeiro lugar, eles estão ligados ao facto de ser sempre possível identificar projectos institucionais dominantes pelo seu impacto nos "percursos" diários de um lugar e, portanto, nas formas de socialização aí produzidas e desenvolvidas (Pred, 1986: 12-14). Neste sentido, originam-se num lugar propriedades estruturais e relações sociais relevantes. Certamente que, em muitos casos, tais projectos institucionais dominantes correspondem a formas materiais de organização da produção e da distribuição, mas é também admissível que correspondam a formas sociais e culturais. Todos os projectos institucionais de produção e de distribuição implicam uma divisão espacial do trabalho e, na medida em que não existem fora de uma localização, eles contribuem para a constituição de espaços ou sistemas locais.

A estruturação e a mediação local não são, assim, circunstâncias acidentais. Correspondem às formas tomadas pela dialéctica entre a prática e as estruturas sociais nos seus âmbitos locais. "A realização dos projectos de produção e de distribuição depende do conhecimento prático, das capacidades

---

[126] O local, como conceito, deriva de uma noção particular de espaço que não o reduz à condição de mero suporte físico das actividades e dos sujeitos. Segundo Giddens, o termo local refere-se ao uso do espaço entendido "como *cenários* da interacção, os quais, por sua vez, são essenciais para especificar a sua contextualidade" (Giddens, 1985: 271). Numa primeira aproximação, esta noção procura evidenciar as características do mundo material que envolvem a acção. Mas não é apenas isso, embora já fosse muito, pois tais características servem para "construir o conteúdo significativo da interacção". Isto é, as propriedades dos cenários são utilizadas 'cronicamente' pelos agentes na constituição dos 'encontros' no espaço e no tempo (*idem*: 270). Neste último aspecto consiste, de resto, o argumento de Giddens para defender a utilização do termo *local* em vez de *lugar.* Muito embora também lhe seja lembrado (Agnew, 1987), com alguma pertinência, diga-se, que a sua opção consiste na redução a apenas uma das dimensões dos problemas levantados (o do conteúdo 'micro-sociológico' estruturado da vida local), omitindo dois outros aspectos relevantes: o da localização (que significa a representação na interacção social local das ideias e das práticas derivadas das relações entre lugares o impacto da macro-ordem num lugar) e o sentido do lugar (a orientação subjectiva que pode ser criada pela vivência de um lugar).

físicas e do raciocínio reflexivo desenvolvido pelos participantes através do seu envolvimento prévio em projectos institucionais influenciados e influentes nas estruturas" (Pred, 1986: 14).

Nas economias contemporâneas, a divisão espacial do trabalho define-se, em larga escala, segundo um sistema de localizações dentro da economia global, mas não anula a autonomia das componentes locais. Independentemente das formas de controlo dos capitais, as unidades produtivas apresentam-se num lugar como portadoras de uma determinada lógica de localização. Por isso, as diferentes formas produtivas que se inserem numa área local estão, directa ou indirectamente, relacionadas com as dialécticas dos processos de estruturação de nível macro-económico: não apenas como consequência, mas também como factores de influência. As decisões de localização derivam, de algum modo, do conhecimento prático, de situações específicas de informação e de motivação que, para os próprios decisores, se relacionam com os seus antecedentes de participação em processos de estruturação. A forma local das actividades de produção e de distribuição e a própria circunstância de estas, para além de diferenciadas, existirem apenas em número limitado num dado espaço (e não segundo as "possibilidades imensas" que a iniciativa humana, em abstracto, pode originar) depende da complexa sedimentação local das actividades. Tais actividades não devem ser vistas como condutas historicamente ditadas por uma cultura imanente (ou ontologicamente independente, *individual-transcending*, *conflict-free* e *self-determining*), ou pelas "necessidades" autónomas (ou exigências funcionais) do sistema social. As práticas sociais sedimentam-se localmente e constituem, por isso, os limites e as possibilidades de outras práticas e de novas formas de conhecimento. São estas estruturas localmente consolidadas que, em conjunção com as relações de poder inevitavelmente presentes nas relações externas dos sistemas locais, estruturam os campos possíveis das acções.

As actividades humanas não são, por isso, apenas acções derivadas de processos gerais nem se concretizam de modo uniforme: elas tomam a forma de interacções no espaço-tempo. *A continuidade material* da vida quotidiana supõe um processo de estruturação no qual as propriedades estruturais da vida social são expressas através de práticas diárias que, por sua vez, produzem e reproduzem propriedades estruturais de nível micro e de nível macro (Agnew, 1987).

O conhecimento da realidade complexa que se manifesta na vida económica exige que, ao contrário do que sobressai em muitas perspectivas da economia e das ciências sociais em geral, desde a teoria da modernização às teorias de longo alcance sobre o sistema mundial, se atribua importância aos "contextos distintivos" que *modelam* (e não apenas onde se localizam) as práticas humanas. O reconhecimento dos "contextos distintivos" é uma tarefa principal do trabalho empírico, o qual, por sua vez, só alcança significado quando está munido de uma fina percepção teórica da variabilidade dos processos económicos. Para isso é importante considerar, como o fazem Peter Doeringer *et al.* (1987: 83), que há em certas regiões "um crescimento residual inexplicado que reflecte factores económicos "invisíveis" não captados pelos modelos quantitativos".[127]

O problema não é, assim, apenas fenomenológico ou justificado pela "conveniência" de prestar atenção à "inevitabilidade" do particular. O problema é, rigorosamente, o de compreender o modo como se organizam estruturalmente as economias. Por isso, o reconhecimento da contextualidade da acção torna-se numa análise das mediações económicas e sociais exactamente porque os contextos, sendo diversos e específicos, são espaços estruturais de funcionamento das economias.

É neste plano que se coloca Boaventura da Sousa Santos (1985), ao analisar a complexidade da *construção dos* processos sociais a partir da caracterização de quatro espaços estruturais das sociedades capitalistas. Partindo da ideia de que "cada contexto é um espaço e uma rede de relações dotadas de uma marca específica de intersubjectividade que lhes é conferida pelas características dos vários elementos que o constituem", este autor define o contexto doméstico, em que a família é "a unidade de prática social", o contexto da produção, assente nas relações da empresa, o contexto da cidadania, que reflecte as relações públicas entre o Estado e os indivíduos e o contexto da mundialidade, que, no âmbito do sistema mundial, regula as relações sociais entre Estados nacionais (Santos, 1989b: 173-174).

A não redução à fragmentariedade implica pressupor que "estes quatro contextos, apesar de estruturalmente autónomos no plano teórico, estão articulados entre si e interpenetram-se de múltiplas formas" (*idem*, 174). A articulação é perceptível na medida em que se admita que as diferenciações

---

[127] Esses "factores invisíveis do desenvolvimento local" não podem ser identificados através das fontes estatísticas tradicionais e, por isso, os autores basearam o seu trabalho sobre uma região de Massachusetts em entrevistas que permitissem reconhecer as condições locais pertinentes (inter-relações empresariais, qualidade e disponibilidade do trabalho, atitudes dos trabalhadores, investigação científica).

que as contextualidades exprimem são hierarquizáveis. Ou seja, é porque "nem todas as diferenciações têm o mesmo significado" que é possível perceber a existência de determinações estruturais. Devido à sua complexidade interna, muitas das relações entre os contextos só podem ser estabelecidas a nível empírico e tendem a ser diferentes de sociedade para sociedade. Daqui derivam, pois, algumas das circunstâncias que caracterizam a diferenciação das formas económicas e sociais.

Naturalmente que, em quaisquer circunstâncias, a diferenciação não é errática. As possibilidades de transformação e de autonomia ocorrem dentro de limites estruturais. É o contexto da produção (porventura, em sentido mais geral, o do mercado e do lucro) que estabelece tais limites, pois é aí que se localiza a relação *necessária* pressuposta pela lógica de organização que estamos a analisar. Do mesmo modo se pode dizer que é o contexto doméstico que determina os campos da mediação entre as formas de organização da produção e as formas sob as quais se apresenta a disponibilidade de força de trabalho. *Hierarquização* e *mediação* são, assim, duas dimensões principais através das quais se concretiza a diferenciação económica e social.

No campo mais particular da economia pode entender-se que este propósito de apreciar, em simultâneo, a diversidade e a co-determinação é uma via para reduzir "o predomínio do Estado-nação enquanto unidade de análise" e, assim, "captar cientificamente a lógica própria e a autonomia crescente, quer das estruturas e dos processos locais típicos das unidades de análise mais pequenas (a lógica infra-estatal), quer dos movimentos globais, ao nível do sistema supra-estatal" (Santos, 1989a: 3). A valorização dos conceitos de local ou de lugares significa, manifestamente, o reconhecimento da importância que a mediação geográfica, territorial, tem nos processos sociais, económicos e políticos.

É quanto às formas de organização produtiva e quanto aos modos de mobilização da força de trabalho, no quadro de certas práticas de reprodução social, ou de certos papéis dos agentes institucionais locais, que interessa analisar estes processos de mediação espacial inscritos a nível local.

Quando a análise se centra na primeira vertente (os processos locais)[128], a questão principal consiste em apreciar a heterogeneidade interna do contexto da produção e do contexto doméstico. Na medida em que, por outro

[128] Para análises que, no âmbito do Centro de Estudos Sociais, definem objectos particulares cuja apreciação remete para o nível supra-estatal, cf. os trabalhos de Carlos Fortuna

lado, a análise esteja empenhada numa avaliação das condições de funcionamento da sociedade portuguesa, somos levados à compreensão da especial heterogeneidade dos seus espaços estruturais. Ao contrário do que sucedeu nas economias de crescimento intensivo e de regulação centralizada, o predomínio, por exemplo, do espaço da produção sobre o espaço doméstico não se revelou tão forte, deixando a este uma lógica de reprodução bastante mais autónoma: há um défice de isomorfismo nas relações entre os diferentes contextos estruturais (Santos, 1989a). O que significa que, nestas condições, se torna especialmente importante o exercício de *funções de mediação.*

A mediação não é apenas um processo simples de articulação entre entidades com capacidades relativas próprias que lhes conferem autonomia. Significa também um processo específico de adensamento das relações entre vários contextos estruturais. Este adensamento depende de "projectos", colectivos ou institucionais, inscritos nos ambientes materiais onde as relações se traduzem em práticas concretas. É nisto, aliás, que consistem, por exemplo, os vários papéis de mediação presentes nas diversas situações de industrialização local. Porque os processos de mediação são processos complexos de mobilização dos recursos (materiais, culturais, simbólicos) que dotam um meio local, entendo a mediação[129] como de índole essencialmente espacial.[130]

4. A condição interna das economias semiperiféricas

Ao falar da contingência dos processos de estruturação económica, da participação diferenciada dos agentes económicos e do significado dos meios que definem os contextos da sua acção estou, evidentemente, a pressupor que as

---

(1988) e de Maria Manuel L. Marques (1989), respectivamente sobre a relação colonial e a subcontratação.

[129] São diferentes os conceitos de mediação que é possível encontrar nas ciências sociais. Bourdieu usa a noção de *habitus* como nível dialéctico entre as estruturas sociais e as práticas humanas; para Giddens são as instituições que representam os contextos organizacionais específicos nos quais os sistemas, isto é, as práticas regulares e reproduzidas, operam (Agnew, 1987: 30).

[130] A luz desta ideia pode dizer-se que no "mapa estrutural das sociedades capitalistas" proposto por Boaventura da Sousa Santos pode ser incluída uma dimensão capaz de integrar estas funções estruturais de mediação espacial. Na lógica da sua construção só parece admissível que se tratasse do *contexto da comunidade,* para o qual, em grande medida, remetem alguns dos mais relevantes processos de mediação que estou a considerar.

economias se distinguem por diferentes articulações das suas componentes internas.[131] A questão da participação das formas locais nos processos de organização da produção é particularmente relevante nas sociedades que qualifico como semiperiféricas. Esta hipótese (é essencialmente de uma hipótese que se trata) resulta, numa primeira aproximação, de três ordens de factores. A primeira relaciona-se com a natureza dos agentes de regulação económica e, aí, sobressai a natureza do papel do Estado e das suas relações com as diferentes formas do capital. A segunda tem a ver com a importância das condições de reprodução da força de trabalho como matrizes diferenciadoras do espaço económico. A terceira diz respeito à natureza apenas parcial dos processos de intensificação do modelo económico, factor muito relacionado com a condição policentrada da sua malha industrial.

De facto, as sociedades semiperiféricas são, antes de mais, caracterizadas pela sua natureza intermédia, quando comparadas com aquelas que, no sistema mundial, ocupam uma posição central, por aí se terem localizado formas intensivas de crescimento económico, ou com as que, pela permanência de formas estruturais de subdesenvolvimento, são confinadas a uma posição periférica. Esta circunstância significa que a estruturação da sua *condição interna*, as suas estruturas sociais e económicas, se baseia em traços de especificidade que lhes conferem singularidade.

Tem sido dito que aquela natureza intermédia pode ser ilustrada por indicadores sócio-económicos cujos valores se situam *entre* os dos países mais desenvolvidos e os dos países do terceiro mundo (por exemplo, o rendimento *per capita* ou a persistência tardia de elevadas percentagens de população activa na agricultura), ou pela coexistência de indicadores tendencialmente semelhantes aos que se associam a fases económicas já ultrapassadas pelas economias de maior crescimento, enquanto outros já estão a par dos que caracterizam aquelas economias.

---

[131] "As formas concretas de desenvolvimento representam combinações de processos e de elementos, alguns necessariamente relacionados, outros contingentemente relacionados" (Sayer, 1985: 4). Na diferente apropriação de cada relação ou elemento consistirá mesmo a distinção teoria abstracta/análise concreta: a primeira isola uma ou outra dimensão, fazendo por isso uma subestimação radical do leque possível de formas contingentes e das suas especificidades históricas; a segunda procura aceder à *forma* de inter-relação desses diferentes elementos. A sua teorização particular supõe a sua prévia "descoberta empírica".

Penso no entanto que, sem descurar estes indicadores, as situações semiperiféricas se caracterizam basicamente por situações substanciais definidas pela diferente natureza dos mecanismos dominantes de articulação económica. Por exemplo, pelas relações entre diferentes agentes da iniciativa, pela natureza dos sistemas de emprego constituídos, pela lógica de resolução de conflitos, pelas formas de criação de bem-estar, pela diferente centralidade dos agentes que asseguram a macro-ordem económica, pela diferente centralidade, também, dos agentes que asseguram as condições imediatas da vida económica e social. Numa palavra, nas sociedades semiperiféricas são específicas as estruturas da sua regulação. Esta especificidade pode ser apreendida, em síntese, pelo papel do Estado e pela análise dos processos de regulação macro-económica consolidados pelo capital, pelo reconhecimento da centralidade da esfera da reprodução social e pela análise das formas de acção dos capitais e dos agentes de iniciativa locais.

A análise do papel do Estado é um dos elementos centrais de uma conceptualização da semiperiferia que privilegie o seu contexto genealógico, em detrimento da sua localização no sistema mundial. Os pressupostos principais desta análise centram-se em duas dimensões: a particular centralidade do Estado e as suas multi-expressões que, frequentemente, se traduzem em informalidade e mesmo na dualidade da actuação estatal. Ao Estado cabem assim "complexos processos de arbitragem social que não podem caber nem ao capital nem ao trabalho, nem a ambos conjuntamente, dada a relativa descentração das relações entre eles na estrutura social e o baixo nível de corporativização dos seus interesses " (Santos, 1985: 872).

Este papel central desempenhado pelo Estado na regulação social é a outra face da natureza fragmentária e policentrada dos mecanismos sociais e económicos em que assenta uma sociedade deste tipo. De facto, o modelo económico prevalecente baseia-se mais em processos complexos de articulação e em mecanismos parciais, de cuja compatibilização resultam modos também complexos de regulação, do que na predominância de uma lógica global propulsora que determine as dinâmicas económicas, as inter-relações sectoriais ou as formas de concertação social.

Desta interpretação do papel do Estado ou, mais especificamente, das causas que determinam a forma do Estado, resultam duas consequências importantes. A primeira relaciona-se com a própria forma do capital e com o âmbito das suas funções de regulação macro-económica. Da conclusão de que a heterogeneidade da classe empresarial tem estado associada à inexistência de um núcleo capaz de exercer uma hegemonia reguladora do espaço económico nacional e de criar uma dinâmica integradora que configurasse um modelo económico de subordinação das demais fracções do capital, retira-se a hipótese de que as formas do capital numa sociedade semiperiférica devem ser analisadas procurando identificar a importância dos capitais locais.

A segunda consequência relaciona-se com a heterogeneidade do trabalho. Daí retiro a hipótese de que as relações que organizam a reprodução da força de trabalho e, genericamente, a esfera da reprodução social, gozam de uma autonomia maior do que nas sociedades centrais. De facto, aquelas relações não parecem ser tão estritamente determinadas pelas normas de integração generalizada da mão-de-obra num modelo produtivo com capacidade motriz.

Tal como o papel arbitral do Estado resulta da ausência de uma dinâmica de concertação assente em fortes posições negociais, assim as relações capital/trabalho acolhem a complexidade das articulações entre a esfera da produção e a da reprodução social, sendo atravessadas por "práticas ideológicas e sociais portadoras de lógicas de acção não capitalistas" (Santos, 1985: 882).

Organizar as relações sociais deste modo significa, com grande probabilidade, que estas se informalizam e fragmentam, numa base de heterogeneidade estrutural. E significa, também, que os processos económicos se apoiam nas estruturas materiais dos contextos onde se inscrevem, dependendo delas para a forma que assumem. Nestas condições, é vasto o conjunto dos processos de mediação estabelecidos. Para os "contabilizar" há que considerar os agentes envolvidos, as capacidades produtivas e os modos de vida préexistentes à transformação que, no caso que me interessa, a industrialização implica.

5. Os "contextos empíricos" das economias contemporâneas: a mediação local como processo económico e social relevante

Reconhecer as funções de mediação exercidas pelos meios locais no processo económico representa, em grande parte, uma reflexão *sobre* as transformações recentes dos modos de organização das economias, designadamente quanto à articulação entre a indústria e o espaço. Creio que a forma como as discussões sobre o local foram relacionadas com os temas da reestruturação económica, dos modos de regulação e dos processos de transformação da relação salarial, deriva precisamente de tais funções, que relativizam a feição centralizadora que caracterizou as fases de mais intenso crescimento económico.

As relações em causa são de natureza bastante diversa e reflectem os diferentes graus de autonomia que derivam dos contextos estruturais de cada sociedade. São, como já referi, mais complexas nas sociedades semiperiféricas do que nas condições que caracterizavam o modelo de crescimento económico singularmente tipificado no chamado fordismo. E representam, por isso mesmo, outros processos de iniciativa, outras lógicas de mobilização da força de trabalho e de organização da produção e do consumo, outros suportes institucionais.

Hoje em dia, são vários os agentes institucionais envolvidos nas formas de desenvolvimento local e na representação dos sistemas locais significativos e, por isso, é necessário tomar em conta a importância da sua acção. É neste sentido que aponta um conjunto de realidades empíricas cujo relevo nas sociedades contemporâneas parece inequívoco.

Procurarei ilustrar esta ideia chamando a atenção para várias funções, que começam no papel desempenhado por muitas autarquias na promoção do desenvolvimento local. Pode, de facto, dizer-se que na organização do processo de desenvolvimento há, frequentemente, lugar para formas de mediação entre os agentes institucionais locais (os de natureza pública, como as autarquias, ou os que representam interesses locais organizados), a que sou tentado a chamar "Estado local", e o "Estado central".

Estas circunstâncias derivam de, nos nossos dias, as formas de exercício da política económica não procederem tão fortemente de uma relação centralizada entre o "Estado central" e os espaços onde se inscrevem as decisões. Se, por um lado, as condições ligadas à crise económica aumentaram as pressões locais sobre as instâncias centrais de decisão, originando, ao mesmo tempo, capacidade de organização local, por outro lado, o próprio "Estado central", em crise financeira, carece de capacidade de acção "no terreno". O "Estado local" constitui-se em representação do papel das colectividades territoriais como agentes de "um serviço público de desenvolvimento" que, simultaneamente, supera os limites da autarcia e mostra que, em vez de uma espontaneidade de mercado, o desenvolvimento local significa a necessidade de domínio sobre as próprias condições em que se inscrevem as iniciativas de criação de emprego. Isto significa que, em tais circunstâncias, o papel das economias locais decorre, também, de uma lógica de mediação entre "Estado local" e "Estado central". De facto, quando os agentes do desenvolvimento local são as autarquias, como tem sido significativo em Portugal e é evidenciado por alguns processos de descentralização noutros países, torna-se bastante difícil distinguir na sua acção o que é "Estado" e o que é "comunidade". Mas já será mais fácil reconhecer no papel dos agentes institucionais de âmbito local que eles são veículos de relacionamento entre diferentes processos e diferentes actores sociais e económicos, o que lhes atribui uma função singular de mediação.

À aparente "ausência de Estado" nos processos de alargamento da geografia da produção industrial liderados pelas grandes empresas que, durante os períodos de maior crescimento económico, descentralizavam fases da sua produção, corresponde hoje, em muitas das formas assumidas pelo desenvolvimento local, a "subcontratação" pelo Estado de tarefas de promoção do emprego junto de instâncias locais. É, por isso, um Estado colocado "à distância", como observador, aquele que pressentimos em tais processos. Diz-se frequentemente que são as dinâmicas dos meios locais que são observadas. Mas, como é natural, apenas em parte assim é. Porque, do que disse, deve concluir-se que tais dinâmicas são, também, processos integrados em lógicas mais gerais de estruturação económica. É por isso que às iniciativas e aos contributos locais preside sempre uma dupla lógica de *autonomia e de funcionalidade*. A síntese destas duas dimensões reconhece-se nas *mediações* exercidas.

Em situações como as que estudei (Reis, 1992), em que a promoção do emprego industrial é levada a cabo por uma Câmara Municipal, parece-me visível que se trata de um caso de mediação institucional. Ele decorre do papel exercido por um agente institucional, que integra o "Estado local", nas relações com empresas exteriores ao concelho (e, algumas, ao país) cuja instalação é negociada. Trata-se, pois, de uma análise cujo objecto é a promoção do emprego industrial, cujos meios são os contratos estabelecidos entre duas entidades para acordarem os termos materiais de instalação e cujas condições estão relacionadas com a disponibilidade de mão-de-obra ligada aos modos de reprodução social num pequeno meio de características dominantemente rurais e com os custos de mobilização dos recursos materiais com que a iniciativa exterior conta.

A mediação exercida pelo Poder Local pode ser vista num duplo plano: como mediação informal, usando o capital relacional e de legitimação de que dispõe relativamente a uma comunidade de "munícipes", e como mediação formal, traduzida em termos jurídicos pela celebração de contratos de compra e venda das instalações fabris por si construídas. É um conjunto complexo de relações aquele que deste modo se estabelece, dado que envolve o público e o privado, a comunidade e as empresas, o trabalho e o capital, as infra-estruturas produtivas e as infra-estruturas sociais.

Por isso podemos centrar a nossa atenção numa destas dimensões, a da mediação entre as comunidades locais e as empresas. A capacidade de intervenção dos meios locais, neste jogo de inter-relações que envolve níveis diferentes de decisão económica, começa pelo modo como se define o "lado da oferta" do mercado local de trabalho. É certo que todos os processos de descentralização produtiva supõem condições específicas de oferta de trabalho. Por isso mesmo, o que se torna significativo é ver como se procede à "construção" deste lado do mercado de trabalho. Colocarmo-nos nesta perspectiva significa, aliás, substituir a noção de mercado de trabalho pela de sistema de emprego ou, mais propriamente, sistema local de emprego e, deste modo, encarar em simultâneo a formação do sistema de empresas e das condições da reprodução social.

As inter-relações no interior de um sistema local de emprego não ocorrem no vazio, estão dependentes de condições estruturais organizadas localmente e (ou) da acção de agentes colectivos locais. As condições que permitem caracterizar e, portanto, distinguir um sistema local representam, em si mesmas, factores de mediação entre dois campos só aparentemente autónomos da vida económica, o da produção de bens e o da reprodução de força de trabalho.

De um modo geral, os processos de mediação entre a organização produtiva e a reprodução social traduzem-se num conjunto de circunstâncias que merecem atenções de análise. É no reconhecimento do papel económico das famílias que tal atenção melhor se pode concretizar. A presença e, sobretudo, o papel económico da pequena agricultura são, frequentemente, indicadores de um processo de articulações económicas de nível local. Há muitos casos em que estas situações se manifestam por uma dualidade relativamente original: a simultaneidade da estabilidade das estruturas agrícolas e da vitalidade das estratégias de mudança no interior das famílias.

Os factores de mudança no âmbito intrafamiliar e intra-agrícola são relativamente fáceis de identificar e podem sintetizar-se nas transformações significativas dos modos de afectação do trabalho familiar, expressas na pluriactividade e no adensamento das relações intersectoriais das famílias (significando a quebra da dependência relativamente à agricultura) e nas transformações significativas dos processos de formação dos rendimentos familiares, expressando a pluralidade de relações económicas em que a agricultura intervém e possibilitando uma grande diversificação dos modos de consumo em meio rural. Mais geralmente, pode também considerar-se que as estratégias de mudança no interior das famílias originam um potencial local de participação nas relações sócio-económicas que se constituem localmente, permitindo falar de uma dimensão endógena dos processos de desenvolvimento local. Este último ponto pode relacionar-se com o modo como, por exemplo, as economias familiares ligadas à pequena agricultura e ao meio rural participam na constituição da matriz de relações económicas locais, nomeadamente quando estas condições coexistem com o crescimento do emprego industrial.

Numa primeira aproximação, pode dizer-se que a presença activa da pequena agricultura em situações locais de industrialização significa uma forte interferência na estrutura salarial não-agrícola. A agricultura complementar é um elemento de 'compensação' de baixos níveis salariais. É fácil demonstrar que, frequentemente, assim é, como acontece na economia portuguesa. Mas não me parece que este seja, em si mesmo, um argumento geral. Ele serve, fundamentalmente, para ilustrar as condições de défice industrial e de competitividade assente na exploração da força de trabalho. O que importa sublinhar é que parece ter pouco sentido avaliar as condições salariais médias de uma economia local abstraindo das suas determinantes sectoriais e isolando as circunstâncias locais dos seus contextos regionais e nacionais (que podem apresentar perfis idênticos, destituindo de sentido as considerações de ordem local).

E há ainda uma outra razão: isolar o elemento salarial pode corresponder também à omissão de outras circunstâncias locais pertinentes, como a natureza da estrutura empresarial ou da iniciativa ou os processos de mobilidade profissional.

Uma vertente, mais ampla, para apreciar a posição *económica* das economias familiares ligadas à pequena agricultura, consiste em considerar a natureza das condições de oferta da força de trabalho: processos de mobilização da força de trabalho; disponibilidade de mão-de-obra; presença de *habitus* de classe que reforçam os elementos simbólicos na relação salarial; condições para que a mobilidade social e profissional seja um processo controlado localmente; garantia de que, num quadro intergeracional, os mais jovens trabalhadores industriais permanecem ligados à agricultura *malgré eux*, pois esse processo é gerido como uma questão interna da família.

A iniciativa empresarial por conta própria se, em muitos casos, não pode ser explicada sem atender à natureza das estruturas industriais locais, também, por outro lado, não é compreensível sem que consideremos os mecanismos sociais locais de formação da poupança, de acesso aos recursos familiares (monetários e patrimoniais, de que os elementos fundiários são o exemplo mais imediato) ou de mobilização de modos informais de interajuda e de cooperação. Este é um campo muito concreto onde há que atender ao papel económico da agricultura na matriz de inter-relações locais. E não deve, com efeito, rejeitar-se localizar a análise nesta dimensão, por muito que se deva ter a consciência teórica de que o quadro familiar e as condições sócio-económicas locais representarão mais do que aquilo que é indiciado pela vinculação à pequena agricultura e pelas formas de sociabilidade local.

Se a compreensão das relações de sociabilidade e da materialidade económica da actividade das famílias é uma questão importante para avaliar a estruturação de certos processos locais, é também verdade que há outros aspectos significativos, como os que se relacionam com a estruturação interna dos sectores de especialização, que determinam a expansão do emprego e o adensamento das relações interindustriais locais. Esta referência é importante porque, nas economias locais deste tipo, exercem-se também localmente funções de mediação no âmbito da própria organização dos processos produtivos industriais. Isto é, do mesmo modo que há que encontrar as articulações entre uma dada forma de organização e os modos de reprodução social que lhe correspondem, há também que considerar que os próprios processos produtivos industriais se não confinam às normas mais ou menos padronizadas que permitem caracterizar o taylorismo. Sempre existiram formas de organização da produção industrial assentes no controlo local de processos de produção completos, em culturas técnicas particulares e em normas de especialização específicas. Em muitos casos estabelecem-se sistemas locais de inter-relações industriais, com complementaridades produtivas consolidadas que envolvem um conjunto largo de empresas localizadas num mesmo espaço territorial. São casos que representam, como alguns dizem, a forma moderna das economias de aglomeração. Ora, esta decomposição e organização local do ciclo produtivo de um sector industrial é um processo compreensível na medida em que se pressuponha a existência de uma capacidade de estruturação local que passa pela existência de agentes colectivos locais, por capacidade de representação e por estruturas de comunicação e de formação de consensos locais. É, mais uma vez, uma outra vertente de uma lógica de mediação. Uma lógica sem a qual o funcionamento de um sistema local não é compreensível ou, então, corre o risco de ser arbitrariamente considerado como um elemento de processos só aparentemente espontâneos.

Naturalmente que o facto de os processos económicos de ordem local se terem tornado especialmente relevantes no funcionamento das economias contemporâneas impede que a sua análise se reduza à própria escala local e obriga a que se procure identificar as suas relações com a evolução dos modos globais de regulação das economias. Centrar a interpretação dos processos locais nas funções de mediação que aí se exercem tem uma consequência importante: a mediação tem de ser vista como um resultado das interacções de processos e agentes com diferentes posições (e diferentes poderes) no funcionamento global da economia. Daí derivam novas posições para os meios locais intervenientes, as quais representam, inevitavelmente, promoção ou despromoção no sistema de relações estabelecido.

A avaliação destes resultados é um procedimento necessário para que se analise convenientemente qualquer processo de desenvolvimento local. Contudo, não deve também descurar-se que cada processo é singular e decorre em contextos diferenciados. Sem deixar de reconhecer as dificuldades (e os riscos) de uma classificação, parece-nos que podem distinguir-se duas situações principais que caracterizam as economias locais.

Uma refere-se a contextos locais em que podem identificar-se formas de estruturação reticular da indústria e estruturas de representação colectiva. A outra, substancialmente diferente, refere-se às situações em que a promoção local do emprego industrial ocorre em contextos de défice industrial, nas quais a acção dos agentes institucionais é especialmente relevante para "produzir diferença" relativamente a outras situações que, à partida, se encontram em circunstâncias idênticas.

Neste segundo caso, o dado mais visível consiste no facto de a funcionalidade das economias locais relativamente aos agentes externos se exprimir através dos baixos custos da mão-de-obra e, com crescente influência, das condições oferecidas para a instalação de empresas. Há também, como não pode esquecer-se, "funcionalidades" a favor das próprias economias locais, a mais evidente das quais é a que se traduz na criação de emprego.

É importante que as economias locais, mesmo nas condições que estou a referir, não se limitem a reconhecer como "naturais" tais situações e que, portanto, seja assumida uma posição negocial. Para que isso aconteça é necessário que haja capacidade de representação colectiva e de intervenção na estruturação local da economia.

Já nos casos em que a participação significativa de uma economia local em processos económicos mais amplos decorre da prévia existência, devidamente consolidada, de formas de estruturação reticular da indústria, a questão assume uma natureza diferente. A capacidade de "oferta" das economias locais não se limita às condições de reprodução da força de trabalho, respeita também à própria "oferta" de capacidade industrial. Podemos estar perante uma rede de empresas que, em função de processos de especialização originados localmente, consolidaram fortes relações entre si, num contexto em que são também relevantes uma cultura técnica profissional e um processo controlado de mobilidade social.

Não deve pressupor-se que, nestas circunstâncias, a questão da negociação da posição do sistema local não se coloca. Ela surge, sem dúvida, em termos diferentes do que acontece no caso anterior. Mas a lógica de integração subordinada destes sistemas locais em processos mais amplos de organização produtiva, cada vez mais assentes em formas de fragmentação e decomposição, leva necessariamente a que se acautele a possibilidade de tais sistemas se reconduzirem a fornecedores de trabalho e não de iniciativa industrial.

6. Conclusão

Discutimos as condições em que se forma a iniciativa e em que se originam os processos relacionais que possibilitam as mediações. São contextos de co-presença e de associação, onde se manifestam as diferentes temporalidades dos indivíduos e onde é possível gerar fluxos sequenciais de acontecimentos. A iniciativa não é, nesta perspectiva, nem atomizadamente individual, nem funcionalmente dependente de uma entidade imanente, exterior e dotada de poder pleno. A realidade, como diz Lipietz (1985), "apresenta-se como um *quasi-continuum* de situações, isto é, regimes locais e modos de inserção na economia mundial". Organiza-se, digamos assim, em lugares de mediação que revelam as formas contingentes que estão presentes na organização das economias contemporâneas.

Neste quadro, a variabilidade da dinâmica económica no tempo e no espaço é uma questão principal da análise económica, como a teoria da regulação tem sublinhado. Uma variabilidade que, aliás, não deve confinar-se a uma visão "trimodal" da economia-mundo, como propõe a perspectiva que radica na obra de Wallerstein (cf., nomeadamente, 1979 e 1984). O que está em causa é a possibilidade de consolidar as virtualidades de um método que assente num raciocínio holista mas subdeterminado, capaz de captar as determinantes específicas da variabilidade das dinâmicas económicas. É que, se o reconhecimento da "diversidade do mundo" pode ser um bom ponto de partida, daí não decorre necessariamente um reconhecimento adequado da especificidade dos elementos constituintes da dinâmica económica.

Numa perspectiva que me parece frutuosa, torna-se necessário valorizar a renovação do paradigma territorial em que as formas de *integração territorial e de integração funcional* se combinam com intensidades diferentes das pressentidas noutras épocas. Este caminho passa por dar atenção aos territórios, isto é, aos conjuntos estruturados, complexos, assentes em relações reticulares e em modelos de comunicação e sociabilidade próprios. Trata-se, por outras palavras, de procurar chegar à compreensão de uma complexa fenomenologia económica e social consolidada, no que designo por "nível local de análise", e que relativiza a ideia de que os espaços locais são meros *suportes* de industrialização, antes os entendendo também como *agentes* de industrialização.

É assim que encontramos os fenómenos, os agentes e os contextos da acção e que, pelo menos num primeiro momento, se evidencia a capacidade local para *reordenar os* estímulos da chamada "envolvente externa". Redescobrimos *autonomias e funcionalidades,* o que significa que se torna necessário problematizar os modos e os meios pelos quais ambas interagem: as mediações.

CAPÍTULO 10

UMA EPISTEMOLOGIA DO TERRITÓRIO

O desenvolvimento de perspectivas territorialistas na economia, da segunda metade do século XX para cá, resulta de um *pressuposto* – a importância da variável espaço no conhecimento –, de um *objectivo* – a busca de equidade sócio-económica – e de uma *ambição interpretativa* – a avaliação do papel dos territórios na formação das estruturas e das dinâmicas sociais contemporâneas.

É sabido que as ciências sociais começaram por ignorar o território, não lhe dando lugar entre as variáveis necessárias à compreensão das realidades sócio-económicas: na economia, por exemplo, na "análise das teorias do equilíbrio geral (...), o elemento espacial foi completamente negligenciado" (Lopes, 1987: 2). Foi a partir deste *pressuposto* (explícito ou implícito) e da tentativa de superação desta falha que se formaram os inúmeros programas de investigação que podemos designar como territorialistas: "a determinante espacial do desenvolvimento económico é simplesmente tão fundamental como o tempo"; "de há muito se reconhece a existência de diversidade 'espacial' na forma como se manifestam os fenómenos sociais" (*ibid.*: *idem*).

Muitos desses programas juntaram uma *dimensão moral e ética* à delimitação que tinham feito do seu campo de trabalho, acrescentando-lhe um propósito de equidade, o qual se alcançaria através da ultrapassagem das assimetrias e das desigualdades sociais evidenciadas pelo simples uso, na análise, de uma variável espacial: "os benefícios do desenvolvimento económico-social devem ser para os indivíduos – todos os indivíduos" (*ibid.*: 4). Este era o caminho para a *política*: "há actividades que importa localizar mais racionalmente"; "há uma organização espacial que como objectivo deve ser atingida" (*ibid.*: *idem*).

Não tardou, porém, que uma *ambição interpretativa* marcasse também os estudos territorialistas: interessava aos especialistas saber qual era 'a razão de ser' do que acontecia em cada território. Tanto podia ser a *mobilidade* dos factores de produção (as pessoas, os bens e os capitais deslocam-se no espaço) quanto a *genealogia* dos processos, visto que estes ocorrem em lugares, quer dizer, originam-se e desenvolvem-se em circunstâncias concretas, identificáveis e diferenciadas.

Uma coisa e outra obrigam a interpelar o território: por que razão é que ele atrai ou repele; por que razão se geram ali, e não noutro sítio, dinâmicas ou défices? A interrogação sobre a genealogia é mais forte e exige uma resposta mais profunda do que a interrogação sobre a mobilidade. A razão consiste nisto: a esta última basta considerar o território como suporte de localizações, local de recepção, enquanto a primeira atribui ao território – ele próprio – um papel activo, uma acção interveniente nos processos que se pretendem analisar. Esta última preocupação situa-nos já num campo radicalmente novo. Exige uma epistemologia do território.

Não há interpelação sobre o território desligada de uma interpelação sobre a forma como funcionam, de um ponto de vista sócio-económico, os sistemas e as dinâmicas colectivas. É verdade – aceite-se isso – que pode haver leituras e visões sobre os processos societais que prescindam de reflectir sobre o território (dirão os territorialistas que é uma opção empobrecedora). Mas o inverso não é verdadeiro. Com efeito, a radicalidade de que falava acima tem a ver com o facto de a interpretação territorialista ser, em si mesma, uma leitura sobre a natureza das estruturas e das dinâmicas da sociedade e da economia, um entendimento sobre o modo como se alcança a *coordenação dos processos colectivos*, sobre o papel desempenhado pelos actores neles intervenientes (a sua acção volitiva e as possibilidades de ela se exercer efectivamente) e sobre as relações (hierárquicas ou não) entre actores e processos de diferentes escalas espaciais.

Esta questão, pertinente em qualquer fase do desenvolvimento sócio-económico, tornou-se especialmente relevante quando uma metáfora territorial invadiu o discurso corrente, sem contribuir muito para o tornar mais inteligente e mais inteligível: refiro-me à metáfora da *globalização*. Esta assenta em duas ideias básicas: nas escalas territoriais relevantes para entender o funcionamento sócio-económico, as relações entre espaços e actores são radicalmente *hierárquicas* e previsíveis; tais relações implicam uma lógica de *derivação* do nível inferior pelo superior. O local é a outra face do global – o primeiro interessa enquanto canal de reprodução do segundo. Por estas razões, os âmbitos e as possibilidades de expressão própria dos lugares (geográficos, sociais...) hierarquicamente inferiores são essencialmente a submissão, a resistência ou a exclusão, incluindo a exclusão alternativa. Se quisermos tomar as expressões de Albert Hirschman, são *exit* ou *loyalty*, mas não *voice*. A globalização é totalizante: compreende o conjunto das interacções. A posição que aqui defendo atribui aos territórios – que não são, evidentemente, paisagens: são actores, interacções, poderes, capacidade e iniciativas – condição própria e lugar específico nas ordens (e na desordens) societais.

Em termos gerais, a radicalidade da questão que quero apontar está no seguinte problema: os indivíduos, enquanto sujeitos de racionalidade e acção, e os espaços em que eles se situam, enquanto lugares relevantes de vida colectiva, são funcionalmente determinados pelas necessidades e pelas práticas de 'entidades' que os transcendem e se situam num plano diferente daquele em que se exerce a acção individual (por exemplo, as determinantes do capitalismo, do mercado ou da globalização, como se tornou agora mais comum dizer)? Ou, pelo contrário, há outros mecanismos de coordenação que dotam os actores sociais de vocabulários, lógicas, poderes e utensílios práticos com os quais prosseguem objectivos e concretizam propósitos? O lugar do território encontra-se numa resposta que inclua a segunda opção. A epistemologia do território consiste na discussão dos fundamentos de cada um destes lados do problema e na construção de uma interpretação capaz de acolher um conceito de território que responda – de uma maneira ou de outra – às perguntas sobre o seu papel e lugar nas dinâmicas sociais.

1. Uma questão básica: mobilidades *vs.* territorializações

O problema principal, a questão básica, aquela que permite que nos aproximemos de uma epistemologia do território, é a tensão entre o que chamo 'mobilidades'[132] e 'territorializações'[133] e o seu papel na estruturação das sociedades e das economias de hoje.[134] Para quem dedica atenção às espacia-

[132] A mobilidade é uma característica dos factores produtivos e dos actores que não estão presos a condições territoriais concretas. As suas "localizações óptimas" não são influenciadas pelo espaço mas por parâmetros de quantidade.

[133] Chamo territorializações aos processos sócio-económicos localizados, assentes em dinâmicas e em actores cuja acção é possibilitada por interacções de proximidade, às quais estão também associados os respectivos desenvolvimentos, mesmo quando se passam a integrar em contextos mais vastos. As cidades e os sistemas urbanos, os distritos industriais, os sistemas nacionais e regionais de inovação e as regiões são exemplos de territorializações. Territorializações não são formas de fechamento autárcico de processos endógenos; são valorizações em diversos contextos espaciais de recursos, capacidades e acções ligados ao território. O espaço (expresso por exemplo pela proximidade de factores, actores e condições) integra as suas decisões de localização.

[134] Este é o primeiro dos quatro pilares em que baseio (Capítulos 2 e 5, Reis 2001a) uma alternativa institucionalista para a análise das dinâmicas e das formas de organização das economias contemporâneas. O segundo pilar é o do reconhecimento dos *limites da racionalidade e da organização*. Sabemos que as mobilidades e os "redesenhos" do mundo têm sempre por trás a ideia de que há superactores sociais, clarividentes e plenamente infor-

lidades do desenvolvimento, esta proposta, num primeiro passo, não contém em si mesma nenhuma novidade. É facilmente aceite que os dois lados da formulação são elementos presentes no funcionamento dos territórios. Mas pode já não ser assim quando se interpreta a lógica da relação entre ambos os termos e, sobretudo, o que daí resulta. São, justamente, os resultados dinâmicos desta relação, aquilo que ela cristaliza sob a forma de estruturas e de processos sociais estáveis, que define o 'modo de ver', a estruturação das economias contemporâneas. O problema é, então, simples: ou as territorialidades são meras formas de reprodução das mobilidades e da capacidade de dominação dos factores móveis ou existe entre ambas uma *tensão* que obriga a equacionar o que confere força e poder a ambos os lados. Esta última possibilidade tem que interpretar o território de um ponto de vista que inclua o poder que ele incorpora, as inter-relações e os actores que o formam, as iniciativas que ele gera e as transformações a que ele obriga.

O significado das mobilidades para a edificação das sociedades modernas é imenso e indiscutível: mobilidade associada à própria identificação do território terrestre (os descobrimentos da chamada primeira globalização, no século XVI, a conquista da 'fronteira' americana, na consolidação do 'novo mundo', para só dar dois exemplos), mobilidade das tecnologias (a difusão da revolução industrial, a partir da Inglaterra do século XVII), mobilidade dos capitais e das pessoas (na colonização e nas primeiras internacionalizações), mobilidade das empresas (na internacionalização da produção e

---

mados, que agem com grande intencionalidade e total racionalidade. Contudo, a hipótese da absoluta racionalidade e intencionalidade das acções humanas tem sido sempre confrontada com limites, restrições morais, dependências relacionais e capacidades apenas parciais de processamento de informação.

Por isso mesmo terceiro pilar a *incerteza* e a *contingência* têm um lugar nos processos inovadores muito maior e mais central do que o que lhes é dado pelos modelos racionalistas, visto que estes reconhecem apenas as práticas rotinizadas dominantes. É na medida em que se valorize este pilar que se recuperam as dimensões morais e humanas da vida. E é este pressuposto que nos permite entender que, nos processos de desenvolvimento e de inovação, as trajectórias inesperadas são coisa certa.

O último pilar é o que acolhe a diversidade dos processos sócio-económicos e entende as instituições como a expressão da complexidade. É com as instituições que se reduz a incerteza e se contextualizam as práticas. As instituições são a espessura do território.

Vale a pena sublinhar que o texto de Cumbers *et al.* (2003), com que vou dialogar mais adiante, parte de uma discussão crítica do institucionalismo.

na posterior organização multinacional do ciclo produtivo), mobilidade financeira e da informação e da comunicação (na actual fase de 'globalização'). É também inegável que os processos de mobilidade têm conhecido acelerações espectaculares, que os transformam qualitativamente, justificando que se fale, hoje em dia, de 'hiper-mobilidades' (Damette, 1980; Hudson, 2004). O lugar destes fenómenos está, portanto, estabelecido e suficientemente interpretado. As sociedades modernas, as sociedades industriais e as sociedades de serviços, de comunicação e de consumo multiforme dos nossos dias assentam em mobilidades fáceis e crescentes – em nomadismos, em comportamentos relacionais que resultam de processos em que a tendência para a anulação da distância é muito forte.

Da mesma maneira, admite-se sem dificuldade que a vida tem "os pés assentes na terra", que os processos seculares não ocorrem na estratosfera. As nações, a urbanização, a localização de recursos, a instalação de empresas, os factores de identidade simbólica têm um lugar, fixam-se no espaço. Porém, é mais fácil – e bastante frequente – chegar-se a uma noção "puntiforme" (cf. Lopes, 2002: 35) da relação dos actores com o mundo terreno, em vez de a uma visão territorial, com o que ela implica de conhecimento das interacções, da genealogia e da evolução, da incerteza e do inesperado.

Sucede que a perspectiva territorialista tem na sua génese e na sua natureza o pressuposto de que a arbitragem entre mobilidades (ou fluxos) e territorializações não é uma simples procura de um equilíbrio formal entre as duas fontes de influência. Se assim fosse, tornava-se legítimo perguntar qual era a sua utilidade e a sua razão de ser. Tratar-se-ia seguramente de um exercício de bom-senso, mas seria um exercício relativamente anódino e apenas formalmente relevante. Seria um resultado de soma nula. Não representaria um acréscimo epistemológico. Tratar-se-ia de pouco mais do que de uma delimitação de terreno, pois serviria sobretudo para definir o campo de trabalho de um grupo de especialistas, que assim estabeleceria e defenderia a sua 'profissão'. Adicionalmente, inscrevia-se mais um termo – território – no cardápio dos recursos discursivos e instrumentais das ciências sociais.

Ora, ao contrário, as propostas territorialistas justificam-se na medida em que se acrescente um utensílio cognitivo novo e relevante para a explicação e a compreensão dos processos colectivos contemporâneos. Não basta que se ache que o território é relevante enquanto lugar matricial do 'processo da vida' e da capacidade cognitiva, relacional e proactiva dos actores sociais. É necessário que essa pertinência, uma vez demonstrada, interfira na própria produção de conhecimentos: tenha uma dimensão epistemológica. E, se assim for, a estrutura conceptual que se utiliza altera-se substancialmente. Neste sentido, o território deve passar de utensílio descritivo para conceito que estrutura e diferencia a perspectiva interpretativa em que se inclui – e com isso se junta a um enorme conjunto de outras discussões no campo da epistemologia e da metodologia das ciências sociais. Isto implica que se atribua à *proximidade* – e aos comportamentos relacionais e às práticas cognitivas que ela desencadeia – um papel ontológico, e não apenas uma utilidade descritiva, um lugar na determinação dos processos sociais de natureza idêntica (natureza idêntica não significa necessariamente o mesmo peso em todas as circunstâncias) ao de outros determinantes sociais. Implica também que se concebam as dinâmicas sócio-económicas globais como algo que não está organicamente estabelecido, como consequência da hierarquia e da previsibilidade antes referidas. Pelo contrário, os territórios tornam-se elementos da genealogia dos processos, conferindo-lhes uma natureza incerta, contingente e inesperada.[135] O pressuposto funcionalista que antecede muitas das análises sobre a evolução dos fenómenos sociais deve recuar, em nome de uma pergunta verdadeiramente inicial sobre a sua genealogia. E, consequentemente, deve passar de uma visão organicista das estruturas sociais para uma noção que reconheça o seu polimorfismo.

A mudança de "registo" que esta opção implica deve ser entendida como uma outra visão das coisas, e não como uma junção de perspectivas. Estamos perante duas construções diferentes do universo conceptual com que se apreciam as dinâmicas sociais. Afinal, algo de semelhante ao que se passa com outras discussões inquietas dentro da ciência económica que, em campos diferentes, têm igualmente contribuído para uma solução deste problema. Na epistemologia da economia, por exemplo, discute-se a necessidade de juntar a *imaginação* à *razão* para compor os dispositivos que caracterizam os

---

[135] Não faltam exemplos de processos sócio-económicos que evidenciam esta natureza. Apesar do baptismo, os distritos industriais marshallianos não foram a parte da obra de Marshall mais retida pela posteridade, até que o assunto irrompeu na agenda de investigação e esta erudição legitimadora foi recuperada. A "terceira Itália", tão estudada, ou a emergência da economia japonesa na cena mundial resultam de quê? Quem as previu? Norberto Bobbio lembra, com cativante simplicidade, que todos pensavam que a reconstrução italiana do pós-guerra seria totalmente diferente e, afinal, "aconteceu uma coisa surpreendente que ainda agora temos diante dos olhos". Isto vale também para o ciclo de crescimento dos trinta anos gloriosos, na Europa que se industrializou intensivamente a seguir à Segunda Guerra. Que relações funcionais as originaram? E as previsões não cumpridas ou os milagres anunciados?

humanos e os municiam para a sua acção prática. Nisso, e na ideia de que os actores sociais possuem "imaginação criativa", para a qual concorrem o conhecimento e a experiência, se baseia a "análise situacional" aplicada a situações com múltiplas possibilidades (*multiple-exit problem situations*), isto é, aquelas que ocorrem num mundo aberto, em que a acção mais ou menos consciente dos agentes reproduz e transforma as estruturas sociais (Neves, 2004: 922-3). O outro lado desta discussão é, evidentemente, a versão neoclássica da ciência económica, que fez da "escolha" o seu único objecto e constituiu em 'problema económico universal" (Hodgson, 1996: 104) a decisão individual de alocação de recursos na base de funções de utilidades fixas e dadas.

Colocar o território num contexto epistemológico como este é reificação do território? Parece-me que não, pois o que está aqui em causa não é o território enquanto conjunto físico de paisagens materiais, mas o território enquanto expressão e produto das interacções que os actores protagonizam. O território, nestas circunstâncias, é proximidade, actores, interacções. E é também um elemento crucial da matriz de relações que define a morfologia do poder nas sociedades contemporâneas.

Assim sendo, não me parecem satisfatórias as propostas que sugerem que uma boa apreciação dos fenómenos sociais exige um simples equilíbrio formal entre as variáveis em presença. Interpreto assim a proposta de Ray Hudson (2004), quando trata do entendimento das espacialidades que constituem as economias e as sociedades. Situando-se perante o mesmo problema que formulei acima através do que chamei "tensão entre mobilidades e territorializações", Hudson fala de *fixities of spaces* e de *fluidities of circuits and flows*. Contra as posições que defendem que o elemento-chave para compreender as sociedades contemporâneas está num destes elementos (sendo o outro necessariamente subsidiário), a sua proposta é "no sentido de uma conceptualização assente nas relações entre circuitos, fluxos e espaços" (Hudson 2004: 99). Uns e outros são complementares, mais do que concorrentes.

Não discuto a pertinência de uma sugestão prudente, como esta é, enquanto proposta geral. Mas duvido que ela acrescente conhecimento para uma melhor definição do território e do seu significado na estruturação de sistemas sociais sujeitos a intensos processos de transformação.[136] Admito

---

[136] Uma das metáforas que, neste plano, me parecem mais irrelevantes é a dos "dois lados da mesma moeda", quando se trata, por exemplo, de avaliar as relações entre global e local. O caso extremo de irrelevância é a de termos popularizados como o de *glocal*.

que esta formulação resulta frequentemente do facto de um dos mais largos campos de discussão ser o que se relaciona com a ideia, aliás muito justa, de que os territórios são construções: construções sociais (em que intervêm várias escalas relacionais e em que a referida relação entre fluxos e 'fixações' se exprime); construções discursivas e construções materiais. Mas esta 'construtividade' do território – que é uma visão sobre o *processo* – não evita, antes exige, a pergunta sobre o *output*, o resultado, que é o próprio território assim construído, quando colocado em contextos de interacções mais amplas e de outra natureza (a criação de emprego, a formação de iniciativas, a governação dos sistemas urbanos, a inovação, a organização produtiva mundial). Mesmo que seja necessário – e é – que encaremos o território como algo dinâmico, não 'fixado' para sempre nem sequer por muito tempo, interessa saber como é que essa consequência concreta das relações construtivas vai participar em novos processos dinâmicos de que passa a fazer parte. É um elemento-chave ou é simplesmente um *left-over*, um subproduto necessário apenas enquanto localização, lugar onde "os pés assentam na terra"?

Os processos sociais não podem ser interpretados numa incessante vertigem relacional e (re)construtiva. Eles assumem materialidades, cognições e dispositivos relacionais que têm espessura e duração: há uma *secularização* dos processos e do tempo que lhes corresponde. Eles não sofrem transformações instantâneas e permanentes.

Aliás, há muito que sabemos que o território não é apenas o espaço físico. O território para que olham os economistas, os sociólogos, os planeadores é um *território relacional*. A ideia de que, nas sociedades contemporâneas, os territórios são *matrizes* quer sublinhar esta sua permanente condição relacional: perante a ordem relacional que os forma, isto é, as interacções que estruturam a sua ordem interna, e perante a ordem relacional externa, ou seja, as interacções que estruturam o mundo, que não é o lado exterior dos territórios mas antes um todo de que eles mesmos fazem parte, enquanto categorias próprias.

A afirmação da natureza matricial do território exige, em primeiro lugar, a afirmação da sua relevância enquanto ordem material e sócio-económica: as cidades e os sistemas urbanos são realidades materiais e não apenas construções conceptuais; os recursos e os activos de uma região, assim como as mobilidades pendulares que mapeiam o seu sistema de emprego são identificáveis e geram economias locais diferenciadas.

Importa sublinhar que existindo, evidentemente, não-territórios (os espaços desprovidos de recursos, activos e interacções, isto é, de densidades), a natureza de um território não fica na estrita dependência da matriz relacional externa em que se insere.

A resposta à pergunta "o que é um território?" exige que consideremos três dimensões das estruturas e das dinâmicas territoriais: (*a*) *proximidade*, (*b*) *densidade* e (*c*) *polimorfismo estrutural*.

a) A *proximidade* é o contexto e as relações que ela propicia: são pessoas em co-presença; são ordens relacionais; são consolidações de culturas práticas e de instituições; é conhecimento e é identidade partilhada de forma colectiva. É este conjunto de circunstâncias que desencadeia a formação de densidades.

b) As *densidades* exprimem-se em interacções continuadas, em aprendizagens e competências (externalidades cognitivas), em "ordens constitucionais" (Sabel: 1998[137]) que coordenam a acção de actores sociais, em multiplicação ou definhamento de contextos institucionais e de governação.

c) O *polimorfismo estrutural* assinala o facto de a tensão entre mobilidades e territorializações – isto é, o exercício matricial de que os territórios são parte – produzir diferenciações dentro de ordens mais vastas. Quer dizer, o mundo não é representável por uma organicidade sistémica em que tudo-é-explicado-por-tudo, como acontece, por exemplo com a estrita lógica centro-periferia[138] ou pelas visões globalistas que dela são tributárias. O mundo é melhor representado pela ideia de polimorfismo, isto é, por uma visão das coisas em que há espaços estruturais de iniciativa e de autonomia cujo desenvolvimento afirma a sua relevância própria e exerce efeitos de *feed-back* sobre outros espaços. Nisto consiste a noção de que a incerteza e as trajectórias inesperadas são também parte do mundo.

É por este conjunto de razões que me parece também importante que não se associe a análise territorial apenas à captação de uma determinada escala de um problema. A opção por uma visão territorial não é uma opção por uma

[137] Para Charles Sabel, no entanto, uma *ordem constitucional* é uma terceira "*governance structure*", que se junta aos mercados e às hierarquias. Coloco-me num ponto de vista mais amplo que não dispensa considerar também o Estado, as associações e as redes.

[138] Uma das consequências da predominância das visões globalistas é o ressurgimento das estritas visões centro-periferia, que os debates dos anos oitenta e noventa tinham superado.

escala de análise mais próxima da realidade, uma espécie de minúcia descritiva. Neste sentido, julgo que têm pouca pertinência os argumentos que procuram resolver as questões levantadas pelas visões territorialistas através da articulação de escalas de análise e da atenção a processos e actores que agem em escalas espaciais diferenciadas. A compreensão do território exige, desde o início, essa compreensão. O estudo do que constitui o território tem objectos de aplicação em escalas muito diversas, desde o nível local infranacional, ao regional supranacional. Mas não é isso que os diferencia e lhes dá um lugar próprio na produção de conhecimentos.

Argumento, pois, que há justificação de sobra para entender o território como detentor de um papel e de um significado próprios, não apenas complementares e muito menos derivados de determinações com as quais estabeleça uma relação hierárquica dependente ou sucessiva.

Das três dimensões que acabo de propor, duas – *proximidade* e *densidade* – formam a rede matricial interna dos territórios: representam a identidade, a co-presença e a capacidade dinâmica, assim como representam o conflito, a ausência, as tendências regressivas. A terceira dimensão – *polimorfismo estrutural* – representa essencialmente as relações de poder em que os territórios participam (e que podem ser positivas ou negativas, promocionais ou degradativas) e o modo como esses territórios se inscrevem no mapa estrutural do mundo (como margens ou como centros; como lugares ascendentes e transformadores da matriz global ou como lugares descendentes). Por isso mesmo, dedico a secção seguinte a esta última dimensão, no quadro de uma discussão sobre a morfologia do poder, noção que contraponho às visões formais e unilaterais de poder.

2. Território e poder(es): a *morfologia* das relações de poder e o *polimorfismo estrutural* da economia

Uma questão maior que desafia as perspectivas territorialistas é, de facto, a que consiste em saber se elas são cegas perante os contextos macro-sociais e macropolíticos que envolvem os territórios ou se, pelo contrário, interpretam com clarividência as relações que se estabelecem entre diferentes escalas espaciais. Isto é, se a opção territorialista comporta uma estratégia de análise relacional apenas à escala de um território ou à escala de todos os territórios.

Nas discussões que hoje estão em cima da mesa sobressaem duas críticas principais às perspectivas territorialistas: o *poder* e a *política* (as relações de poder desiguais, o conflito) têm sido descartados do discurso e do quadro interpretativo que aquelas produzem, em favor da ênfase que é dada à região enquanto lugar comum, enquanto activo relacional, de todos os grupos e de todos os interesses que a constituem; do mesmo modo, mas agora numa escala que inclui o "exterior" de cada território, negligencia-se a existência de um processo de *desenvolvimento desigual* gerido por agentes de governação exteriores e com poder estabelecido, em favor da ideia de que a confiança e a acção cooperativa localizada são elementos suficientes para fundar e estruturar as evoluções locais (produtivas, de inovação, de aprendizagem).

Niel Brenner (2003: 304) é muito veemente quando interpreta a emergência da escala metropolitana e da governação metropolitana na agenda da organização territorial europeia como um processo essencialmente *crisis-induced*, derivado da transformação da espacialidade do Estado (um processo de *state rescaling*) e como "um resultado politicamente mediado de formas complexas de transferência política, de natureza *cross-national*, assim como de processos de difusão ideológica". Por isso mesmo, nas transformações territoriais que observamos, "as regiões tornaram-se arenas geográficas principais para um amplo leque de mudanças institucionais, experiências de regulação e lutas políticas".

Apresentei no Capítulo 5 uma leitura bastante diferente da emergência dos grandes sistemas territoriais europeus de natureza metropolitana: propus que víssemos os grandes territórios infra-europeus em que tende a assentar a governação europeia (territórios definidos por massa, conectividade, competitividade e dinâmicas: isto é, por estruturas próprias e por construções políticas ou ideológicas) como resultados da geografia (proximidade, densidade, acesso), por um lado, e de culturas institucionais de governação próprias, por outro. Estas razões não só ilustram a conhecida diferenciação europeia (fruto, ela também, da geografia e das culturas institucionais) como exemplificam a natureza complexa (não linear) da fixação das configurações político-institucionais.

Pode dizer-se que, no essencial, a contraposição crítica ao territorialismo e as lacunas que lhe são apontadas assentam em três argumentos:

a) Um argumento sobre *a agenda de investigação*: a busca de demonstração para a ideia de que territórios e regiões são participantes activos, e não arenas passivas, do desenvolvimento económico, leva a que se limite o campo de trabalho aos casos mais significativos e dinâmicos e que, além disso, se "reifique" a região e o espaço, pois estas entidades ficam, desta forma, desligadas de contextos mais vastos, tornando assim os seus resultados facilmente refutáveis.

b) Um argumento sobre *o poder e as assimetrias*: a ênfase no papel dos contextos, das interacções e das instituições incrustadas (*embedded*) localmente leva à negligência do poder e da política, por um lado, e dos efeitos dos processos de desenvolvimento desigual, por outro, tudo isto num plano em que o próprio potencial de tensões inter-regionais, sendo grande, é também negligenciado pelos estudos territorialistas.

c) Um argumento sobre *as possibilidades e a racionalidade* da acção: visto que, para os territorialistas, a acção e a iniciativa são moldadas decisivamente pelo enquadramento institucional que o território proporciona (e que inclui as decisões passadas, gerando-se assim a *path-dependency*), eles tendem a ignorar as orientações racionais que o contexto mais vasto impõe e a inevitabilidade de as trajectórias seguidas serem as da convergência com os grande equilíbrios macro-económicos e macro-sociais, e não as que o território proporcionaria (os territorialistas ignoram a tendência pesada da convergência entre sistemas sócio-económicos).[139]

Não vou discutir se estas críticas são, genericamente, justas perante os trabalhos escrutinados e as perspectivas até aqui consolidadas.[140] O que, essencialmente, me parece é que uma observação contemporânea das economias e dos processos colectivos e os problemas que estão em aberto revelam mais o défice destas críticas do que a sua valia enquanto instrumentos analíticos para o futuro. Ao contrário, parece-me que as perspectivas territorialistas são mais *práticas* no plano operacional – pois identificam situações, em vez de apenas as deduzirem , mais *rigorosas* na informação em que se baseiam e que originam – pois detalham processos complexos, em vez de relações abstractas – e mais *úteis* no plano prospectivo – pois atribuem-se a formulação de políticas, relacionando-as com actores concretos e realidades definidas. A discussão em

[139] Esta discussão, muito viva nos dias de hoje, tem em Berger e Dore, eds (1996) e em Hall e Soskice (2003) contribuições que não permitem encerrá-la nos termos da crítica ao territorialismo, pois os limites e as contra-tendências à ideia de convergência são abundantes.

[140] A minha ideia é que não, pois estas críticas, mais do que uma novidade trazida por novas matérias de estudo ou novos problemas em aberto, são ecos permanentes do debate epistemológico dentro das ciências sociais, designadamente daquele que opõe desde há muito as visões institucionalistas às de natureza estruturalista ou racionalista.

causa exige, contudo, que nos detenhamos na crítica principal à omissão das questões do poder por parte dos territorialistas.

O ponto de vista em que aqui me coloco é o seguinte:

a) as perspectivas territorialistas devem ser participantes activos na discussão sobre o *poder* e o desenvolvimento desigual numa escala global;
b) a noção de poder dos territorialistas deve valorizar a *morfologia do poder*, e não uma noção abstracta e reificada de poder;
c) a estruturação hierárquica e desigual dos contextos macro-económicos não deve impedir a observação da formação e do desenvolvimento de trajectórias inesperadas, visto que uma característica do mundo, tão incontornável como a sua natureza desigual e hierárquica, é o seu *polimorfismo*.

O primeiro ponto baseia-se, desde logo, na necessidade de repor o debate no lugar certo: seria injusto para o "territorialismo originário" deixar esbater a ideia de que foram as assimetrias, as desigualdades e o desenvolvimento desigual que formaram a matriz genética da ciência regional e a construção da ideia de desenvolvimento regional.[141]

Indo mais adiante, a noção de *reprodução* é essencial para entender o debate. Segundo esta visão das coisas, o problema consiste em saber de que forma "as relações sociais que se desenvolvem em diferentes escalas geográficas interagem na reprodução das paisagens políticas e económicas ao longo do tempo". Neste sentido, as "instituições regionais" são "*canais* institucionais chave através dos quais práticas de regulação mais amplas são interpretadas e postas em acção (Cumbers *et al.*, 2003: 335, sublinhado meu).

Para quem pensa do modo que acaba de se ilustrar, um programa de investigação necessário (e, porventura, suficiente) seria o que se concentrasse nas conexões entre os "mecanismos de regulação externos e interesses sociais e políticos específicos dentro das regiões" (*ibid.*: *idem*). Os territorialistas seriam, assim, simples especialistas da *micro* e *meso* reprodução do *macro*global no território. Aliás, a esta luz, a materialidade do território – e, portanto, o seu significado ontológico – não faria sentido, pois ela é amplamente superada por um outro processo, o da "produção social das escalas". As regiões

---

[141] A obra de A. Simões Lopes, o autor que homenageei com este texto, é o melhor sinal disto mesmo. Para evidenciar esta ideia apontei logo no início as três dimensões da formação das perspectivas territorialistas.

não são elas próprias, mas antes *open spaces*, instrumentos necessários das visões liberais que vêem nelas entidades úteis para a promoção da inovação e da aprendizagem na economia global, que é quem as molda e lhes define as possibilidades. Esta ideia de que há relações que precedem e anulam a materialidade territorial, sendo esta última caracterizada por um elevado grau de volatilidade, no quadro de "espaços abertos", deixa de lado qualquer possibilidade de entendermos a morfologia, não só do poder, mas também das próprias realidades sócio-económicas.

A noção de *reprodução* e a visão de certos fenómenos e entidades como *canais* são consequências coerentes com o realismo crítico (cf. Sayer, 1992), que é a posição filosófica em que as perspectivas que tenho estado a referir se apoiam.

"O âmago da posição realista é a reivindicação ontológica de que há uma realidade independente, constituída por objectos sociais e estruturas, embora o conhecimento e a compreensão que dela temos sejam sempre parciais e provisórios e os obtenhamos através do discurso e da representação" (Cumbers *et al.*, 2003: 334).

Neste quadro, os territórios não seriam parte daquela "realidade independente" e, por isso, seriam essencialmente representações sociais, construções discursivas. Quer dizer, a influência do realismo crítico é superada por uma agenda que atribui dignidade ontológica a entidades como o poder, o Estado, a racionalidade dos agentes dotados de mobilidade, mas não aos territórios.

Para os fins da discussão proposta neste texto, a questão central a que as perspectivas territorialistas têm de responder é a que tem a ver com a relação entre o que define um território – interacções de proximidade, contextos de co-presença – e as suas relações heterónimas. É aí que a questão do poder e das relações desiguais essencialmente se coloca. Como tenho vindo a defender, não basta postular estas duas dimensões nem basta colocá-las lado a lado. O desafio é deduzir as resultantes das suas inter-relações.[142]

O meu argumento é o seguinte: para falar de poder interessa falar da *morfologia* do poder. A noção de que o poder é uma relação linear, assimétrica, unilateral e exteriormente estabelecida parece-me pobre. Para além de pobre, parece-me demissionista: esta noção de poder dispensa-se de conhecer a

---

[142] Benko e Pecqueur (2001: 39), quando se referem às proximidades geográficas e organizacionais e à aprendizagem colectiva, dizem: " não se trata de postular o local (...) mas de deduzi-lo".

morfologia do poder, postula-o apenas. Dispensa-se também de conhecer as estruturas materiais, bastando-lhe concentrar-se numa "realidade independente" definida de forma muito limitada e relegando para os discursos e para a esfera da "reprodução" o resto da realidade.

Ora, o poder inscreve-se em processos, estruturas, códigos, linguagens, objectos, relações. A inserção em relações de poder submete alguns, na medida em que os actores são desiguais, mas a fracção de poder de que estes disponham também os capacita, especialmente quando o seu uso permite criar outras redes relacionais e optar por elas. Para tal, é importante admitir que as relações em que os actores participam não são todas iguais e não se situam nas mesmas escalas. Tão-pouco são estáticas. São dinâmicas, com sentidos verticais ascendentes, descendentes ou laterais. Por isso, podem mudar de patamar e de lógica relacional. Um poder inferior de um actor perante um dado contexto que o submete pode ser convertido num poder equilibrado noutros contextos relacionais.

Um território (não sendo um dado, não sendo estático nem sendo garantidamente homogéneo) é, sem dúvida, um lugar em que se inscrevem relações de poder. Mas é, antes de tudo o mais, um lugar que define a morfologia das relações de poder em presença. As quais, não sendo lineares nem heteronimamente estabelecidas, têm que ser definidas e mapeadas para cada território e cada processo relevantes. É aqui que se abrem três outras questões:

a) a do *mapa relacional*, cada aspecto da co-presença territorial é necessariamente um elemento – que exprime assimetrias de diferentes graus e direcções – das relações de poder estabelecidas em escalas diversas (contrariando-se assim a ideia de relação de poder como relação hierárquica linear);

b) a da *distribuição* desse poder, o que implica tirar ilações da noção de *multi-level governance*, a qual não faz sentido sem que se pressuponham forças e capacidades distribuídas entre vários actores e escalas, obviamente de forma desigual;

c) a da *construção e uso* de novos contextos relacionais por parte de actores com posições adquiridas em anteriores processos (o que supõe, evidentemente, que as "possibilidades" de acção não estejam estritamente delimitadas de forma hierárquica).

Estas três questões, tomadas em conjunto, significam a rejeição dos postulados da convergência (só há *one single best way*), da hierarquia funcional utilitária (os lugares só existem numa hierarquia porque são úteis ao seu vértice) e do entendimento de que os sistemas colectivos se "fecham" apenas através de um único princípio de racionalidade e regulação. Inversamente, afirmam que a macro-regulação comporta universos e possibilidades de diversa índole, incluindo os que assentam no inesperado. A outro propósito Charles Sabel (2004: 4) escreveu sobre *disruptive technology* para indicar que esta é "uma alternativa superior ao *know how* dominante, cujo potencial escapa aos mais poderosos produtores e utilizadores do método dominante precisamente porque ela mostraria como se pode melhorar o que eles já sabem"; "consequentemente, as *disruptive technologies* começam a realizar o seu potencial em mercados secundários ou periféricos".

É neste contexto que *território e economias de proximidade*, por um lado, e *poder e relações assimétricas*, por outro, não são questões disjuntivas (o território é um objecto que deve ser interpretado enquanto lugar de relações de poder). Mas, da mesma forma e com o mesmo valor, importa sublinhar que a análise territorial não é compatível com uma noção simplificada de poder. A condição para que se alcance uma perspectiva que assuma estes objectivos é, igualmente, devolver à economia a noção de que as estruturas materiais têm, tal como o poder, uma morfologia e que, além disso, é o polimorfismo que as caracteriza. Quer dizer, a ideia de que a materialidade se dilui em espaços abertos, moldados a seu belo prazer por relações construtivistas abstractas não deixa "lugar para os lugares", para os territórios, para os processos relacionais que não sejam linearmente reprodutivos daquelas relações heterónimas. O problema não está, no entanto, nesta "falta de agenda" territorialista. O problema está no facto de o mundo assim concebido ser destituído de forma e de diversidade. Ora, o polimorfismo do mundo está inscrito em interacções, aprendizagens, instituições, culturas práticas, poderes que configuram territórios nos quais se mapeiam relações, distribuem poderes e constroem incessantemente possibilidades e contextos. Sem que esses territórios desapareçam. Apenas se transformam.

3. Conclusão

Este texto exprime a vontade de intervir num debate permanente sobre o que valem as territorializações dos processos e dos fenómenos sociais e sobre o que valem os próprios territórios. Têm eles uma valia própria e, por isso, são elementos radicais (no mais puro sentido literal) do conhecimento das dinâmicas sociais e das formas de estruturação das sociedades? A esta pergunta respondi sim e procurei defender três ideias principais: que a relação entre mobilidades e territorializações é muito mais do que uma justaposição de factores que influenciam as dinâmicas económicas – é uma *tensão* de que resultam processos constituintes das transformações globais dos sistemas; que a ideia de *reprodução* de determinantes sócio-políticas não serve para configurar uma noção de território, porque este não é uma simples expressão da produção de escalas (do re-escalonamento) do Estado, do mercado, do capitalismo ou da globalização; que, para entendermos o poder, o desenvolvimento (mesmo quando ele é desigual, como geralmente é) e a estruturação político-económica, devemos contrapor às visões lineares do poder a ideia de morfologia do poder e ao desenvolvimento funcionalista a noção de polimorfismo das sociedades contemporâneas.

Esta agenda resulta do meu desencontro originário com as visões globalistas e com o velho funcionalismo. Continuo a achar que, mais do que uma noção analítica útil, 'globalização' é, sobretudo, uma "metáfora da perplexidade" (Reis, 2001a), perante a nossa dificuldade de lidarmos com a complexidade do mundo, um mundo que, aliás, é bastante maior que o universo da globalização. Por isso, contra-proponho uma alternativa institucionalista, de que deixei aqui os elementos essenciais, encarados do ponto de vista do território. Com a convicção de que (ao inverso das críticas que aqui ilustrei) o que os territorialistas têm a acrescentar ao institucionalismo é a capacidade de mapearem a morfologia do poder e da transformação.

É, aliás, por isso que me parecem necessárias atitudes teóricas e epistemológicas que enfatizem a interpretação das *ordens relacionais* – as que assentam na materialidade dos territórios e as que assentam na morfologia das relações de poder – em desfavor das simples *posições normativas*.

REFERÊNCIAS BIBLIOGRÁFICAS

ADAMS, John (ed.) (1980), *Institutional Economics: Essays in Honor of Alan G. Gruchy*. Boston e Londes: Martinus Nijhoff Publishing.

AGNEW, John (1987), *Place and Politics: The Geographical Mediation of State and Society*. Boston: Allen & Unwm.

ALBERT, Michel (1991), *Capitalismo contra capitalismo*. Lisboa: Bertrand.

AMABLE, Bruno; BOYER, Robert (1997), *Les systèmes d'innovation à l'ère de la globalisation*. Paris: Economica.

AMABLE, Bruno (2005), *Les cinq capitalismes: Diversité des systèmes économiques et sociaux dans la mondialisation*. Paris: Seuil.

AMIN, Samir; VERGOUPOLOS, Kosta (1978), *A questão camponesa e o capitalismo*. Lisboa: Regra do Jogo.

AOKI, Masahiko (2001), *Toward a Comparative Institutional Analysis*. Cambridge e Londres: The MIT Press.

AOKI, Masahiko (2005), "Endogenizing Institutions and Institutional Change", Paper no World Congress of the International Economic Association.

ARROW, Kenneth (1963), *Social Choice and Individual Values*. New Haven: Yale University Press [1951].

ARROW, Kenneth (1974a), "Limited Knowledge: An Economic Analysis", *The American Economic Review*, Março, 1-10.

ARROW, Kenneth (1974b), *The Limits of Organization*. Nova Iorque e Londres: Norton.

AYRES, Clarence (1994), *The Theory of Economic Progress: A Study of Fundamentals of Economic Development and Cultural Change*. Kalamazoo: New Issus Press.

BAPTISTA, A. J. Mendes (1999), *Políticas para o desenvolvimento do interior: um contributo para o Plano Nacional do Desenvolvimento Económico e Social 2000-2006*. Coimbra: Comissão de Coordenação da Região Centro.

BAPTISTA, A. J. Mendes (2001), "Cidades, urbanização e economia em contexto de globalização", *in* José Reis e Maria Ioannis Baganha (orgs.) *A economia em curso: contextos e mobilidades*. Porto: Edições Afrontamento.

BAPTISTA, Fernando Oliveira (2003), "Um rural sem território", *in* José Portela e João castro Caldas (org.) *Portugal chão*. Oeiras: Celta, 47-66.

BARR, Nicholas (1993), *The Economics of the Welfare State*. Stanford: Stanford University Press [1987].

BASLÉ, Maurice (1995), "Antécédents institutionnalistes méconnus ou connus da la théorie de la régulation", *in* Robert Boyer e Yves Saillard (ed.) *Théorie de la régulation: L'état des savoirs*. Paris: La Découverte, 31 39.

BECATINI, Giacomo; RULLANI, Enzo (1995), "Sistema Local e Mercado Global", *Notas Económicas: Revista da Faculdade de Economia da Universidade de Coimbra*, 6, 6 21.

BECATTINI, Giacomo (ed.) (1987), *Mercato e forze local: il distretto industriale*. Bologna: II Mulino.

BENKO, Georges; PECQUEUR, Bernard (2001), "Os recursos do território e os territórios dos recursos", *Geosul*, 16 (32), 31-50.

BERGER, Suzanne; DORE, Ronald, eds. (1996), *National Diversity and Global Capitalism*. Ithaca e Londres: Cornell University Press.

BLACK, David (1958), *The Theory of Committiees and Elections*. Cambridge: Cambridge University Press.

BOYER, Robert (1994), "Les capitalismes vers le XXIème siècle: des transformations majeures en quête de théories (I)", *Notas Económicas: Revista da Faculdade de Economia da Universidade de Coimbra*, 3, 8-37.

BOYER, Robert (2004), *La croissance, début de siècle: de l'octet au gène*. Paris: Albin Michel.

BOYER, Robert (2004), *Une théorie du capitalisme est-elle possible?* Paris: Odile Jacob.

BOYER, Robert; SAILLARD, Yves (ed.) (1995), *Théorie de la régulation: l'état des savoirs*. Paris: La Découverte.

BRENNER, Niel (2003), "Metropolitan institutional reform and the rescaling of the State space in contemporary Western Europe". *European Urban and Regional Studies*, 10 (4).

BRENNAN, Geoffrey; BUCHANAN, James M. (1985), *The Reason For Rules: Constitutional Political Economy*. Cambridge: Cambridge University Press.

BUCHANAN, James (1972), "Toward Analysis of Closed Behavioral Systems", *in* James Buchanan e Robert Tollison, *Theory of Public Choice: Political Applications of Economics*. Ann Arbor: The University of Michigan Press.

BUCHANAN, James (1980), "Rent Seeking and Profit Seeking", *in* James M. Buchanan; Robert D. Tollison e Gordon Tullock (orgs.), *Toward a Theory of the Rent Seeking Society*. College Station: Texas A&M University Press.

BUCHANAN, James (1983), *The Political Economy: Retrospective of a Quarter Century*. Washington: American Entreprise Institute for Public Policy Research.

BUCHANAN, James (1984a), "Politics Without Romance: A Sketch of Positive Public Choice Theory and Its Normative Implications", *in* James Buchanan e Robert Tollison (orgs.) *Theory of Public Choice (II)*, Ann Arbor: The University of Michigan Press.

BUCHANAN, James (1984b), "The Coase Theorem and the Theory of the State", *in* James Buchanan e Robert Tollison (orgs.), *Theory of Public Choice* (2). Ann Arbor: The University of Michigan Press.

BUCHANAN, James (1986), *Liberty, Market and State: Political Economy in the 1980s*. Brighton: Wheatsheaf Books.

BUCHANAN, James (1987), *Economics: Between Predictive Science and Moral Philosophy*. College Station: Texas A&M University Press.

BUCHANAN, James (1988), *The Political Economy of the Welfare State*. Estocolmo: The Industrial Institut for Economic and Social Research.

BUCHANAN, James (1989), *Essays on the Political Economy*. Honolulu: University of Hawaii Press.

BUCHANAN, James (1991a), *The Economics and the Ethics of Constitutional Order*. Ann Arbor: The University of Michigan Press.

BUCHANAN, James (1991b), *Constitutional Economics*. Oxford, Cambridge: Basil Blackwell.

BUCHANAN, James e TOLLISON, Robert (1972), *Theory of Public Choice: Political Applications of Economics*. Ann Arbor: The University of Michigan Press.

BUCHANAN, James; TOLLISON, Robert (orgs.) (1984), *Theory of Public Choice*, II. Ann Arbor: The University of Michigan Press.

BUCHANAN, James; TOLLISOn, Robert D.; TULLOCK, Gordon (orgs.) (1980), *Toward a Theory of the Rent Seeking Society*, College Station: Texas A&M University Press.

BUCHANAN, James; TULLOCK, G. (1962), *The Calculus of Consent*. Ann Arbor: University of Michigan Press.

CLARK, Charles (ed.) (1995), *Institutional Economics and the Theory of Social Value: Essays in Honor of Marc R. Tool*. Boston e Londres: Kluwer Academic Press.

COASE, Ronald H. (1960), "The Problem of Social Cost", *Journal of Law and Economics*, 3, 1-44.

COASE, Ronald H. (1972), "Industrial Organisation: A Proposal for Research", *in* V. R. Fuchs (ed.) *Policy Issues and Research Opportunities in Industrial Organization*. Nova Iorque: National Bureau of Economic Research, 57-73.

COASE, Ronald H. (1988), *The Firm, the Market and the Law*. Chicago: Chicago University Press.

COASE, Ronald H. (1994), "The Institutional Structure of Production", *in* R. H. Coase, *Essays on Economics and Economists*. Chicago e Londres: The University of Chicago Press, 3-14.

COELHO, Lina (1995), "Iberização dependente: uma reflexão sobre o investimento directo industrial na Região Centro", *Revista Crítica de Ciências Sociais*, 44, 59-84;

COMISSÃO EUROPEIA (1999), *Schéma de Développement de l'Espace Communautaire: Vers un développement spatial équilibré et durable du territoire de l'Union européenne*.

COMMONS, John (1990), *Institutional Economics: Its Place Political Economy*. Londres: Transaction Publishers.

COSTA, A. Firmino da (1984), "Entre o cais e o castelo: identidade cultural num tecido social inigualitário", *Revista Crítica de Ciências Sociais*, 14, 77-107.

CRPM (2002), *Study on the Construction of a Polycentric and Balanced Development Model for the European Territory*. Conferência das Regiões Periféricas Marítimas.

CUMBERS, Andrew; MACKINNON, Danny; MCMASTER, Robert (2003), "Institutions, power and space: Assessing the Limits to Institutionalism in Economic Geography", *European Urban and Regional Studies*, 10 (4), 325-342.

DAMETTE, Félix (1980), "The regional framework of monopoly exploitation", *in* John Carney, Ray Hudson e Jim Lewis (eds), *Regions in Crisis: New perspectives in European Regional Theory*. Londres: Croom Helm, 76-92.

DAVID, Paul e THOMAS, Mark (2006), "Thinking historically about challenging economic issues", *in* Paul David e Mark Thomas (ed.) *The Economic Future in Historical Perspective*. Oxford e Nova Iorque: Oxford University Press.

DAVIS, Lance; NORTH, Douglass (1971), *Institutional Change and American Economic Growth*. Cambridge, Cambridge University Press.

DEARLOVE, John (1989), "Bringing the Constitution Back In: Political Science and the State", *Political Studies*, 37 (4), 521-539.

DELMAS, Philippe (1993), *O senhor do tempo: a modernidade da acção do Estado*. Porto: ASA.

DEMSETZ, Harold (1967), "Towards a Theory of Property Rights", *American Economic Review*, 57, 347-359.

DOERINGER, Peter; TERKAL, David (1987), *Invisible Factors in Local Development*. Nova Iorque: Oxford University Press.

DPP-Departamento de Prospectiva e Planeamento (2003), *Portugal no espaço europeu: o investimento directo estrangeiro*. Lisboa: Ministério das Finanças.

DRAGUN, Andrew (1988), "Externalities, Property Rights, and Power", *in* Warren Samuels (ed.) *Institutional Economics*, II. Aldershot: Edward Elgar Publishing, 324-337.

DUGGER, William (1992), *Underground Economics: A Decade of Institutionalist Dissent*. Armonk e Londres: M. E. Sharpe.

DUGGER, William M. (org.) (1989), *Radical Institutionalism: Contemporary Voices*. Nova Iorque: Greenwood Press.

DUNCAN, Simon; GOODWIN, Mark; TOPAKIAN, Gregory (1988), *The Local State and Uneven Development*. Cambridge: Polity Press.

EGGERTSSON, Thráinn (1990), *Economic Behavior and Institutions*. Cambridge: Cambridge University Press.

EVANS, Peter (1992), "The State as Problem and Solution Predation, Embedded Autonomy and Structural Change", *in* S. Haggard e R. Kaufman (orgs.) *The Politics of Structural Adjustment*. Princeton: Princeton University Press.

FERRÃO, João (1987), "Indústria e território: breve história de uma união feliz", *Revista Crítica de Ciências Sociais*, 22, 55-68.

FERRÃO, João (2003), "A emergência de estratégias transnacionais no ordenamento do território na União Europeia: reimaginar o espaço europeu para criar novas formas de governança territorial?", *GeoInova*, 7, 11-37.

FERREIRA, Virgínia (1999), "'All women are working women': padrões de evolução da segregação sexual do emprego nos *anos 90", in A Sociedade Portuguesa perante os desafios da globalização, II: globalização e processos de transformação da economia*. Coimbra: Centro de Estudos Sociais, 161-228.

FLORIDA, Richard (2005), "The World is Spiky", *The Atlantic Monthly*, October, 48-51.

FORTUNA, Carlos (1988), *Threading Through. Cotton Production, Colonial Mozambique and Semiperipheral Portugal in the World-Economy*. Ph. D. Thesis, SUNY, Binghamton.

FREITAS, Eduardo de; *et al.* (1976), *Modalidades de penetração do capitalismo na agricultura: estruturas agrárias em Portugal Continental (1950-1970)*. Lisboa: Editorial Presença.

FRIEDMAN, Thomas (2005), *O mundo é plano: Uma história breve do Século XXI*. Lisboa: Actual Editora.

FURTADO, Artur e FERMISSON, João (2001), "Evolução do perfil industrial das regiões portuguesas no período 1982-1998: diversidade, tendências e implicações". *Como está a economia portuguesa?* Lisboa: CISEP, 301-315.

GAMA, António (1987a), "Indústria e produção de um espaço peri-urbano", *Revista Crítica de Ciências Sociais*, 22, 33-54.

GAMA, António (1987b), "O território como inscrição de poder", *Locus*, 2-3.

GAROFOLI, Gioacchino; VAZQUEZ BARQUERO, A. (ed.) (1994), *Organization of Production and Territory: Local Models of Development*. Pavia: Gianni Iuculano Editore.

GIDDENS, Anthony (1983), "Comments on the Theory of Structuration", *Journal for the Theory of Social Behaviour*, 13 (1).

GIDDENS, Anthony (1985), "Time, Space and Regionalism", *in* Derek Gregory e John Urry (ed.) *Social Relations and Spatial Structures*. Londres: Macmillan.

GONÇALVES, Octávio F. (1998), "Convergência real no longo prazo da economia portuguesa", *Notas Económicas: Revista da Faculdade de Economia da Universidade de Coimbra*, 11, 82-100.

GORDON, Wendell (1980), *Institutional Economics: The Changing System*. Austin e Texas: University of Texas Press.

GORDON, Wendell (1988), "Institutionalized Consumption Patterns in Underdevelopped Countries", *in* Warren Samuels (ed.) *Institutional Economics*, II. Aldershot: Edward Elgar Publishing, 289-309.

GRUCHY, Allan (1947), *Modern Economic Thought: The American Contribution*. Nova Iorque: Prentice-Hall.

GRUCHY, Allan (1972), *Contemporary Economic Thought: The Contribution Neo-Institutional Economics*. Londres: Macmillan.

GRUCHY, Allan (1987), *The Reconstruction of Economics: An Analysis of the Fundamentals of Institutional Economics*. Nova Iorque: Greenwood.

HALL, Peter A.; SOSKICE, David (2003), "An Introduction to Varieties of Capitalism", *in* Peter A. Hall e David Soskice, (eds.), *Varieties of Capitalism: The institutional Foundations of Comparative Advantage*. Oxford: Oxford University Press, 1-68.

HARRIS, John; HUNTER, Janet; LEWIS, Colin M. (1997), "Development and significance of NIE", *in* Harris, John; Hunter, Janet; Lewis, Colin M. (ed.) *The New Institutional Economics and the Third World Development*. Londres e Nova Iorque: Routledge, 1-13.

HESPANHA, Pedro (1982), "A pequena agricultura, o preço da terra e as políticas fundiárias", *Revista Crítica de Ciências Sociais*, 7/8, 467-496.

HIRSCH, Joachim (1991), "From the Fordist to the Post Fordist State", *in* Bob Jessop, Hans Kastendiek, Klaus Nielson e Ove K. Pedersen (eds.). *The Politics of Flexibility: Restructuring State and Industry in Britain, Germany and Scandinavia*. Londres: Edward Elgar.

HIRSCHMAN, Albert O. (1991), *The Rhetoric of Reaction: Perversity, Futility, Jeopardy*. Harvard: The Belknap Press.

HIRST, Paul; THOMPSON, Grahame (1996), *Globalization in Question: The International Economy and the Possibilities of Governance*. Polity Press: Cambridge.

HODGSON, Geoffrey (1994a), *Economia e instituições*. Oeiras: Celta.

HODGSON, Geoffrey (1994b), "Institutionalism, 'Old' and 'New'", *in* Hodgson, Geoffrey; Samuels, Warren; Tool, Marc (ed.) *The Elgar Companion to Institutional Evolutionary Economics*, I. Aldershot: Edward Elgar, 397-402.

HODGSON, Geoffrey (1996), "Towards a Worthwhile Economics", *in* Steven Medema e Warren Samuels (eds), *Foundations of Research in Economics: How do Economists do Economics*. Cheltenham e Brookfield: Edward Elgar, 103-121.

HODGSON, Geoffrey (1997), *Economia e evolução: o regresso da vida à teoria económica*. Oeiras: Celta.

HODGSON, Geoffrey (2006a), "What Are Institutions?", *Journal of Economic Issues*, XL (1), 1-25.

HODGSON, Geoffrey (2006b), "Institutional Economics into the Twenty-First Century", *Paper* da Conferência no Programa de Doutoramento em Governação, Conhecimento e Inovação, Faculdade de Economia da Universidade de Coimbra, Outubro.

HODGSON, Geoffrey; SAMUELS, Warren; TOOL, Marc (ed.) (1994), *The Elgar Companion to Institutional Evolutionary Economics*. Aldershot: Edward Elgar.

HOLLINGSWORTH, J. Rogers; SCHMITTER, Philippe; STREECK, Wolfgang, eds. (1994), *Governing Capitalist Economies: Performances and Control of Economic Sectors*. Nova Iorque e Oxford: Oxford University Press.

HOLLINGSWORTH, J. Rogers; BOYER, Robert (1997), "Coordination of Economic Actors and Social Systems of Production", *in* J. Rogers Hollingsworth e Robert Boyer (eds.), *Contemporary Capitalism: The Embeddedness of Institutions*. Nova Iorque e Cambridge: Cambridge University Press, 1-47.

HOLLINGSWORTH, J. Rogers; BOYER, Robert (1997), "From National Embeddedness to Spatial and Institutional Nestedness", *in* Hollingsworth, J. Rogers; Boyer, Robert (ed.) *Contemporary Capitalism: The Embeddedness of Institutions*. Cambridge: Cambridge University Press, 433-484.

HOLLINGSWORTH, J. Rogers; SCHMITTER, Philippe; STREECK, Wolfgang (ed.) (1994), *Governing Capitalist Economies*. Oxford: Oxford University Press.

HUDSON, Ray (2004), "Thinking Through the Geographies of the New Europe in the New Millennium", *European Urban and Regional Studies*, 11 (2), 99-102.

JESSOP, Bob (1990), *State Theory: Putting Capitalist States in Their Place*. Cambridge: Polity Press.

JESSOP, Bob (1995), "The Transition to Post Fordism and the Schumpeterian Workfare State", *in* Roger Burrows e Brian Loader (eds.) *Towards a Post-Fordist Welfare State?* Londres e Nova Iorque: Routledge.

KLEIN, Philip (1993), "The Institutionalist Challenge: Beyond Dissent", *in* Marc Tool (ed.) *Institutional Economics: Theory, Method, Policy*. Boston e Londres: Kluwer Academic.

KLEIN, Philip (1994), *Beyond Dissent: Essays in Institutional Economics*. Armonk: M. E. Sharpe.

KOOIMAN, Jan (2003), *Governing as Governance*. Londres: Sage.

KRUEGER Anne (1980), "The Political Economy of the Rent Seeking Society" *in* James M. Buchanan; Robert D. Tollison e Gordon Tullock (orgs.) *Toward a Theory of the Rent Seeking Society*. College Station: Texas A&M University Press.

KUNDSEN, Christian (1993), "Modelling Rationality, Institutions and Processes in Economic Theory", *in* Uskali Maki; Bo Gustafsson e Christian Knudsen (ed.) *Rationality, Institutions and Economic Methodology*, Londres e Nova Iorque: Routledge, 265-299.

LASH, Scott; URRY, John (1987), *The End of Organized Capitalism*. Cambridge: Polity Press.

LIPIETZ, Alain (1985), *Mirages et miracles: problèmes de l'industrialisation dans le tiers monde*. Paris: Editions La Découverte.

LIPIETZ, Alain; LEBORGNE, Danielle (1988), *L'après-fordisme et son espace*. Paris: CEPREMAP.

LOPES, A. Simões (1987), *Desenvolvimento regional: problemática, teoria, modelos*. Lisboa: Fundação Calouste Gulbenkian [3ª edição].

LOPES, A. Simões (2002), "O espaço económico" *in* José Silva Costa (org.), *Compêndio de economia regional*, Coimbra: APDR, 35-59.

MARCH, James; SIMON, Herbert (1958), *Organizations*. Nova Iorque: Wiley.

MARQUES, Maria Manuel Leitão (1989), *Subcontratação e autonomia empresarial: o caso português*. Tese de doutoramento, Faculdade de Economia da Universidade de Coimbra.

MARSHALL, Alfred (1961), *Principles of Economics*, I. Londres: Macmillan [9ª edição].

MARTIN, David (1988), "Beyond Capitalism: A Role for Markets?", *in* Warren Samuels (ed.) *Institutional Economics*, III. Aldershot: Edward Elgar Publishing, 310-323.

MASSEY, Doreen (1984), *Spatial Divisions of Labour: Social Structures and the Geography of Production*. Londres: Macmillan.

MATEUS, Augusto *et al.* (org.) (1995), *Portugal XXI: cenários de desenvolvimento*. Lisboa: Bertrand Editora.

MATEUS, Augusto (1987), "Economias semiperiféricas e desenvolvimento desigual na Europa (reflexões a partir do caso português)", *Economia e Socialismo*, 72/73.

MCKELVEY, Maureen (1997), "Using Evolutionary Theory to Define Systems of Innova-tion", *in* Charles Edquist (org.), *Systems of Innovation. Technologies, Institutions and Organizations*. Londres: Pinter.

MILLER, Edyth (1988), "Institutional Economics: Philosophy, Methodology and Theory", *in* Warren Samuels (ed.) *Institutional Economics*, II. Aldershot: Edward Elgar Publishing, , 50-62.

MINGIONE, Enzo; PUGLIESE, Eurico (1987), "A difícil delimitação do 'urbano' e do 'rural': alguns exemplos e implicações teóricas", *Revista Crítica de Ciências Sociais*, 22, 83-99.

MITCHELL, Wesley (1927), *Business Cycles: The Problem and its Setting*. Nova Iorque: National Bureau of Economic Research.

MITCHELL, Wesley (1967), *Types of Economic Theory: From Mercantilism to Institutionalism*. Nova Iorque: Augustus M. Kelley.

MITCHELL, William C. e SIMMONS, Randy (1994), *Beyond Politics: Markets, Welfare, and the Failure Burocracy*. Oxford: Westview Press.

MURTEIRA, Mário (1997), *Economia do mercado global: ensaio sobre as condicionantes mega e macro das estratégias empresariais*. Lisboa: Presença.

MYRDAL, Gunnar (1997), *Political and Institutional Economics*. Dublin: Economic and Social Research Institut.

NELSON, Richard R.; WINTER, Sidney G. (1982), *An Evolutionary Theory of Economic Change*. Cambridge: Harvard University Press.

NEVES, Vítor (2004), "Situational Analysis Beyond 'Single-Exit' Modelling", *Cambridge Journal of Economics*, 28, 921-936.

NIELSON, Klaus (2001), "Review of Institutionalist Approaches in the Social Sciences: Typology, dialogue and future prospects". *Network Institutional Theory*, Research Paper, 7/01.

NORDELINGER, Eric A. (1981), *On the Autonomy of the Democratic State*. Cambridge e Londres: Harvard University Press.

NORTH, Douglass (1981), *Structure and Change in Economic History*. Nova Iorque e Londres: Norton.

NORTH, Douglass (1990), *Institutions, Institutional Change and Economic Performance*. Cambridge: Cambridge University Press.

NORTH, Douglass (1993), "Institutions and Economic Performance", *in* Maki, Uskali; Gustafsson, Bo; Knudsen, Christian (ed.) *Rationality, Institutions and Economic Methodology*. Londres e Nova Iorque: Routledge, 242-261.

NORTH, Douglass (1997), "The New Institutional Economics and the Third World Development", *in* John Harris, Janet Hunter a Colin M. Lewis (ed.) *The New Institutional Economics and the Third World Development*. Londres e Nova Iorque: Routledge, 17-26.

NORTH, Douglass (2005), *Understanding the Process of Economic Change*. Princeton e Oxford: Princeton University Press.

ORLÉAN, André (org.) (1994), *Analyse économique des conventions*. Paris: PUF.

PEACOCK, Alan (1992), *Public Choice Analysis in Historical Perspective*. Cambridge: Cambridge University Press.

PEJOVICH, Svetozar (1995), *Economic Analysis of Institutions and Systems*. Dordrecht: Kluwer Academic Publishers.

PETRELLA, Ricardo (1996), "Globalization and Internationalization: The dynamics of the emerging world order", *in* Robert Boyer e Daniel Drache (ed.), *States Against Markets: The limits of globalization*. Londres e Nova Iorque: Routledege.

PINTO, José Madureira (1982), "O espaço social rural: especificidades, funções, transformações", *Revista Crítica de Ciências Sociais*, 7/8, 327-328.

PRED, Allan (1983), "Structuration and Place: On the Becoming of Sense of Place and Structure of Feeling", *Journal for the Theory of Social Behaviour*, 13 (1).

PRED, Allan (1986), *Place, Pratice and Structure: Social and Spatial Transformation in Southern Sweden (1750-1850)*. Cambridge: Polity Press.

RAWLS, John (1972), *A Theory of Justice, Cambridge*. Belkuap: *Press of Harvard University Press*.

REIS, José (1982), "A economia agrária e a pequena agricultura", *Revista Crítica de Ciências Sociais*, 7/8, 149-179.

REIS, José (1985), "Modos de industrialização, força de trabalho e pequena agricultura: para uma análise da articulação entre a acumulação e a reprodução", *Revista Crítica de Ciências Sociais*, 15/16/17, 225-260.

REIS, José (1986), "A recolha de informação não-estatística em economia", *in* Augusto Santos Silva e José Madureira Pinto (orgs.) *Metodologia das ciências sociais*. Porto: Afrontamento, 197-213.

REIS, José (1987), "Os espaços da industrialização: notas sobre a regulação macroeconómica e o nível local", *Revista Crítica de Ciências Sociais*, 22, 13-31.

REIS, José (1992), *Os Espaços da indústria: a regulação económica e o desenvolvimento local em Portugal*. Porto: Edições Afrontamento.

REIS, José (1993), "Portugal: A heterogeneidade de uma economia semiperiférica", *in* Boaventura de Sousa Santos (org.), *Portugal: um retrato singular*. Porto: Afrontamento, 133-161.

REIS, José (1995a), Estado, instituições e economia: a despesa pública em Portugal, *Revista Crítica de Ciências Sociais*, 44, 25-58.

REIS, José (1995b), "O Estado e a economia: a despesa pública em Portugal", *Oficina do Centro de Estudos Sociais*, 53.

REIS, José (2000), "Industrie et dynamiques régionales: les problèmes d'une économie intermédiaire (Portugal)", *in* Georges Benko; Alain Lipietz (orgs.), *La Richesse des Régions: La nouvelle géographie socio-économique*. Paris: PUF, 271-292.

REIS, José (2001a), "A Globalização como metáfora da perplexidade: os processos geo-económicos e o 'simples' funcionamento dos sistemas complexos" *in* Boaventura de Sousa Santos (org.) *Globalização: Fatalidade ou Utopia?* Porto: Edições Afrontamento, 109-134.

REIS, José (2001b), "Estado, instituições e economia: a despesa pública em Portugal", *in* José Reis e Maria Ioannis Baganha (orgs.), *A Economia em Curso: Contextos e mobilidades*. Porto: Afrontamento, 31-61.

REIS, José (2003a), "Observar a mudança: o papel dos estudos rurais" *in* José Portela e João Castro Caldas (org.), *Portugal Chão*. Oeiras: Celta Editora, 37-45

REIS, José (2003b), *Economia Portuguesa*. Coimbra: Faculdade de Economia da Universidade de Coimbra.

REIS (2004), "Governação e territórios na Europa: hipóteses sobre um subfederalismo europeu", *in* Maria Manuela Tavares Ribeiro (coord.), *Ideias de Europa: Que fronteiras?* Coimbra: Quarteto, 13-27.

REIS, José; NÉGRIER, Emmanuel (1998), "Térritoires et régionalisation: le cas du Portugal", *in* E. Négrier; Bernard Jouve (orgs.), *Que gouvernent les régions d'Europe? Échanges politiques et mobilisations régionales*. Paris: L'Harmattan, 161-179.

RELPH, Edward (1976), *Place and Placelessness*. Londres: Pion Limited.

REY, Pierre-Philippe (1979), *As alianças de classes*. Coimbra: Centelha.

RODRIGUES, Maria João (1988), *O sistema de emprego em Portugal: crise e mutações*. Lisboa: Publicações D. Quixote.

ROSIER, Bernard; DOCKÈS, Pierre (1983), *Rythmes économiques crises et changement social: une perspective historique*. Paris: La Découverte/Maspero.

ROWLEY, Charles ed. (1993), *Public Choice Theory*, I e II. Londres: Edward Elgar.

RUTHERFORD, Malcolm (1994), *Institutions in Economics: The Old and the New Institutionalism*. Cambridge: Cambridge University Press.

RUTHERFORD, Malcom; SAMUELS, Warren (ed.) (1996), *John R. Commons: Selected Essays*. Londres e Nova Iorque: Routledge.

SABEL, Charles (1998), "Constitutional Orders: Trust Building and Response to Change", *in* J. Rogers Hollingsworth e Robert Boyer (eds), *Contemporary Capitalism: The Embeddeness of Institutions*. Cambridge: Cambridge University Press, 154-188.

SABEL, Charles (2004), "Districts on the Move: Notes on the Tedis Survey of the internationalization of district firms", http://www2.law.columbia.edu/sabel/.

SAMUELS, Warren (1979), *The Economy as a System of Power*. New Brunswich: Transaction Publishers.

SAMUELS, Warren (ed.) (1988), *Institutional Economics*. Aldershot: Edward Elgar Publishing.

SANTOS, Boaventura de Sousa (1984), "On Modes of Production of Law and Social Power", *Working Papers*, Série 1, 1, Institute for Legal Studies, University of Wisconsin, Madison.

SANTOS, Boaventura de Sousa (1985), "Estado e sociedade na semiperiferia do sistema mundial: o caso português", *Análise Social*, 87/88/89, 869-901.

SANTOS, Boaventura de Sousa (1989a), *Introdução a uma ciência pós-moderna*. Porto: Afrontamento.

SANTOS, Boaventura de Sousa (1989b), "O social e o político na transição pós-moderna", *Oficina do CES*, 1.

SANTOS, Boaventura de Sousa (1993a), "O Estado, as relações salariais e o bem-estar social na semiperiferia: o caso português", *in* B. S. Santos (org.) *Portugal: Um Retrato Singular*. Porto: Afrontamento.

SANTOS, Boaventura de Sousa (org.) (1993b), *Portugal: Um retrato singular*. Porto: Afrontamento.

SAYER, Andrew (1992), *Method in Social Science*. Londres e Nova Iorque: Routledge.

SAYER, R. A. (1985), "Industry and Space: A Sympathetic Critique of Radical Research", *Society and Space*, 3 (1) 3-29.

SCHUMPETER, Joseph (1934), *The Theory of Economic Development*. Cambridge, Mass.: Harvard University Press.

SCHUMPETER, Joseph (1987), *Capitalism, Socialism and Democracy*. Londres: Unwin Paperbacks.

SEN, Amartya (1970), *Collective Choice and Social Welfare*. San Francisco: Holden Day.

SIMON, Herbert (1957), *Administrative Behavior: A Study of Decision-Making Process in Administrative Organization*. Nova Iorque: Macmillan.

SIMON, Herbert (1982), *Models of Bounded Rationality: Behavioral Economics and Business Organization*. Cambridge e Londres: The MIT Press.

SIMON, Herbert (1991), "Organizations and Markets", *The Journal of Economic Perspectives*, 5 (2), 25-44.

STIGLER, George (1975), *The Citizen and the State: Essays on Regulation*. Chicago e Londres: The University of Chicago Press.

STIGLITZ, Joseph E. (2003), "Comment gérer la globalisation? Quel doit être le rôle de l'Europe", *in Le Cercle de Économistes, L'Éurope et la Gouvernance Mondiale*. Paris: Descartes & Cie, 19-25.

STIGLITZ, Joseph E. *et al.* (1989), *The Economic Role of the State*. Oxford e Cambridge: Basil Blackwell.

STORPER, M. (1985), "The Spatial and Temporal Constitution of Social Action: A Critical Reading of Giddens", *Society and Space*, 3 (4), 407-424.

STREECK, Wolfgang; SCHMITTER, Philippe C. (eds.) (1985), *Private Interest Government: Beyond Market and State*. Londres: Sage.

THÉRET, Bruno (1995), "L'Etat dans la Problématique de la Régulation", *Actuel Marx*, 17, 6674.

TOLDA, João (1995), "Inovação empresarial e economia regional da inovação: dados de uma investigação em curso", *Revista Crítica de Ciências Sociais*, 44, 85-100.

TOLLISON, Robert D. (1972), *Involved Social Analysis in James Buchanan e Robert Tollison, Theory of Public Choice: Political Applications of Economics*. Ann Arbor: The University of Michigan Press.

TOOL, Marc; SAMUELS, Warren (ed.) (1989), *The Economy as a System of Power*. New Brunswick e Oxford: Transaction Publishers.

TUAN, Yi-Fu (1977), *Space and Place: The Perspective of Experience*. Londres: Edward Arnold.

TULLOCK, Gordon (1980), "Efficient Rent Seeking" *in* James M. Buchanan; Robert D. Tollison e Gordon Tullock (orgs.) *Toward a Theory of the Rent-Seeking Society*. College Station: Texas A&M University Press.

TULLOCK, Gordon (1984), "The Backward Society: Static Inefficiency, Rent Seeking, and the Rule of Law" *in* James Buchanan e Robert Tollison (orgs.) *Theory of Public Choice* (II). Ann Arbor: The University of Michigan Press.

URRY, John (1985), "Social Relations, Space and Time", *in* Derek Gregory e John Urry (ed.), *Social Relations and Spatial Structures*. Londres: Macmillan.

URRY, John (1987), "Society, Space and Locality", *Society and Space*, 5.

VEBLEN, Thorstein (1994a), *The Collected Works of Thorstein Veblen*. Londres: Routledge/ /Thoemms Press.

VEBLEN, Thorstein (1994b), *The Theory of the Leisure Class*. Nova Iorque: Dove Publications [1899].

VELTZ, Pierre (2002), *Des lieux et des liens: politiques du territoire à l'heure de la mondialisation*. Éditions de l'Aube: Paris.

VILLEVAL, Marie-Claire (1995), "Une thérie économique des institutions", *in* Boyer, Robert; Saillard, Yves (ed.) *Théorie de la Régulation: l'état des savoirs*. Paris: La Découverte, 479-489.

WALLERSTEIN, Immanuel (1974), *The Modern World-System*. Nova Iorque: Academic Press.

WALLERSTEIN, lmmanuel (1979), *The Capitalist World-Economy*. Cambridge: Cambridge University Press.

WALLERSTEIN, lmmanuel (1984), *The Politics of the World-Economy: The State, the Movements and the Civilizations*. Cambridge: Cambridge University Press

WILBER, Charles; HARRISON, Robert (1988), "The Methodological Basis of Institutional Economics: Pattern Model, Storytelling, and Holism", *in* Warren Samuels (ed.) *Institutional Economics*, II. Aldershot: Edward Elgar Publishing, 95 123.

WILLIAMSON, Oliver (1975), *Markets and Hierarchies: Analysis and Antitrust Implications: A Study in the Economics of Internal Organization*. Nova Iorque: The Free Press.

WILLIAMSON, Oliver (1987), *The Economic Institutions of Capitalism: Firms, Markets, Relational Contracting*. Nova Iorque: The Free Press.

WILLIAMSON, Oliver (1990), *Economic Organization: Firms, Markets and Policy Control*. Nova Iorque: New York University Press [1986].

WILLIAMSON, Oliver (1993), *The Economic Analysis of Institutions and Organization: In General and with Respect to Country Studies*. Paris: OCDE.

WILLIAMSON, Oliver; WINTER, Sidney (1993), *The Nature of the Firm: Origins, Evolution and Development*. Nova Iorque e Oxford: Oxford University Press.

SUPLEMENTO

As páginas que se seguem são artigos de jornal, publicados episodicamente a propósito de pretextos diversos. São, portanto, reflexões circunstanciais, obviamente muito datadas. Mas dei-me conta de que este tipo de escrita se organizou à volta de temas bem delimitados: o território e a regionalização, o Estado e o modelo económico das sociedades contemporâneas, a política universitária e Coimbra. Em certo sentido, eles mostram que os temas académicos tratados neste livro têm um prolongamento na intervenção pública e nas discussões quotidianas. A economia que pratico é, de facto, muito "impura".

Procedi à escolha de um pequeno conjunto desses textos e publico-os aqui. É desnecessário chamar a atenção para o facto de eles se referirem, em geral, a acontecimentos concretos, já um pouco recobertos pelo pó do tempo. Organizei-os por ordem cronológica exactamente para sublinhar a sua temporalidade.

Claro está que só os trago para aqui porque acho que são temas em aberto. As discussões sobre o território hão-de avivar-se proximamente, ao reabrir-se o necessário debate sobre a regionalização, a organização territorial do país e a reforma da relação do Estado com o território. A universidade, por seu lado, vive um forte convulsão. Coimbra tem à sua frente um desafio claro para se afirmar como um centro urbano não-metropolitano moderno e cosmopolita essencial para o país.

OS CUSTOS DA NÃO-REGIONALIZAÇÃO *

Devido, porventura, à grande influência exercida na opinião pública por um pequeno número de prosélitos que assentam o seu comércio de ideias em simplismos fáceis, a sociedade portuguesa corre o risco de aumentar a opacidade da discussão sobre a regionalização. Faz parte deste tortuoso caminho o modo sôfrego e superficial como se tem avançado com o argumento dos custos da regionalização – segundo o qual à regionalização se seguirá uma súbita construção de uma nova burocracia, onerosa e ineficiente.

Procuro mostrar neste texto que, para fazer bem as contas, convém começar por estabelecer quais são os custos da não-regionalização, isto é, as deseconomias do funcionamento actual dos aparelhos administrativos poderosos que já estão presentes nas regiões, sob a forma de órgãos desconcentrados da administração central. De caminho defendo também que mesmo sem regionalização o debate regional existe e existem decisões de incidência regional, com as quais se aplicam recursos, se realizam obras, se satisfazem reivindicações, se consolida uma determinada forma de organização espacial do país. Ora, este debate, ocorrendo num contexto de não-regionalização administrativa, depende apenas de duas variáveis: de uma lógica central (cujos limites cada vez mais se conhecem) ou de uma lógica casuística, resultado das pressões de quem tenha mais capacidade para exercer protagonismos políticos e para forçar decisões contingentes, eventualmente injustas.

Ao centrar-me nestes dois argumentos, deixo de lado questões tão importantes como o significado da regionalização para o reforço da cidadania, para o alargamento do princípio da legitimidade democrática dos órgãos da administração, para a valorização dos sentimentos de identidade e de auto-estima das populações e para o uso desse enorme recurso que é a diversidade regional de uma economia. A regionalização é seguramente, sabem-no os economistas, um modo positivo de assegurar a formação de "economias de proximidade" e é simultaneamente um modo de consagrar aquilo que há dias ouvi o Presidente Jorge Sampaio designar, de modo muito expressivo, "democracia de proximidade", deixando que se pense que há um caminho imaginativo de convergência entre a organização participada da vida material e da vida política.

Os custos da não-regionalização presentes no funcionamento actual da máquina

* *Expresso*, Julho de1997. Este texto e os dois seguintes foram artigos publicados no contexto do debate sobre a regionalização que antecedeu o referendo de 1998. Eu exercia então o cargo de Presidente da Comissão de Coordenação da Região Centro. Bati-me pela regionalização e deixei a minha oposição ao mapa proposto a referendo.

do Estado espalhada pelo território são fáceis de explicar: há hoje em cada uma das cinco regiões-plano existentes largos milhares de funcionários em organismos que são apenas a "antena" regional dos ministérios; todos estes serviços estão estruturados segundo uma relação vertical centro-periferia; não existe uma lógica horizontal (territorial) através da qual eles se articulem entre si em cada região; a própria área de actuação dos serviços não é coerentemente estabelecida e, por isso, elas não coincidem entre si. Nada disto é, em si mesmo, estranho, visto que não foi um projecto de descentralização que formou esta infra-estrutura administrativa. Mas o que é certo é que uma situação desse tipo é altamente ineficiente, para além de que não dá às políticas públicas a base territorial de que elas necessitam para serem bem aplicadas. Os ganhos de produtividade que derivem da reforma desta máquina de milhares de pessoas serão incomparáveis com os custos de meia dúzia de lugares que são necessários para preencher cada Junta Regional. A desproporção do que está em jogo é tal que nem vale a pena aludir os muitos lugares que a regionalização anulará...

Os custos da não-regionalização presentes no debate regional inorgânico e contingente que se vai fazendo sub-repticiamente são certamente ainda maiores do que os que se associam à desorganização da administração desconcentrada. É que o modo como se articulam cidades, se formam sistemas urbanos, se instalam infra-estruturas e equipamentos, se localizam actividades e se valorizam factores de produção é uma questão estratégica para qualificar um país que não pode estar sujeita a uma disputa em que ganha quem for capaz de se pôr mais alto em bicos de pés. O debate regional em Portugal está hoje profunda e crescentemente desequilibrado e está até a caminhar para uma insuportável e artificial bipolarização Porto-Lisboa (uma polarização que nem sequer é Norte-Sul, e muito menos centro-periferia). Ora, não é necessário ir muito longe para mostrar quanto se ganha com o debate regional reconfigurado num debate legítimo, orgânico, entre entidades administrativas regionais com igual legitimidade. É ISSO que se alcança com a formação de regiões administrativas.

Dos dois argumentos que formulei resulta ainda uma conclusão: a realidade existente, devidamente apreciada, deixa entender que a regionalização é, antes de tudo, um processo de reforma, que começará por superar os custos já presentes no terreno, mais do que um "invenção" súbita que em tal dia desabará sobre nós, como, desinformados, os críticos fazem crer.

NOVE TESES PELA REGIONALIZAÇÃO: EM FAVOR DO TERRITÓRIO*

Parto para este artigo com dois pressupostos. Em primeiro lugar, considero que o regresso da lei de criação das regiões à Assembleia da República marca uma nova conjuntura de discussão sobre o processo de regionalização em que não parece desadequado contribuir para fortalecer as posições regionalistas e para reafirmar as razões essenciais pelas quais esta reforma é um factor essencial de modernização do país. Sendo certo que os ímpetos anti-regionalistas estão sempre dispostos a ocupar a cena, também é verdade que as mais sólidas visões do desenvolvimento territorial esmorecem perante as atribulações próprias de um processo que é, inevitavelmente, difícil. Em segundo lugar, não se quer esquecer que, em mais de vinte anos de democracia, este é um momento único, pois pela primeira vez assumiu-se consequentemente o projecto de regionalização e a criação de regiões não ficou na gaveta na sequência das eleições de Outubro de 1995. É justo elogiar por isso o Partido Socialista, visto que a ele se deve que em 1997 não tenha havido um 31 de Julho igual ao de 1994 (quando Cavaco Silva enterrou a regionalização nos quintais de um PSD que, falsamente, se julgava pejado de regionalistas).

As teses que se seguem chamam-se assim porque são simultaneamente a síntese de uma ideia que se tem como fundamentada e porque reflectem uma convicção.

Tese 1: Portugal é um país de forte coesão nacional e isso dá à regionalização a característica ímpar de um projecto de organização e desenvolvimento territorial

Visto que, ao contrário de outros países, a regionalização não está directamente associada a segmentações linguísticas, culturais, religiosas ou outras, isso oferece-lhe a vantagem essencial de as questões da reforma do Estado e da valorização dos recursos internos de desenvolvimento serem as que, por inteiro, devem definir o projecto.

Tese 2: A diversidade de uma economia é um recurso e não uma limitação e é disso que a coesão nacional se alimenta

Portugal tem beneficiado muito de as suas estruturas económicas serem diferenciadas: quando nos anos setenta e oitenta a grande indústria de Lisboa/Setúbal teve sérios problemas, a crise que daí resultou foi apenas localizada e nunca uma crise social generalizada a todo o país porque outros espaços económicos (especialmente

---

* *Público*, Dezembro de 1997. Sobre o contexto do artigo, ver nota anterior.

os do Centro litoral), assentes nas PME, "explodiram" em imaginação social, inovação e criação de emprego.

Tese 3: É um conhecimento apropriado do território que nos dá a medida dos critérios em que a regionalização deve assentar

A geografia de um país não se estabelece ao acaso nem casuisticamente. Os territórios têm a lógica que lhes é dada pelas estruturas produtivas instaladas, pelas especializações industriais, pelos serviços colectivos que as populações usam, pelo sistema urbano, pelos agentes colectivos. Isto está devidamente estudado em Portugal e sabe-se que não são as divisões administrativas (os distritos) que espelham tal realidade. As bacias de emprego, o Douro, as áreas metropolitanas, o Alentejo, o papel das cidades de maior dimensão estão aí para o ilustrar.

Tese 4: Os dois únicos níveis de governo legitimados democraticamente são escassos para modernizar o país e a regionalização é essencial para o reforço do poder local

Embora tenhamos a vantagem de ter municípios de alguma dimensão (ao contrário de Espanha e França), está provado que muito do processo de desenvolvimento não é gerível à escala municipal e precisa de um nível de governo que consagre a descentralização e dê sentido administrativo à diversidade estrutural do território. Além disso, o poder local necessita de um parceiro que supere a sua insularidade relativamente a uma Administração Central distante, paternalista e, por natureza, escassamente descentralizadora de recursos.

Tese 5: Os custos da não-regionalização são muito elevados e exprimem-se na actual incoerência e desarticulação dos órgãos desconcentrados do Estado Central

Os anti-regionalistas não vêem que há já uma regionalização de facto, que ela ocupa muitos funcionários, mas que os serviços desconcentrados foram apenas concebidos para despacharem verticalmente (com o respectivo ministério), não se articulando horizontal e regionalmente. Como os vários serviços desconcentrados (educação, saúde, agricultura, segurança social, ordenamento) não têm o mesmo âmbito espacial, isso complica a vida a muitos cidadãos e dificulta a eficiência. Reformá-los e basear neles a regionalização não tem gastos adicionais significativos e origina ganhos de produtividade enormes, com benefícios para a cidadania.

Tese 6: A regionalização tem de tomar em conta o sistema urbano e de consolidar os espaços de descentralização que se conhecem

Apesar das assimetrias, Portugal nunca foi definitivamente bicéfalo e isso deve-se ao papel das cidades médias (apesar de, fora das áreas metropolitanas, só Coimbra ter mais de cem mil habitantes, a paisagem urbana nacional não se limita a Lisboa e ao Porto) e de espaços económicos diversificados e activos e com efeito-tampão (a actual Região Centro é o melhor exemplo disso). É uma realidade espacial não limitada à polarização de Lisboa e Porto que a regionalização tem de consagrar.

Tese 7: Valorizar o território evita os riscos de desarticulação espacial e de bipolarização do país

Num quadro de globalização, a ausência de regulação espacial limitaria definitivamente o país às polarizações de Lisboa e do Porto. Mas se as regiões a criar não tiverem uma matriz própria (cidades articuladas entre si e um sistema produtivo estruturado que as diferencie) e se forem meras continuidades das regiões que têm maior capacidade polarizadora, as mais fracas tornar-se-ão meras periferias das mais fortes. [É este o problema da Beira Litoral perante o Porto se ficar como foi desenhada na AR].

Tese 8: O problema do mapa regional não é o do número de regiões mas o da coerência de cada uma delas

Embora pessoalmente tenha uma opinião sobre o número de regiões que fortaleceria mais o país, sempre pensei que esta devia ser a última questão a discutir, depois de se saber bem o que é que se quer com as novas entidades administrativas. A coerência das regiões depende de elas exercerem dentro do seu próprio espaço funções de inclusão das capacidades existentes, em vez de um papel que facilite o abandono de partes do seu território natural, em resultado da sujeição a polarizações externas.

Tese 9: Consagrar a regionalização administrativa do país é uma oportunidade única para reformar o Estado e não limitar a economia aos desequilíbrios que a globalização acarreta

Não é por acaso que a questão da regionalização se põe tão insistentemente neste final do século. É que, num momento em que a internacionalização se acelerou, as sociedades têm de ter uma forte espessura interna. Além disso, Portugal chegou a esta fase com um Estado anquilosado e pouco responsabilizado perante os cidadãos. A regionalização é uma condição de democracia territorial quer porque consolida e desenvolve os territórios, quer porque sujeita o Estado às vantagens da proximidade.

O QUE É O TERRITÓRIO?*

Portugal é, manifestamente, um país em que a consciência e a racionalidade territoriais são escassas. Talvez isso aconteça por ser um país pequeno e por, durante demasiado tempo, se ter visto a si próprio à luz de forças que o extrovertiam para lá das fronteiras internas (para o Império ou para a Europa).

Por tudo isto, ou mesmo por outras razões, o país tem tido dificuldade em se identificar, em se conhecer por dentro. Não quer isto dizer, claro está, que os portugueses não tenham identidades territoriais que, aliás, são fonte de uma generosa auto-estima e de uma atenção salutar para com as suas raízes. O que está em causa é saber como se interpreta o funcionamento estrutural da nossa vida colectiva enquanto expressão de realidades sócio-económicas organizadas e de contextos espaciais precisos. Não é, portanto, de conhecermos os nossos localismos que se trata, assim como não é apercebermo-nos da nossa diversidade (que, como se sabe, é fonte de coesão).

É certo que ainda antes do 25 de Abril, com o IV Plano de Fomento, e com a chegada de uma elite esclarecida a estruturas como o Secretariado Técnico da Presidência do Conselho, se foram dando passos para identificar dinâmicas e espaços regionais de natureza estrutural (e não administrativa). É certo, também, que nos anos oitenta e inícios de noventa se registou em Portugal uma vaga muito importante de estudos territoriais que mapearam a economia do país, as estruturas familiares, os sistemas produtivos locais, as áreas de influência das componentes de sistema urbano, em suma, a espessura interna da nossa sociedade. É certo, ainda, que organismos como as Comissões de Coordenação Regional ganharam prestígio e consolidaram conhecimentos sobre os territórios.

Mas, apesar de tudo isto, o ambiente político nunca soube ou nunca quis (numa lógica autofágica empobrecedora) recorrer a estes conhecimentos nem valorizar estes saberes. Muito menos quis difundi-los e criar a partir deles uma cultura política do território.

As razões não são difíceis de explicar. Pela inércia ou pela acção deliberada foi sempre mais desejado ancorar a vida política em realidades sem significado territorial e sócio-económico mas facilitadoras (pela abstracção que representam) da acção política – refiro-me aos distritos. Assim sendo, o resultado é um anormal bloqueamento da racionalidade territorial e uma excessiva visibilidade (uma visibilidade instrumen-

---

* *Expresso*, Fevereiro de 1998. Como os dois anteriores, trata-se de um artigo publicado no contexto do debate que antecedeu o referendo sobre a regionalização deste ano e discute a irracionalidade da proposta a referendar.

tal) da racionalidade político-eleitoral. A isto se tem confinado o empobrecido debate territorial em Portugal. Se assim não fosse jamais poderia acontecer que tal debate apenas passasse para a opinião pública sob a forma de uma simples caricatura (a da oposição Lisboa/Porto, com as bizarrias que lhe estão associadas). Também se assim não fosse não se corria o risco, como acontece com a lei da regionalização devolvida à Assembleia da República, de se criarem mapas com regiões sem coerência interna que podem servir para que o nosso país se torne definitivamente bicéfalo, totalmente polarizado por duas áreas metropolitanas, coisa que, apesar das assimetrias, ele nunca foi.

Há na actual lei vários exemplos de regiões sem coerência – Beira Litoral, Beira Interior, Estremadura e Ribatejo. Mas o exemplo máximo de região sem coerência é a Beira Litoral. Não é que não possa haver uma Beira Litoral bem formada, assente nas suas cidades e nos seus sistemas produtivos. Mas esta é desconforme porque não se soube identificar os territórios que a compõem e, por isso, mete-se o seu centro de gravidade dentro da área metropolitana do Porto, desfazendo todo o resto (é este o significado da inclusão da Feira, de Oliveira de Azeméis, de S. João da Madeira na Beira Litoral). Assim sendo, a "nova" Beira Litoral será um subúrbio, uma periferia do Porto; a Beira Interior "desligar-se-á" do litoral e será polarizada por Espanha (onde uma só cidade com a influência na Raia tem mais habitantes que as várias cidades portuguesas); a Estremadura e Ribatejo serão uma ficção com paternidade reconhecida.

O que é, então, o território? O que é que devemos saber do território para que estas anormalidades não tenham lugar?

Numa primeira aproximação, académica mas não isenta de significado, pode dizer-se que os territórios são a expressão de relações sociais com significado espacial – são espaços de vida, mobilidades quotidianas, áreas de influência. Por isso mesmo, o território "vê-se" nas bacias de emprego, nas deslocações que as pessoas fazem para o trabalho, para o consumo, para o lazer, para o uso dos serviços colectivos. As migrações pendulares quotidianas são o melhor modo de mapear o território. Mas ele também se "vê" nas relações entre empresas, nos sistemas produtivos especializados, nas bacias dos rios, nas manchas urbanas. O território é, portanto, o resultado de articulações. É claro que não há um mecanismo linear para a partir delas definir um território, visto que alguns destes critérios podem conflituar entre si e há que fazer opções. Há lugar a um pequeno exagero se se disser que os distritos em Portugal são frequentemente a negação do que de essencial há nas relações territoriais – mas tal excesso justifica-se pelo modo como a racionalidade político-eleitoral os tem usado.

Se o território se define deste modo, então, o Douro é uma unidade territorial que se deve assumir nas regiões; a área metropolitana do Porto também e é absurdo "enfiar" noutra região o Europarque e a Feira, ou Oliveira de Azeméis e S. João da

Madeira (a não ser que o objectivo seja desestruturar o novo espaço que se inventa); o mesmo acontecendo com o espaço não-metropolitano de urbanização e industrialização difusas que constitui a actual Região Centro (mesmo que se cometa o erro de criar duas Beiras). Vale a pena dizer que o território não é estático e que as actuais regiões-plano, tal como existem hoje, foram motivo de muitos acertos à margem, sendo vários os concelhos que ao longo dos anos foram mudados.

Ora, o que dificulta e enfraquece o debate sobre a regionalização é só se ter visto a racional idade político-eleitoral. O seu défice é não ter sido convocada a racionalidade territorial. Há, portanto, uma luta a travar que é sobretudo uma luta pelo conhecimento – conhecimento do funcionamento do nosso país, conhecimento da racionalidade que faz do território um recurso do desenvolvimento. E assim é porque o território não é um simples suporte de actividades ou das acções dos agentes, ele é em si mesmo a expressão de dinâmicas e de realidades vivas. É um erro desconhecê-Ias, porque nunca foi recompensada a arrogância sobranceira da ignorância.

E QUE TAL SE TORNÁSSEMOS O MUNDO GRANDE?*

Sempre achei que faltava um ponto ao discurso corrente sobre a globalização e à visão do mundo que o acompanha. Refiro-me só à falta de predisposição para encarar como facto evidente que o mundo é maior e muito mais incerto e cheio de inesperados do que se julga. De facto, a mecânica subentendida no modo de encarar a nossa vida colectiva é a de um relógio sem alma nem relojoeiro, cujo rigor seria apenas o de um pequeno conjunto de peças bem encaixadas – o mundo dos espaços ricos do planeta, constituído pelas três geografias económicas lideradas pela União Europeia, pelos Estados Unidos da América e pelo Japão (a tríade). Ora, quer os relógios quer o mundo dependem de bem mais do que isso para baterem certo e o mundo não encolheu lá porque a tríade, que faz entre si 3/4 do comércio mundial, só tem olhado para o seu umbigo.

Sucede que o incerto tanto pode ter a forma da espontaneidade criativa (há muitos bons exemplos de trajectórias inesperadas que têm enriquecido o mundo) como da crueldade mais abjecta. Foi esta a cara do dia 11 de Setembro de 2001, que rapidamente nos deixou claro que passaram séculos sobre um outro 11 de Setembro, o de 1973, quando morreu, com um capacete na cabeça e uma arma na mão, um homem a quem o *República* do dia seguinte chamava, debaixo da sua fotografia singular, "um democrata exemplar, um marxista convicto, um homem exemplarmente bom" (não garanto que tenha sido exactamente assim, mas foi assim que me ficou na memória...).

Este sentido da ética política, este modo de representar as ambições e as utopias, esta forma de simbolizar os valores estarão, porventura, ultrapassados. Tanto que os seus carrascos até já estão humilhados (mais do que condenados) como réus infames e "normalizados". O próprio capitalismo que estava do outro lado daquela barricada já esgotou o modo que tinha achado (e que bem funcionou entre as décadas de 50 e 80 do século passado) para regular as relações com o trabalho e com o salário, para estabilizar políticas sociais reconfortantes, para afinar um certo concerto entre nações no quadro de uma ordem internacional perceptível.

Agora, predomina a volúpia financeira num mundo transnacional que muitos queriam imaginar sem territórios nem rostos, julgando que bastava compensar os cidadãos oferecendo-lhes possibilidades ilimitadas de serem consumidores compulsivos. Mas consumidores tão inebriados quanto é certo que não alcançam esse estatuto por serem a parte produtiva de um sistema com fortes ganhos de produtividade, de tal forma que os operários, eles próprios, mereciam ter o Ford T que

* Público Outubro de 2001. Este texto foi escrito a propósito do 11 de Setembro em Nova Iorque.

Henri Ford ambicionava que eles tivessem para que a produção em massa progredisse, progredisse... (o dito Ford era de cor à escolha, já se sabe, com a única condição de que fosse preto, porque só assim se poderia produzir a preço que operário suportasse...).

Este mundo com capitalismos que ainda não sabem como se regularão, este mundo que tomou uma parte de si como o universo inteiro (o que importa África, continente inteiro descartável? o que contam as margens relapsas?), este mundo a quem a volúpia das inovações financeiras basta para se julgar inovador, como se regulará a partir da tragédia de 11 de Setembro?

Está dito e bem dito o que é necessário para evitar espirais de vingança cega e ineficaz. Mas há uma inquietação maior para que eu ainda não encontrei resposta que me sossegasse. A que nos obriga o dia em que todos fomos nova-iorquinos para que saibamos perceber o mundo melhor do que aqueles que dizem *god bless America em vez de god bless the world?*

Só sei o princípio da resposta: há uma ordem internacional a criar, ela tem de assentar na regulação de um sistema de espaços económicos bem maior do que o que a globalização das últimas décadas tinha em mente, de forma tão irresponsável e egoísta. Para além da tríade há muito mais mundo: há periferias e há continentes inteiros, como África, há a América Latina, a Índia, todo o mundo árabe, e há dezenas de espaços sub-continentais, regiões da economia-mundo que hão-de reforçar as suas lógicas de proximidade e hão-de ganhar com isso... A analogia é simplista mas vale a pena usá-la: a regulação do sistema económico internacional do pós-guerra partiu do intenso e original crescimento alcançado por políticas keynesianas dentro dos Estados-nação e fez disso uma regra de convivência com que todos ganhámos. Importa agora, que os limites do Estado-nação estão abalados e as integrações entre países que formam regiões à escala da economia mundial são uma regra, que se faça para o mundo inteiro aquilo que então se fez apenas entre as economias ricas. Não basta, para isso, nem a finança nem a forma fácil de usar mão-de-obra barata por empresas transnacionais de tipo-porta-aviões.

Tal como o fordismo fez para as economias industrializadas, é preciso, mais do que criar economias, desenvolver sociedades: regular mercados de trabalho e aprofundar qualificações, capacitar cidades e territórios, beneficiar de culturas que são tão cultas como a nossa... Não se vai lá exportando modelos ou sugerindo a imitação. Também não se vai lá escolhendo países a dedo ou castigando populações não merecedoras. Tão pouco ignorando que países de regiões sub-continentais aprofundarão as suas lógicas de proximidade e criarão sinergias positivas (é para isso que deve servir a ajuda, a qual não pode ser dada por benfeitores altivos, mais ansiosos em serem imitados do que interessados na emancipação dos que lá estão...). Para tudo isto é preciso meter na cabeça que o mundo é, de facto, multipolar. E essa é uma das suas graças...

O ESTADO *SELF-SERVICE*: A PROPÓSITO DA POLÍTICA E DOS BONS GOVERNOS...*

Há dois temas interessantes na discussão subsequente ao 11 de Setembro. Um é doméstico e discute a redução do espaço da política, perante os dilemas gerados pelo terrorismo e pela guerra, e foi muito bem proposto por M. Villaverde Cabral no *Diário de Notícias* (19/10). O outro foi sugerido por George Soros (*Público* de 21/10), que tratou dos males que advêm dos governos fracos (que, juntamente com a opressão e a corrupção, são "as causas mais importantes da pobreza e da miséria de hoje") e da necessidade de, a somar aos bons governos, encontrarmos forma de produzir bens públicos globais (precisamos de G. Soros para legitimar esta discussão? Seja...).

Eis, portanto, dois bons assuntos: como se revaloriza a política e como se inventam bons governos? Estas perguntas são, contudo, profundamente perturbadoras para quem se dê ao trabalho de olhar à volta, em Portugal. Miguel Sousa Tavares (*Público* de 20/10) fê-lo a propósito do mundo autárquico e deixou-nos esclarecidos. E se continuarmos a ver em redor? E se nos detivéssemos nesse tema clássico do bom governo, munidos da ideia básica de que tal instrumento se alcança com uma agenda política clara, resultante da legitimidade democrática obtida através de escolhas eleitorais rivais que são, obviamente, reversíveis? O que é que encontramos? O que vemos não nos dá grande conforto e justifica alguma inquietação. A interrogação em que me detenho é acerca do Estado e do seu papel na sociedade portuguesa. E concretizo-a num único ponto: um bom governo, o que valoriza a política e cria o bem-público essencial da confiança democrática, é aquele em que o comportamento estatal, a respeitabilidade do Estado e a solidez da vida pública estão calibrados por finalidades gerais e pela consciência de que o poder se exerce para desenvolver opções esclarecedoras, resultantes de preocupações social e politicamente expressas.

Creio que, ao contrário do que sucederia num quadro desta natureza, há em Portugal um grave risco de quebra do sentido do Estado e do rigor da gestão pública. Independentemente de discutirmos os vários episódios da história da acção estatal no nosso país e as circunstâncias das diferentes conjunturas políticas, independentemente de individualizarmos decisões ou personalidades, a verdade é que nos encontramos muito longe da demonstração inequívoca de que às políticas

---

* *Público*, Novembro de 2001. Este artigo reflecte as preocupações de quem observava a fase final dos governos liderados pelo Eng.º António Guterres, de que eu próprio tinha feito parte, como Secretário de Estado do Ensino Superior entre Outubro de 1999 e Julho de 2001. Não foi alheio à manifesta impossibilidade de regular e organizar o ensino superior, público e privado, numa base rigorosa e objectiva.

públicas preside um Estado que sistematiza uma agenda de interesse colectivo, age com rigor e se comporta com dignidade perante os vários actores sociais que prosseguem interesses parcelares, egoístas ou proselitistas. Ao contrário, dá para pensar que estamos frequentemente perante a sombra do poderíamos chamar um Estado *self-service*, algo sem rumo nem projecto, que se caracterizaria por dar a entender que está sempre disponível para prosseguir ao mesmo tempo várias políticas de sentido contraditório para os mesmos fins, conforme quem se aproxime (o Estado *self-service* não tem agenda, pode servir-lhe uma coisa e o seu exacto contrário); sempre disponível para se deixar flanquear por todos os actores influentes (o Estado *self-service* não assegura uma relação saudável com os actores sociais mas aceita declarar-se fraco perante os fortes, só lhe restando ser forte perante os fracos); sempre disponível para acatar as pressões e as aflições de curto prazo (o Estado *self-service* carece de sentido estratégico e de vontade reformadora e age a 15 dias de vista); sempre disponível para optar pela conservação dos interesses instalados (o Estado *self-service* não é corajoso e compensa-se através da tolerância que lhe concede quem não o respeita); sempre disponível para sobreviver em vez de propor e lutar (o Estado *self-service* esquiva-se ao confronto de ideias e reproduz-se através do compromisso escondido).

Onde existe, o Estado *self-service* é sempre um instrumento "ao dispor", mas ao dispor dos que mais capacidade de pressão têm, dos que ameaçam mais, dos que causam embaraços, dos que conhecem os caminhos ínvios da negociação não-transparente, dos que opõem a sua visão interesseira ou parcial ao interesse estratégico da qualificação do país.

Portugal é uma sociedade que necessita dramaticamente de qualificações, dinâmicas estratégicas, capacidade negocial perante o exterior e coesão interna. A sua condição dependente e a ausência de elites modernizadoras e auto-estruturadas não permitem que pensemos que os objectivos mais elevados de projecção do país se atinjam sem acção política valiosa. Portugal precisa, por isso, de se poder rever num Estado prestigiado, transparente, dotado de sentido estratégico e reconhecido pelos cidadão enquanto entidade de bem. Ora, isso não se alcança sem uma vida política sólida (o que não implica rigidez nem ortodoxia, e inclui até, como é evidente, a avaliação das políticas e das decisões e a sua alteração: com a condição de que isso seja explícito e transparente). Claro que há quem continue a pensar, apesar de tudo o que se passa no planeta, que bastam liberalismos estreitos. Eu estou em crer que o Século XXI vai continuar a exigir valores como os que aqui me preocuparam...

PENSAR A UNIVERSIDADE, HOJE *

O pretexto deste artigo é a recente demissão do Reitor da Universidade de Coimbra. Mas não será sobre tais peripécias que ele se deterá. O único ponto de ligação é este: um acto de dramatização como o de uma demissão, sobretudo quando causa tanta perplexidade, deve, pelo menos, servir para que não se perca a oportunidade de trazer para cima da mesa algumas das questões que importa discutir. Porque, a meu ver, este episódio resulta lapidarmente de dois dos mais nebulosos assuntos que manietam a vida universitária actual. Um é o das relações de poder que, dentro da instituição universitária, cristalizaram uma forma de governo bloqueadora, autofágica e descentrada: neste âmbito, é absolutamente essencial a questão das relações entre as máquinas associativas estudantis e os poderes institucionais do governo universitário e do governo político. A outra questão é a do financiamento e da obsessiva redução da política universitária a este tema, sobretudo quando ele aparece na praça pública como mero assunto de gestão contabilística ou de aferição literal dos instrumentos legislativos.

Não é esta a altura para um discurso de sociologia política sobre o significado da voz estudantil nas sociedades actuais (muito menos para glosar a distinção, tão cara à minha geração, entre movimento estudantil e movimento associativo). O ponto parece estar no seguinte: as associações académicas consolidaram-se como fortes aparelhos de gestão material e política que rapidamente aprisionaram alguns dos mecanismos essenciais de formulação da decisão universitária. Verdadeiramente, nada distingue hoje o discurso de um 'associativo' do de um reitor ou de qualquer administrador universitário: as percentagens usadas, os conceitos, os bordões, as formas de questionamento dos poderes políticos são, rigorosamente, semelhantes. O que significa que eles gerem uma e mesma coisa. E o que é que eles gerem? Gerem os grandes dilemas (políticos, aliás) da qualificação e do conhecimento das sociedades complexas? Assumem as preocupações das famílias cujos filhos estão a entrar no sistema? Partilham as questões que as universidades passaram a conhecer quando depararam com o facto de que não são hoje as únicas (e, porventura, nem sequer as principais) fontes de produção de conhecimentos na sociedade? Qualificam a noção de autonomia universitária e fortalecem-na enquanto instrumento de novas respostas sociais? Não, gerem ETI (não importa definir a sigla...), orçamentos-padrão, *rationes*

---

* *Público*, Novembro de 2002. Este texto foi escrito no auge de uma crise de governo da Universidade de Coimbra, sem imaginar que eu próprio seria candidato minoritário à eleição para Reitor subsequente à demissão do Doutor Fernando Rebelo. O governo era o de Durão Barroso.

de diferente proveniência, m2, factores de convergência, percentagens, percentagens, percentagens... E, sobretudo, fazem-no em generosos minutos de televisão...

E vem mal ao mundo por tudo isto acontecer? Não viria, se o resultado mais sólido não fosse uma enormíssima redução dos campos em que se joga o poder universitário e um poderoso curto-circuito nos processos de legitimação democrática e cívica (já se atentou, por exemplo, no facto de os colégios que elegem os reitores variarem, em Portugal, entre pouco mais de 40 e cerca de 300 membros? Defendi em Maio, no *Diário de Coimbra*, a eleição universal e ponderada por toda a população universitária).

O ponto é, portanto, o seguinte: é crucial escancarar e tornar vivíssima a discussão sobre as actuais relações de poder dentro da universidade. A ilustração do problema está disponível e é colorida: veja-se tudo o que tem sido dito em Coimbra, nos últimos dias.

Indiquei o financiamento como o segundo tema essencial. A história é longa. É indispensável referir que dela faz parte a noção de que o financiamento não pode ser um acto discricionário de um ministro ou da burocracia estatal: uma espécie de gestão sobre uma folha *Excel* em que, a partir de Março ou Abril, se anualizam as requisições de cada universidade à contabilidade pública e depois se vai dando dinheiro em função da capacidade para gritar mais alto, da simpatia das burocracias intermédias, do humor da ministra das finanças, da luminosa intuição do ministro do sector. Não pode ser assim, mas a probabilidade de o vir a ser é enorme. Este governo não tem cultura de contratualização a não ser com os poderosos do mundo privado; a sua propensão para a desvalorização dos mecanismos institucionais de qualificação da sociedade é gritante. Os princípios estabelecidos na actual lei do financiamento são bons mas exigem princípios ainda melhores de renovação (trabalho que começou a ser feito em 2000): o que não será bom é subvertê-los, assim como não foi bom lê-los de forma redutora.

O governo vai fazer mal, infelizmente. Mas não lhe terá sido facilitada a tarefa? Apetece lembrar "Pedro e o lobo". Alguém distingue, nos discursos universitários, os argumentos de hoje daqueles que eram usados quando os aumentos anuais do OE eram de dois generosos dígitos? Ora, "Pedro e o lobo" é uma história divertidíssima (para o Pedro) quando não há lobo, mas um pouco incómoda quando ele, afinal, aparece.

O ponto é este: o esquema de financiamento que a sociedade portuguesa mobilizou para as suas instituições públicas de ensino superior foi um instrumento de exigência universitária, de rigor para com o seu corpo docente, de criação de confiança nos cursos que se multiplicavam, de atribuição aos estudantes de um papel valioso na qualidade do ensino? Ou foi uma confortável almofada, que pareceu ter isentado as universidades de darem prioridade a tanta coisa (número e natureza dos cursos, total tolerância para com a permanência irresponsável de estudantes sem aproveitamento) que só parecia ter pouca importância porque não entrava no *input-output* da fórmula de financiamento? Ou foi, ainda, um mecanismo de discussão nominal, contabilística, burocrática, um pau de arremesso? De facto, devemos interrogar-nos se não é uma noção de Estado-multibanco que tem presidido, em permanência, às relações do sistema com os governos. E hoje, as instituições têm um argumento transparente na mão ou estão prisioneiras de percentagens, saldos, padrões, quocientes: dos jogos de sombras em que tudo se transformou? Dito de outro modo, estão bem armadas para uma luta necessária com o casuísmo e a desconsideração governamental que aí vêm?

Por isso, o meu segundo ponto conclusivo é este: é necessário ter a noção que as universidades vão entrar numa fase de vida muito difícil e estão profundamente enfraquecidas para travar uma luta que não pode ser apenas de sobrevivência, tem de ser de robustecimento. Repor, de uma maneira frontal e rigorosa, a questão do investimento social na universidade é basilar. Mas nenhum dos instrumentos de pressão, das retóricas formais, dos mecanismos de barganha até agora liberalmente usados serve para isto. Ora, é também crucial escancarar e tornar vivíssima o discussão sobre as relações entre a sociedade e a universidade, a propósito do financiamento (tema que, aliás, se deve converter no do investimento social na universidade).

Evidentemente que estas são apenas duas das muitas questões que podem contribuir para alcançar o propósito expresso no título deste texto (que é, obviamente, tomado de empréstimo a João Martins Pereira, quando os tempos e os assunto eram outros). Parece-me, contudo, que é indispensável começar por aqui...

A MISÉRIA DO TERRITÓRIO: DO CONSTITUCIONALISMO MUNICIPAL À DEGRADAÇÃO DA GOVERNAÇÃO *

O território, a organização regional do país, o modo como a sociedade portuguesa se articula espacialmente não devia ser uma questão só de especialistas, nem um debate apenas técnico ou académico. É um assunto público e político, e é frequente ele entrar-nos pela janela quando não lhe abrimos a porta. Parece-me que isto se está a tornar claro neste dias, através de episódios que se podem classificar como apenas folclóricos.

Acontece que, nos últimos tempos, os problemas das relações territoriais no país têm vindo a sofrer uma acentuada degradação, ilustrando aliás a degradação da própria governação. Tudo começou quando o governo anterior deliberou, numa insuperável demonstração de demissionismo e de cinismo políticos, que a organização territorial do país devia ser entregue só aos municípios, encarregando--os de organizarem "à la carte" as estruturas administrativas infra-estaduais e de criarem, à medida das circunstâncias e das conveniências, grandes áreas metropolitanas, comunidades urbanas e associações intermunicipais, isto é, entidades supramunicipais que compensem o facto de sermos um dos poucos países europeus sem regionalização.

Os municípios – e só eles – ficaram com este poder e usaram-no através de arranjos de vizinhança que lhe permitissem alcançar certos limiares de população. E apenas isso. A este desequilíbrio de poderes (o poder local merece muitos elogios, mas não tem de ser o único detentor da iniciativa em matéria de organização territorial) chamo "constitucionalismo municipal", e julgo que esta é uma questão basilar da vida colectiva em Portugal. Concentrou-se numa das componentes do Estado o poder de tratar de questões que devem responsabilizar todo o Estado. De facto, com este processo, o Governo, o Estado central, descartou-se de uma assentada do território e entregou a outros as relações territoriais (como acontece sempre que a crise financeira é forte), desbaratando tudo o que a acção conjugada dos actores locais, das políticas públicas e da racionalidade territorial tinha alcançado ao longo de décadas. Mais ainda: tornou o território um assunto localista.

---

* *Público*, Agosto de 2004. Este artigo, na linha dos que publiquei em 1997 e 1998 sobre território e regionalização, discute a organização territorial do país quando o governo de Durão Barroso fez aprovar as leis 10 e 11 de 2003 que estabelecia um processo muito criticável, conhecido por "reforma Relvas", de constituição de "grandes áreas metropolitanas" e "comunidade intermunicipais".

Ora, o território tem de ser também um sério assunto de Estado. A sua organização tem de resultar da conjugação de duas perspectivas: de uma visão do país no seu conjunto, porque esta é uma questão de organização do próprio Estado, e de uma compreensão do modo como o território funciona (atendendo aos actores, aos protagonistas e às estruturas regionais). O que não pode é assentar neste desequilíbrio perigoso e demissionista que Durão Barroso inventou.

É por estas razões, aliás, que o território se gere com uma regionalização administrativa democrática. Este destemperado desequilíbrio da intervenção no território, esta hipervalorização do local e do municipal, esta proliferação desamparada de agregações territoriais (sem centros de racionalidades prestigiados como, na ausência de regionalização, eram as velhas CCR) pode não vir a dar nada em termos concretos. Está a ver-se que foi um fogacho sem substância, que não tem pernas para andar, pois não foram clarificadas funções, não foi definida uma forma própria de legitimidade, não se estabeleceram contratos sérios com meios sérios. Os interessados rapidamente se desligam do assunto. Mas já fez muitos estragos. Desorganizou, confundiu, desbaratou, deixou o território livre para ser invocado em vão, para servir para o folclore e para a inutilidade – é a sua "miséria", sobre os destroços da qual tem, com muitos custos, de vir a organizar-se no futuro uma solução digna e útil.

É por isso que não posso deixar de associar este assunto a duas matérias muito recentes que ilustram o modo como a banalização do território tem más consequências. A primeira é a deslocalização de seis secretarias de Estado para outras tantas cidades, de Braga a Faro. O assunto está abundantemente comentado e os críticos têm razão no extenso rol de razões que foram somando. Trata-se de uma medida inútil, patética, desfuncional e enganadora. Apenas a refiro para mostrar como um governo da estirpe do que agora temos trata o assunto das relações do Estado com o território: com um passe de mágica para enganar tolos. A segunda matéria, que pouca atenção merece, é a proclamação de A. João Jardim, com os seus habituais destempero e incultura cidadã, a apontar a necessidade de se erguerem movimentos regionalistas em cada distrito do continente para preparar o cerco aos políticos e ao sistema. Ao que isto chegou! É óbvio que nenhum cidadão culto, nenhum regionalista inteligente, nenhum português sensato é interpelável por Jardim. Não é preciso, portanto, recusar a sugestão. Mas veja-se onde já vai a miséria do território. Para o que ele é invocado, para o que ele serve!

Ora, a organização territorial do país serve é para outras coisas: para reformar o Estado, para criar coesão, para aproveitar capacidades espalhadas pelo país, para configurar um país mais ordenado. É um assunto de políticas públicas e de actores locais. É uma assunto de democracia e de legitimidade. Não é um assunto de incivilidade madeirense nem de rejeição para as periferias do sistema político.

São estas as tarefas dos regionalistas em Portugal, por cima do demissionismo de Barroso e do folclore de Santana e seus apaniguados. Porque há quem tenha intuição acertada acerca do modo como se degrada o Estado e a governação, como se fragiliza a cidadania através da demagogia e do populismo, como se abusa do poder através da redução da democracia.

A LIÇÃO DE COIMBRA *

Há um debate, em Coimbra, sobre cultura e cidadania. Os factos que o rodeiam lembram-se rapidamente. Comecemos pelo lado negro da história: o executivo municipal resolveu proceder a um corte de 60 por cento no orçamento autárquico para a cultura e, como se isso não bastasse, um obscuro vereador considerou alguns dos apoios mais significativos até agora concedidos "lesivos" para a câmara (apesar de terem um peso percentual ínfimo). Num gesto revelador da sua grandeza, apresentou tais gastos como se fossem dinheiro seu e achou – palavras de rara elegância – que não podia desperdiçar assim uma "pipa de massa" quando há tantos ranchos folclóricos a necessitar dele. O presidente da câmara levou o orçamento à assembleia municipal, que o aprovou com a oposição de dois partidos e a irritante contemporização de outro, que se tornou parceiro menor da maioria de direita. Mas o presidente achou que devia juntar à sua condição de responsável material e político por tais decisões algumas tiradas de mau gosto, passando também a agente subjectivamente envolvido de uma política autárquica cada vez mais preocupante. Desconsiderou os sessenta subscritores de um manifesto público que se insurgiu contra estas decisões e achou que a opinião fundada de concidadãos seus sobre uma questão pública era um acto trivial de "amiguismo".

Ora não é, embora seja, de facto, um acto público de amizade por relevantes instituições culturais da cidade. E, se é certo que elas são protagonizadas por pessoas de mérito que justificam amizade e reconhecimento, em vez de desconsideração, nem por isso a questão é pessoal. A posição daqueles cidadãos foi, isso sim, uma expressão do modo como entendem uma cidade e a sua vida pública. Esse é o outro lado da história e é esse que queremos sublinhar neste texto, fazendo dos factos narrados um simples intróito.

Que instituições são essas que a câmara desmerece? É a Escola da Noite – uma companhia de teatro profissional residente que há 14 anos produz com qualidade em Coimbra. É o Centro de Artes Visuais, uma instituição cosmopolita que é um produto do maior acontecimento coimbrão durante mais de 20 anos, os Encontros de Fotografia. É o Teatro Académico de Gil Vicente, "o" lugar dos acontecimentos culturais de Coimbra, quer os da academia culta, quer os da cidade exigente, e onde convergem iniciativas como o Festival de Blues, o Festival de Jazz e, pasme-se!, Festival José Afonso, que agora a câmara desapoia. Para além dos méritos de cada uma, estas três entidades têm uma coisa em comum: viabilizam uma vida cultural enraizada na cidade, aqui produzida, endogenamente criadora, produtora de espaço público, de cidadania, de vida quotidiana enriquecedora. Estas instituições são, portanto, elas próprias, cidade. Acontece que a Câmara de Coimbra não sabe que é assim que se faz uma cidade de qualidade, não sabe que quem dispõe destes recursos deve ser exigente com eles mas não os pode submeter nem desconsiderar. É por estas razões que o episódio em causa não é uma simples querela orçamental – é uma

* *Público*, Fevereiro de 2006. Neste artigo exprimiam-se pontos de vista suscitados pelo debate acerca do financiamento da cultura pelo orçamento municipal em Coimbra.

questão essencial de discussão da cidade que queremos. Por isso, a afronta orçamental é, antes de tudo, um acto de desfazer a cidade.

Por que é que a CMC não sabe isto, não entende isto? Porque, com as mesmas mãos com que toma estas decisões, toma outras de ainda mais profundo significado: trivializa a cidade, põe-lhe betão em cima, privatiza de forma rude e grotesca o espaço público, faz dela uma cidade como as outras, como as que não têm qualidade nem agentes culturais de relevo. Os exemplos não faltam: numa zona nobre e de qualidade urbana da cidade – S. José e Solum – privatizou (em sentido literal) ruas e praças para fazer um shopping e viabilizar um estádio. Outra zona nobre do centro – o espaço de Santa Clara fronteiro à colina que é a própria imagem da cidade, a dois passos da portagem – foi alarvemente funcionalizada para criar acessibilidades pesadas a outro shopping que é uma violenta agressão na paisagem da cidade. [Pequena nota: não temos nada contra estes centros comerciais; mas que sirvam para fazer cidade nova e funcional, não para canibalizarem o espaço público, destruindo-o!]

O problema das decisões da câmara e dos que viabilizaram o orçamento é este. Coimbra sofreu, é verdade, uma gritante paralisia no anterior ciclo autárquico. Mas está hoje a viver um período dramático: um urbanismo agressivo, uma incultura gestionária, uma política sem sentido do que é uma cidade de qualidade e que agride os cidadãos que querem dar vitalidade ao espaço público (uma dúzia de artigos destes não chegariam para falar de S. Francisco, do Pátio da Inquisição, da Sofia, da Alta, das relações com o futebol, etc.).

Um observador exterior (não há cidades vivas sem reconhecimento externo) e atento como poucos – Eduardo Prado Coelho – já salientou bem nas páginas do PÚBLICO aspectos convergentes com os que aqui defendemos. Há dias, dizia que "Coimbra não é uma Lição" e tornou-se mais uma vez cidadão de Coimbra. Devemos uma retribuição genuína a E.P.C. Há uma lição de Coimbra: a de que aqui se está a discutir por onde é que passa e por onde não passa a criação permanente de uma cidade, quais são as medidas que exigem que nos revoltemos contra elas, que caminhos é que nos desqualificam. São estes, julgamos, aspectos essenciais da discussão da vida urbana, hoje.

Participaram na elaboração deste texto e subscrevem-no Carlos Reis, Ana Pires, José Manuel Pureza, Abílio Hernandez, José António Bandeirinha, João Maria André e Marisa Matias.

SERÁ QUE PORTUGAL EXISTE? A PROPÓSITO DA OTA E DO "RENTISMO"*

É óbvio que Portugal existe. A pergunta do título é, pois, apenas retórica e provocatória. Portugal existe porque tem história, identidade, Estado e território. Tem, além disso, estrutura interna que o articula e projecta internacionalmente. É, portanto, um país com espessura, por muito que tantas vezes nos sintamos inconformados com ele.

Portugal existe, mas podia não existir. Não é só pelos acidentes da história que poderíamos não ser uma nação, um povo, um país. Poderia ser também porque as nossas grandes decisões, em vez de serem tomadas com consciência política e racionalidade colectiva, fossem antes o resultado de jogos de interesses privados, pressões obscuras e casuísmos sem nexo.

Ora, tudo isto merece ser invocado a propósito da discussão que vai correndo sobre a localização do novo aeroporto, decisão há muito tomada, aliás. É notório que um esforço de contestação está a ser concertado, com o propósito de negar a Ota ou mesmo um novo aeroporto. Contudo, as coisas parecem ser razoavelmente claras.

Está demonstrado que, salvo se recorrer a Madrid, Portugal precisa de um novo aeroporto, sob pena de congestionar a breve prazo a Portela e de não lhe restar capacidade de acolhimento nem capacidade de inserção nos grandes fluxos de mobilidade internacional, que crescem aceleradamente. Está também demonstrado que as restrições ambientais das localizações a sul do Tejo são enormes e que construí-lo ali é impossível, salvo se quisermos a Europa e as suas normas para tudo, menos para o ambiente. É também claro que os utilizadores do transporte aéreo estão, em esmagadora maioria, a norte do Tejo (Lisboa e espaços urbanos e industriais da Região Centro e Região Norte). É verdade, finalmente, que há decisões tomadas e elas estão suficientemente fundamentadas.

Por que razão se insiste, então, numa solução a sul do Tejo? Serão razões de interesse colectivo ou de interesse privado? Se são da primeira ordem, quais são elas? É claro que a sul do Tejo há projectos turísticos de grande envergadura (e também, bastante controversos) e há pontes que atravessam do rio e são muito lucrativas. Mas são interesses privados, não interesses colectivos. São eles de tal grandeza que esmagam toda a racionalidade colectiva que deve servir de base à decisão acerca de uma infra-estrutura tão decisiva como um aeroporto? Parece que não.

Então é a racionalidade colectiva que interessa discutir, ou melhor, relembrar, pois ela tem sido apontada desde há muito. Um aeroporto é um recurso para a conectividade internacional. Interessa conjugar conectividade com aglomerações, visto que é nestas que estão os utentes da mobilidade aérea. É óbvio que é a Lisboa, isto é ao "Arco Metropolitano de Lisboa", como grande metrópole e região dinâmica que o aeroporto deve começar por servir de forma moderna, sendo acessível e funcional (sê-lo-ia separado por pontes?). Mas

---

* *Público*. Maio de 2007. Artigo sobre o debate, reaberto subitamente no primeiro semestre de 2007, acerca do novo aeroporto e da sua localização na Ota.

deve servir também todos os territórios regionais que lhe são próximos e que manifestem elevada densidade sócio-económica. É sabido que o Portugal urbano está nessa grande mancha litoral estruturada pelo "Sistema Metropolitano do Centro Litoral", cujo centro é Coimbra e cujos vértices são Aveiro, Viseu, Coimbra e Leiria. O "Arco Metropolitano do Porto" tem o seu aeroporto com as características que são inerentes àquele espaço regional (que, desejavelmente, incluirá a Galiza) e deve articular-se, no que for pertinente, com o principal aeroporto do país através de infra-estruturas de conectividade interna adequadas e de que têm de fazer parte a AE1 e um comboio que o coloque a uma distância-tempo pouco superior a 1 hora.

Este é outro ponto essencial. Portugal existe porque tem territórios internos articulados e porque tem infra-estruturas que o ligam e ordenam. É concebível um aeroporto para o país que não esteja estritamente relacionado com as "grandes dorsais" de comunicação dos espaços onde está a grande massa de população e de dinamismos económicos: A1 e A8, IC2, A23, Linha do Norte? É plausível que se ignore onde está a produção industrial, as infra-estruturas científicas e de I&D mais dinâmicas e mais internacionalizadas?

Acontece que este país vai tendo alguma política de ordenamento, mesmo que muitos, como eu próprio, desejem mais. O PNPOT-Programa Nacional da Política de Ordenamento do Território está apresentado e concebe um país que existe, interpretando onde estão as estruturas, os dinamismos urbanos e a capacidade competitiva. Consagra também os grandes "corredores" que ligam os sistemas territoriais no litoral e no interior (as expressões que usei entre aspas são do PNPOT). Não é pensável termos uma estratégia de macro-ordenamento do país como a do PNPOT (que, com toda a independência, não hesito em considerar de grande qualidade) e depois termos um aeroporto num lugar totalmente dissonante dessa estratégia. Acaso acontecerá que alguns do que clamam todos os dias contra a falta de ordenamento queiram agora ignorá-lo quando ele é crucial?

Sou economista e conheço o conceito de "renda" e designadamente de renda fundiária. Renda fundiária é um sobre-lucro captado pelos que detêm um recurso fundiário, portanto não susceptível de ser produzido nem deslocado, e cuja valorização resulta mais das condições diferenciais que o rodeiam do que de si mesmo. Quer dizer, um rentista é aquele que vive das condições que outros (homens ou natureza) lhe proporcionam. Mas podem ser também as políticas a favorecerem os rentistas. Nesse caso não são boas políticas. Um aeroporto não pode ser um instrumento ao serviço de rentistas. Inversamente, um aeroporto para o país é aquele que maximize o serviço prestado aos sistemas urbanos e à economia. Parece-me que é na Ota que esta condição se cumpre.